岩波文庫

33-323-7

禅の思想

鈴木大拙著

岩波書店

凡　例

一、本書は、鈴木大拙『禅の思想』(一九四三年九月、日本評論社・東洋思想叢書)を文庫化したものである。文庫の底本には、一九四八年六月刊行の清水書店再版本に基づく『鈴木大拙全集』第一三巻(二〇〇〇年一〇月、岩波書店)を用いた。本文中に残っていたごくわずかの誤記・誤植は、特にことわることなく訂正した。

一、漢字はゆるやかな原則として常用漢字を用いる。ただし、書き分けに意味のある文字、固有名詞や禅語で慣用されている文字などについて、本来の用字を残した場合もある。

一、和文古典の引用を除き、仮名遣いは現代仮名遣いに改めた。また、漢字表記を仮名に開いたところがある。

一、底本にない振り仮名を多数追加した。大拙自身がどう読んでいたか不明なので、仏教語・禅語について複数の読み習わしがある場合は、適宜、一つの読みを選ばざるを得なかった。これによって他の読みを斥けるものではない。

一、本文中所引の漢文については、底本でもすでに相当量の訓読が施されており、漢文自体に訓点・送り仮名を書き加えている場合と訓読文を別個に併記している場合とがある。今回の文庫化に当たり、すべて、漢文の後に訓読文を附記する体裁に揃えた。底本にある訓読は（　）または括弧なしでそのまま残し、今回新たに作成した訓読文は〔　〕で括って小字で示した。また〈　〉で簡単な語釈を補った。訓読は前後の文脈と底本の訓点に基づきつつ、極力大拙自身の理解に沿うよう努め、今日の研究水準によって別の読みが考えられる場合もそれを採らなかった。語釈も辞典ふうの一般的定義でなく、大拙自身の用語と文脈に即して加えるようにした。訓読・語釈はかかる原則の下、柳幹康が作成した。

一、巻末に、本書の内容に関する「解説」（横田南嶺）と書誌・時代背景等に関する「解題」（小川隆）を加え、その後に「索引」を附した。

一、本文中に、今日からすると不適切な表現があるが、本文の歴史性を考慮してそのまました。

（岩波文庫編集部）

序

禅は行為である、生活である、日日の経験そのものである、日用光中の行住坐臥である。それで「平常心是道」とも云い、「日日是好日」とも云う。吾等人間も他の生物のように生活して行かなくてはならぬのである。それで誰にもかにも最も切実に親しいことは、餓えて食い、渇して飲むことである。しかしそれは誰がするのか。それから「おい」と呼べば「はい」と答え、知ったものに逢えば、適宜の挨拶を交わす。褒められると喜び、謗られると腹立てる。而してそれは誰の行為か。それからまた自分には親があり、妻があり、子がある。それが次から次へと、生れて出たり死んで行ったりする、どこから生れて来るか、どこへ死んで往くのかと尋ねたくなる。こんなような事象が、日常茶飯事だと云ってすまされぬところに、禅が擡頭して来る。此処に概念的把握とか原理的構成など云うことが出て来よう。が、禅の生命はそんな風に何かの媒介で日常経験を解釈しようとするところにないのである。やかましく云うと、「大都日用光中、回頭換面、左之右之、物物上、頭頭上現前、而曽無有間隙」(大都そ日用の光の中、頭を回し面を換え、之を左にし之を右にし、物物上、頭頭上に現前して、而も曽て間隙有ること無き）ところのものを、直下に、前後際断的に、把握せんとするのが、禅の要機である。

それ故、禅は、道元禅師の云うように、「魚行似魚、鳥飛如鳥」（魚行いて魚に似、鳥飛びて鳥の如）きところにある。これを思想的に云云せんとすると、禅はもはや其処にないと云わねばならぬ。知的に云えば、禅は無知の知、無分別の分別であり、行の面からすれば、無行の行、無作の作である。しかし、人間は何と云っても思想なしに生きて居れぬのであるから、禅にも何か自らを道取する方法がなくてはならぬ。それが禅問答である。本書はこのようなわけで、知、行、問答の順で編まれたのである。実際最初に書かれたのは「行篇」である。それは行即ち生活が禅の主体なので、自ら筆はそこから染め始められた、而して本書の中点もそこにおかれてある。

第一篇では禅思想の発展をもっと秩序的に跡づけて見たいと思ったが、それは本書では出来ない仕事であろう。第三篇の「問答」につきては、先年『禅問答と悟り』（東京、銀座、近藤書店発行。全集第一三巻所収）と云うのを刊行した故、読者はそれをも参考せられんことを望む。

昭和十八年正月

湘南也風流庵にて

鈴木大拙

再版に序す

これは今から五年前に書かれたものである。その頃は米英に対して宣戦布告をして一年もたったか、たたぬかの時であった。三年後には無条件降伏を行(や)らなければならぬなど云うことは、夢にも考えられて居なかった。これから後また五年たつと、どのようなことになるものか、人間の智慧では計り知れぬのである。

第二次の世界戦争がすんだと云えば云うものの、全世界を蔽(おお)う暗澹たる戦雲は、必ずしも晴れやかになったのではない。何時(いつ)どんなことが何処(どこ)に勃発するか、危機は到るところに孕まれて居ると云ってよい。

これにつけても、人間の運命のはかなさがつくづくと感ぜられる。いくら集団生活の形態を更えても、その形態を構成して居る単位が、何か根本的な意義で革命を受けないと、人間は同じことを繰返して、遂には我も彼も滅絶と云う運命に落付くものとしか考えられない。人間生活の意義はそれで尽きて居るものとは、どうしても諦め切れないのである。

人間そのものの革命は宗教より外にない、即ち霊性的自覚の外にない。これがない限り、人間と生れて来た甲斐がないのである。そうして霊性的自覚に到る途は必ずしも一に限られて居ない。人々の根機にもより、また各民族に特有の性格によりて、一様ではないのである。東洋民族の中でそだて上げられた禅には、それ自身の長所があって、これから益々大に研究せらるべきものを保持して居るのである。従って今時及び今後の世界思想の発展に貢献し、人間革命の機運を促がし得べきものを具えて居るのである。これが今なお我邦に生きて居ることは何よりの仕合である。但々禅には特殊の文字があって容易に近寄りにくいと考えられるものがある。五年前にこの書の出来たのもその故であった。

今回再版の挙あるに当って、殊に伊豆山善太郎君を煩わして、書中読みなれぬ文字に振仮名を附することにした。なお参考書類の中にも二、三を添加した。清水書店の好意によりて紙不足の今の時代に再び読者に見ゆるを得たるは、著者の満足である。日本の読者のみならず、ひいて諸外国の人々の間にも流行する機会あればと希う次第である。

昭和二十二年十二月

鈴木大拙 記す

目　次

禅の思想

第一篇　禅思想

無知の知——無分別の分別

一　まえがき

今日我国で「禅」と云う名で知られて居る訓練または修養法(śikṣā)は、今から千二百年程前にシナで漢民族の間に完成したものである。その始まりはまだ三百年ほども前の事であったが、即ち六朝時代であったが、その完成期は唐時代であったのである。

禅はもともと大乗仏教の思想で出来上ったもの故、その思想の淵源は印度に在ることは云うまでもない。即ち禅は大乗経典を所依(しょえ)として居る。が、禅は禅として、シナで別途の発展を遂げた。禅と云う字は、梵語の禅那(ゼンナ)(dhyāna)から来て居るが、今日の禅は全く印度式の禅那ではない、ほとんど似もつかぬものと云ってよい。結跏趺坐(けっかふざ)の様式は伝統的であるが、その内容は同一でない。固(もと)より印度式伝統を全く棄却したと云うわけではないが、これを便りにして、今日の禅を解しようとすると大に錯るのである。それは今日の禅はシナで漢民族の間で成立したもの故、漢民族に特有の性格がその中に織りこまれて居る。而してそれは印度民族的なものでない。禅の思想を了解する上に、この一事を考えの中に入れておかなくてはならぬ。

禅思想の根源をなすものは、大乗仏教思想であるが、シナで出来た禅にはまた特有の表現法がある。仏教は印度で亡びたと云ってもよいが、シナでも日本でもそれはまだ生きて居る。今日ではほとんどその形骸だと云わなければならぬところもあるが、仏教は東方諸国で死んだとはまだ云われぬ。あるいは印度の方で、仏教はその精神の一部をなお活かして居ると見られぬこともない。マハットマ・ガンディの如き人物は印度以外では到底出世し得べくも思われぬからである。

禅思想はシナでその行為的方面を大いに発展させたと云ってよい。印度式の禅那は一種の観法で、心を凝らして寂静を守ると云うことになって居る。それがシナでは、その方面よりも、生活そのもの、即ち吾等の平常の行動そのものの上に、禅をはたらかさんとするのである。禅は印度的静態性をはなれて、動態的方向をとるようになった。しかし、それだと云って、禅は禅定方面を忘れたと云うのではない。菩提達摩が西暦第六世紀の始め頃、梁に来て、それから二百年ほどのちに慧能が唐代に崛起するまでは、禅はまだその本来の性格を十分に現露させなかった。達摩から慧能までの五、六代は、守一・看浄・看心など云うことが説かれ、また実修せられた。慧能となって定慧不二が説かれ、見性経験が重ぜられて、シナ禅の基礎が確立した。見性経験は、普通に考えられて居るような神秘論的な見神経験または凝心状態と、同日に語らるべきものではないのである。とに角、見性経験では、知と行とが一つなのであるから、禅は自ら動静両面を具えて来るようになった。仏教語では静態面を体と云い、動態面を用と云って居る。体用両面が双双相並ぶと云うよりも、重重に相入して禅の経験を形成し、またその思想を組み立てて居る。

一言で云うと、禅の思想は、無知の知、無念の念、無心の心、無意識の意識、無分別の分別、相非の相即、事事無礙、万法如如など云う成語・成句で表詮せられる。禅の行為は、無功用の功用、無行の行、無用の用、無作の作、無求の求などと説明せられる。禅について、何か叙述したり、説明したりしようと思うと、いつも逆説的文字を須いることになる。此処に禅思想の超越性があると云える。禅は常人の常語では道取しつくされぬのである、どうしても非常の言語、即ち矛盾に充ちた言語をたよらぬといけない。

禅は元来、経験——即ち人間の平常生活そのもの——を離れぬ処に在るので、禅思想はやがて禅行為であり、禅行為はやがて禅思想である。それは人間の経験は一面行為で一面思想だからである。一般には思想と行為とを分けて話しするのであるが、禅ではその思想を云うときその行為を云って居ることになるのである。それはとに角として、禅の「思想」なるものは、専ら一問一答でその幽旨を闡明（せんめい）するに務めた。而してそれがまた禅思想史の独自性でもあるが、それかと云って禅はこの外の方法・形式を無視しなかった。天台（てんだい）や華厳（けごん）のような雄大な思想体系を作り上げることは、禅の固より避けたところであった。が、その思想を韻文に託して表象的に詠出することを忘れなかった。あるいはまた漢民族一流の洗練せられた辞句を、一定の律によりて並べ、それで禅意を挙揚（こよう）することにした。これは達摩西来（せいらい）以来の習わしであった。隋から唐にかけて、三祖の「信心銘（しんじんめい）」、傅（ふ）大士の「心王銘（しんのうめい）」、法融（ほうゆう）の「心銘（しんめい）」、僧亡名の「息心銘（そくしんめい）」、永嘉（ようか）大師の「証道歌（しょうどうか）」など『伝燈録（でんとうろく）』に記載せられてあるものは云うに及ばず、既に湮滅（いんめつ）したもの、及び近年敦煌（とんこう）などから発掘せられたものなどを寄せると、可なりの数に上ることと信ずる。

本書では達摩の遺文から始めて、二、三の韻文的著作を、原文につきて逐語的に説明して見る。これは一方読者をして原文に親しましめんとの希望から出るのである。禅と漢文とは分離し難い関係に立って居るからである。

二　二入四行観

下記の邦文は原漢文の大意を訳出しまたは説述したるものである。ある場合殊に説明のために加えた文字は括弧内に収めておいた。邦文だけを読んで原文の意は十分に酌みとれるわけだが、なおその正確さをたしかめんと欲せられる読者は、原漢文を参考せられんことを望む。

1

夫入道多途、要而言之、不出二種。一是理入、二是行入。
〔夫れ道に入ること途多けれど、要して之を言わば、二種を出でず。一には是れ「理入」、二には是れ「行入」なり。〕
道に入るべき途は沢山あるにはあるが、最も大事なのは二つである。理からはいるのと、行からはいるのだ。

2

理入者謂藉教悟宗、深信含生同一真性、但為客塵妄想覆、不能顕了。若也捨妄帰真、凝住壁観、無自無他、凡聖等一。堅住不移、更不随於文教、此即与理冥符、無有分別、寂然無為、名之理入。

〔「理入」とは、謂く教〈経典〉に藉りて宗〈根本の玄理〉を悟り、含生〈衆生〉同一の真性〈真実の本性〉の但だ客塵妄想〈外来の汚塵〉の為に覆われて顕了すること能わざるのみなりと深く信ず。若し也た妄を捨てて真に帰し、壁観に凝住せば、自も無く他も無く、凡と聖と等一なり。堅く住して移らず、更に文教〈文字の教え〉に随わずんば、此れ即ち「理」と冥符して、分別有ること無く、寂然として無為なる、之を「理入」と名づく。〕

理入と云うのは、経典の教によりて、その玄理を体得することである。そうすると、こんなことがわかる——すべてのものには同一の真性が具わって居るが、それが妄想（迷）と云う外来の汚塵に覆われてしまって、顕われ出ることが出来ないと云うことが、深く信ぜられる。それで妄想を捨てて、真性に帰って、壁観に凝住すると、自分と云うものも他人と云うものもなく、凡人も聖者も、一等であると云うことがわかる。この体験に堅住して他へ移るな、文字言句のために迷わされるな。こんな塩梅になってくると、真性の理と冥符するようになって、その間に何等の区界線を入れられなくなる。こうして得られる寂然として無為の境地を理入と名づけるのである。

3

行入者謂四行。其余諸行悉入此中。何等為四。一者、報怨行。二者、随縁行。三者、無所求行。四者、称法行。

〔「行入」とは謂く「四行」なり。其の余の諸行、悉く此中に入る。何等をか四と為す。一には「報怨行」なり。二には「随縁行」なり。三には「無所求行」なり。四には「称法行」なり。〕

行入と云うのに、四行がある。この外の諸行はみなこの中にはいってしまう。四とは何かと云うに、一は報怨行である。二は随縁行である。三は無所求行である。四は称法行である。（是等四行の意味は次ぎに説明する。）

4

云何報怨行。修道行人、若受苦時、当自念言。我従往昔、無数劫中、棄本従末、流浪諸有、多起怨憎、違害無限。今雖無犯、是我宿殃、悪業果熟。非天非人所能見与。甘心忍受、都無怨訴。経云、逢苦不変、何以故。識達本故。此心生時、与理相応。体怨進道、是故説言報怨行。

〔云何なるか「報怨行」。道行を修する人、若し苦を受けん時、当に自ら念じて言うべし。我れ往昔従り、無数劫〈永遠なる長き時間〉の中、本〈根本〉を棄て末〈枝末〉に従い、諸有〈様々な世界〉に流浪して、多く怨憎を起こし、違害すること限り無し。今ま犯すこと無しと雖も、是れ我が宿殃〈前世の悪業による災い〉にして、悪業〈悪い行為〉の果の熟するなり。天に非ず、人の能く見、与うる所に非ず。甘心忍受して、都て怨訴すること無し。経に云く、「苦に逢うも変ぜず、何を以ての故に。本を識達するが故に」と。此の心生ずる時、理と相応す。怨を体して道に進む、是の故に、説きて「報怨行」と言う。」

報怨行とはどんなのかと云うに、それは、道を修行して居る人の身の上に、何か苦厄が出来たとせんに、その人はこう考えなくてはならぬ。自分は過去無量劫に渉りて、本を棄てて末に走って居た。而して色々の世界を流浪して来て、他をして自分に対して怨憎の心を抱かしめた、その心を違害したことが限りなくあった。この一生では別に罪業を犯すようなことをしないにしても、自分の過去の罪業に対しての果報は、今や成熟し来て、この身に加わりつつある。これは天からのわざでもない、また人間が加えるのでもない。誰も知らぬのである。それで自分は何等不平の心を持たないで忍受しなければならぬ。誰をも恨むべきでない。御経に、苦しみに逢っても、心を変えぬ、何故かと云うに、その道理をきわめると、ちゃんと、わかるからであると書いてある。誰でもこんな心になれると、自然の理と相応するようになる、それは怨を経験することによりて道に進み得るからで、それでこれを報怨行と云う。

5

第二随縁行者、衆生無我、並縁業所転、苦楽斉受。皆従縁生。若得勝報栄誉等事、是我過去宿因所感、今方得之、縁尽還無、何喜之有。得失従心、心無増減、喜風不動、冥順於道。是故説言随縁行。

〔第二に「随縁行」とは、衆生に我〈実体〉無く、並て縁業〈原因となる行為〉に転ぜられ、苦と楽と斉く受く。皆な縁に従いて生ずるのみ。若し勝報・栄誉等の事を得るも、是れ我が過去の宿因〈前世からの因縁〉の感ずる所なり、今ま方て之を得るも、縁尽くれば無に還る、何の喜か之れ有らん。得失は心に従う、心に増減無く、喜風にも動ぜず、冥に道に順う。是の故に説きて「随縁行」と言う。〕

第二に随縁行と云うのはこうである。衆生の本質は元来無我（これは何処かで説明する）であるから、因果を超越して居るが、而かもみな縁業に転ぜられるのである。そうして苦を受けたり、楽を受けたりする。それは、その場その場での業縁から出るのである。それ故、何か世間的に好いと思うことがあっても、それは自分の過去の宿因で今それを感得するのである。縁尽きてしまえば、何もなくなるのであるから、特に喜ぶべきものはない。得失は何れも心から出るのだから、心に増減（即ち喜憂）を抱くことなく、泰然として動かずに居ればよいのである。それで冥冥に道に順うから、これを随縁行と云う。

6

第三無所求行者、世人長迷、処処貪著、名之為求。智者悟真、理将俗反。安心無為、形随運転。万有斯空、無所願楽。功徳黒暗常相随逐。三界久居猶如火宅。有身皆苦、誰得而安。了達此処、故於諸有、息想無求。経云、有求皆苦、無求則楽。判知無求、真為道行。

〔第三に「無所求行」とは、世の人は長く迷いて、処処に貪著す、之を名づけて「求」と為す。智者は真を悟り、理として俗に反す。心を安んじ無為にして、形に随いて運転う。万有〈あらゆるもの〉斯に空〈非実在〉にして、願楽する所無し。功徳〈吉祥の神〉と黒暗〈不幸の神〉と常に相い随逐す。三界に久しく居るは猶お火宅〈火に包まれた家〉の如し。身有れば皆な苦なり、誰か得て安らかならん。此の処に了達す、故に諸有〈様々な世界〉に於いて、想を息めて求むること無し。経に云く、「求むること有るは皆な苦なり、求むること無ければ則ち楽なり」と。求むること無きを判知〈明らかに了知〉するを、真に道行と為す。〕

第三に無所求行とはこうである。世間の人々は久しく迷って来たので、到るところに貪著して居る。これを求むると云うのである。智者は真を悟って居るので、自ら俗人と違って居る。心に安んずるところがあるので、何かとあせらない。形のあるに任せて行為する。万有は（その本質において）空であるから、それに対して願楽を抱かぬ。功徳天と黒暗天とはいつも形影相随うものである。三界に永居することは火宅に居るようなもの。身と云うもの（心と云うもの）があると思うと、みな苦の種子になって、安心が不可能になる。此処に了達すると、諸有において想をやめて貪著せず、自ら求むるところがなくなる。御経に、求むるところがあるとみな苦で、それがないと楽だと云われるが、その無求と云うことがよくわかれば、それが本当に道を行くと云うもの。

7

第四称法行者、性浄之理、目之為法。（信解）此理、衆相斯空、無染無著、無此無彼。経云、法無衆生、離衆生垢故。法無有我、離我垢故。智者若能信解此理、応当称法而行。

〔第四に「称法行」とは、性浄〈絶対的実在が本来清浄であること〉の理、之を目けて「法」と為す。此の理〔を信解せば〕、衆の相〈すがた〉は斯に空にして、染無く著無く、此無く彼無し。経に云く、「法に衆生無し、衆生の垢を離るるが故に。法に我有ること無し、我の垢を離るるが故に」と。智者、若し能く此の理を信解せば、応当に法に称って行ずべし。〕

第四に称法行と云うはこうである。性（即ち絶対的実在）は本来清浄（絶対的）である、それを法と云うが、この理を信解すると、すべて相(相関的)あるものが空であることがわかる。即ち染著を離れ、彼此に囚えられぬ。御経に、法には衆生(相)がないが、衆生垢を離れて居るからだ、法には我(相)がない、我の垢を離れて居るからだと説いてある。智者もし能くこの理を信解するならば、法の理に称うた行為をすることが出来よう。

8

法体無慳於身命財、行檀捨施、心無悋惜、達解三空、不倚不著。但為去垢、称化衆生、而不取相。此為自利。復能利他、亦能荘厳菩提之道。檀施既爾。余五亦然。為除妄想、修行六度、而無所行、是為称法行。

〔法の体〈本体〉は身・命・財に慳むこと無し、檀〈布施〉を行じて捨施し、心に悋惜むこと無く、三空〈三種の非実在〉を達解して、倚らず著かず。但だ垢を去らんが為に、衆生を称化し、而も相を取らず。此を自利と為す。復た能く他を利し、亦た能く菩提〈さとり〉の道を荘厳〈具現化〉す。檀施〈布施〉既に爾れば、余の五〈持戒・忍辱・精進・禅定・智慧〉も亦た然り。妄想を除かんが為に、六度〈六波羅密〉を修行し、而も行ずる所無し、是を「称法行」と為す。〕

即ち法の体には身・命・財において慳貪など云う欲がないから、檀波羅密を行じて、他に捨施をしても、わが心にこれを惜しいと思うことはない。三種の空(人空・法空・倶空）を達解して居るので、物事にこだわらぬ。衆生を称化するのは、その垢を去らんがためで、その相に滞ることはない。これが自利である。また（他行と云うべきがあってそれは）能く他を利することである。それでよく菩提の道が具現化するのである。これは第一波羅密の檀那（布施）行であるが、その外の五つについても同じ事が云われる。何れも妄想を除くために六度を行ずるのであるが、いくら行じても行の跡がのこらぬ。これを称法行と云うのである。

是に由って観ると、達摩の考では、同一真性と名づくべきものが、万有の中に実在して居る。これを顕了しなければならぬ。但ゝ外来の妄想の塵で覆われて居るから、壁観と云う一種の修行法を以て、真性と冥符することを勗めなければならぬ。この法に凝住すると、自他凡聖などの分別を離れて寂然無為の境地に入ることが出来る。この境地が即ち真性である。真性は同一性のものであるが、歴史的発展をなすのである、即ち業縁に由りて衆生の世界を形成する。この同一性を見ぬと衆生界の個多性に囚えられて、怨訴の念を懐くのである。智者は業縁の世界を超越して居るので、違害限りなき生死喜憂の間に処しても、甘心忍受して、道に進み道に順うて生活することが出来る。

業縁と云う歴史的現実の生活では、受苦の機会が無数にある。現に何等の罪業を意識しないでも、それは宿殃と云うもので、この存在そのものから出るのだから、天にあらず、人にあらず、ただ与えられたままに受けて行けばよいのである。それが随縁行と云うものである。歴史的現実の奥に無我がある。これを「衆生無我」と云う。無我とは無心・無為・無求である。而して是故に「縁業所転」〔縁業に転ぜら〕るのである。業縁の現実だけを見ると、得失あり、苦楽あり、増減あり、功徳天と黒暗天と形影的相伴あり、また運転あり、随逐ありで、極まるところを知らぬ。が、これらが何れも無我の素地の上に織り出されてあるとの「識達」があって、「与理冥符」〔理と冥符〕すると、「安心無為」の境地に住することが出来る。これが称法行である。「法の理に称う行為」の意味である。

　法の理に称うことになれば、無所求行が自ら出る。無所求行も称法行も同一行為の両面である。前者は消極面で、後者は積極面と云ってよい。結局は「六度を修行して而かも所行無し」と云うことになるのである。行而不行〔行じて行ぜず〕、これが理行二入の宗旨、即ち達摩西来の意なのである。行入が行で、理入が不行である、この二入によりて行而不行と云う般若的即非の論理が成立する。禅家一般の所説では、達摩の「二入四行論」を、まだ浅い、即ち「道之極」でないと云うことになって居るが、必ずしもそうでない。表現の形式は未だ印度型を脱して居ないと云えるが、その主意の在るところは、

唐宋時代の禅匠によりて宣揚せられたものと、寸毫の相異を見ぬ。それで臨済も、

「自達摩大師従西土来、祇是覓箇不受人惑底人」

〔達摩大師の西土〈インド〉従り来たりし自り、祇だ是れ箇の人惑を受けざる底の人を覓むるのみ〕

と云うのである。人惑を受けざる人と云うのは、業縁の現実に惑わされぬと云うことである。達摩の二入を別別に見てはいけない。理入と行入とは同一事を理と行との面から見たに過ぎぬ、両者は離れて考えられるものではない。なお体用の概念のようであると判知しなくてはならぬ。理なき行、行なき理は跛者の歩みである。そうしてまた禅者はこれを概念的に解しないで——それも勿論大切ではあるが——所謂る事上に解を得、事中に法を見るのである。

達摩の理行二入の説を仔細に点検すれば、彼以後に展開した禅思想の大意は悉くその中に含まれて居るのである。達摩は、シナにおける禅宗の初祖として、後来発展し能うべき禅意のすべてを、その二入論に収めて居るのである。西天第二十二祖摩拏羅尊者の伝法偈として伝えられて居る左記を臨済も引用して居るが、禅意はこの偈に尽きて居る、而して達摩の二入もまたそれ以外に出ぬものである。

心 随 万 境 転。　心は万境に随うて転ず。

転処実能幽。　転処実に能く幽なり。
随流認得性。　流に随うて性を認得すれば、
無喜亦無憂。　喜びなく亦た憂もなし。

臨済はこれに附帯してまた次の如く云う。曰わく、

「菩提に住処なし。是故に、得る者なし。道流よ。大丈夫の漢たらんものは、更に箇の什麽をか疑わんとする。目前の用処更に是れ阿誰ぞ。把得して便ち用いて、名字に著すること莫れ。号して玄旨となす。与麽に見得すれば嫌う底の法なし。云云。」

これは何れも無住の住、無得の得、無用の用、無名の名、無見の見、無行の行を叙述したものにすぎないのである。達摩は達摩式に、臨済は臨済式に、また徳山なら徳山式、洞山なら洞山式に、それぞれの表現方法を須いるので、文字の上からのみ見ると、「惑」わされもしよう。が、その意の在るところを「把得して便ち用い」る分になれば、何等「嫌う底の法」はないのである。達摩は「理と冥符す」と云い、「冥に道に順う」と云い、「この理を信解す」と云い、「理と相応す」、「真を悟る」と云い、「真に帰する」と云い、「真を道行と為す」等と云うのは、何れも三空——人空・法空・倶空——に徹するの義に外ならぬのである。人空・法空とは、主客対立の世界を否定するのである、倶空とは

この否定をまた否定するのである。それで、三空の義を別別に解せずに、一解して達解すると、般若的即非の論理で、次に云うところの無得の得に外ならぬ。対比の否定の否定――即ち倶空観は、対比が却ってそのまま受け入れられることであって、個多の世界が直きに一如の世界となるのである。臨済にはまた臨済風の表現法があって、それで禅の生命が永く綿綿として何時までも続けられて来たのである。『臨済録』に曰わく、

問、如何是西来意。

師云、若有意自救不了。

云、既無意、云何二祖得法。

師云、得者是不得。

云、既若不得、云何是不得底意。

師云、為你向一切処、馳求心不能歇、所以祖師言、咄哉丈夫、将頭覓頭。你言下便自回光返照、更不別求。知身心与祖師不別、当下無事、方名得法。

〈問う、如何なるか是れ西来意〈達摩が西より来たる意図〉。

師云く、若し意有れば自救不了〈自らをも救い得ない〉。

云く、既に意無くんば、云何が二祖、法を得たる。

師云く、得るとは是れ不得なり。

云く、既に若し不得なれば、云何が是れ得ざる底の意。師云く、你が一切処に向って、馳求〈外に追い求める〉の心の歇むこと能わざるが為に、所以に祖師言わく、咄哉〈なんたることだ〉、丈夫、頭を将て頭を覓む。你じ言下に便ち自ら回光返照して〈外に向っていた光を内に向け〉、更に別に求めざれ。身心と祖師と別ならざるを知りて、当下に無事〈余計な事が無くありのまま〉なるを、方に「得法」と名づく。」

達摩さんが西の方から唐土へ来られたが、その意旨はどこに在るのか。

臨済答えて曰わく、もし達摩に何かの意旨があったとしたら、彼は自分自身をさえ救い得なかったであろう。

達摩に何の意旨もなく、ただ東土へやって来たとすれば、慧可は何の法を得て、禅宗第二祖となったか。

法を得たと云うのは不得の得である。（得たとか、手に入れたとか云うと何かそこに有ると思うが、その実客観的にそんな対象もなければ、主観的に「これが」と云って差し出して他に示し得るものもないのである。）

不得の得だとすれば、また「不得」と云うものが、何かなくてはならぬ、それは何であるか。

臨済答えて曰わく、「不得」と云うものが何かあるかなどと尋ねるのは、馳求(ちぐ)の心、即ち相対的・対象的思惟の心に迷うて居るので、何か云うと、何かそこに「一物」があると考える。それで祖師は、「何だ馬鹿な奴、自分の頭の上に今一つ頭を重ねんとして居る」と云われるのである。お前達、もしこちらの云うところに随って、外に対象的に何かを探しまわることを止めて、その光を内に向けるとよい。内に向けると云うは物を何時も対象的に見ることをせぬとの義である。これが出来ると、自分はこのままで祖師と別人でないと云うことがわかる。わかればその時から直ちに本来無事の人となるのである。得法と云うのはこんな意味なのである。

達摩の二入論で問題になるのは壁観と云うことである。これがどんな意味なのかはっきりわからぬ。「壁観(へきかん)に凝住(ぎょうじゅう)する」などと云うと、何か一種の凝心状態でないかと想像せられて来た。しかしそれではその中から行も用も出ない、また知もあり得ぬことになるので、壁観は慧能などによりて主唱せられた定慧不二(じょうえふに)の境地を指すものと考えたい。達摩の表現には物足らぬところもある如く見えるが、それは止むを得ぬ。彼の思想は彼以後に発展したところから顧みられねばならぬ。彼は哲学者でなく、また彼の遺文なるものも断片的でしかない。

達摩が慧可に教えた時、「外、諸縁を息めて、内心喘ぐことなく、心、牆壁の如くにして、以て道に入るべし」と云ったと記されて居る。この牆壁の如しが壁観の当体だとも考えられて来た。外縁即ち環境との連繋を休息させ、また内心の動揺を止めると、心は壁観に凝住するのだと考えられて来た。が、それは肯綮に中らぬ。何故かと云うに、この教を受けた慧可は「了了として常に知る、故に言の及ぶべからざる也」と答えて居る。「壁観に凝住す」るが「性浄の理」に沈滞することであるなら、慧可のような体認はないわけである。達摩はこれを印証して、「これはこれ諸仏所伝の心体なり」とは云わぬわけである。壁観は単なる観照でなくて、知である、知とは定慧不二の知である。そうしてそれから四行特に称法行が出て来るのである。この知なくしてはこの行あるべからずである。行は用である。這裡の消息を深く明らめておかぬと達摩の二入説は十分に呑みこめぬのである。

それで更に達摩の『安心法門』を引用して、禅思想の始源にどんなものがあったかを見よう。『安心法門』は二入説のように纏まって居ない。思うに達摩の所言をただ綴り合わせたものである。それで各節は独立別箇の性質をもったものと見てよい。

三　安心法門

1

迷時人逐法、解時法逐人。解則識摂色、迷則色摂識。

〔迷う時は人、法〈もの〉を逐い、解る時は法、人を逐う。解るときは則ち識〈心の働き〉、色〈対象〉を摂〈摂入〉し、迷うときは則ち色、識を摂す。〕

迷うときは、こちらが向うのものと考えるものに逐いまわされるし、悟るときは向うから進んで来て、こちらのものになってしまう。悟るときは、こちらの心の働きの中へ外境が摂入せられるし、迷うときは、却って外境によりて、こちらの働きが左右せられる。

2

但有心分別計較、自心現量者、悉皆是夢。若識心寂滅無一動念処、是名正覚。

〔但だ有心にして分別計較〈切り分け計らう〉し、自心現量〈自分の心が有無の世界を現出〉するは、悉く皆な是れ夢なり。若し識心〈分別の心〉寂滅して一の動念の無き処なれば、是を「正覚」〈正しい覚り〉と名づく。〕

自心と云うものがあると分別して、種種にたくらみ計らう、これが有心である、自心現量である。この分別計較から出るものはみな夢で、現実性をもたぬ。この分別の有心底が寂滅して、計較の一念も動かぬときが正覚である。（一念も動かぬと云うのは、二元的・対象的に物を見ないと云うことで、ただの寂静ではない。）

3

問、云何自心現量。答、見一切法有、有自不有、自心計作有。見一切法無、無自不無、自心計作無。乃至一切法亦如是。並是自心計作有、自心計作無。

〔問う、云何なるか自心現量。答う、一切法の有と見るは、有は自ら有なるにあらず、自心の計して有と作すなり。一切法の無と見るは、無は自ら無なるにあらず、自心の計して無と作すなり。乃至、一切法も亦た是の如し。並て是れ自心の計して有と作し、自心の計して無と作すなり。〕

問う、自心現量と云うのは、何の義であるか。

答う、われらは物が有るとか無いとか云うが、この有と云い無と云うのは、有自ら有なのでない、また無自ら無なのでない。こちらの心で有無を計らうから、有があり無がある世界が出来るのである。つまり分別計較の心で有無を作り出すのである。（有と無とは対象的論理の所産で、有と無と、各別に独立するものでない。何れも相関的存在なのであるから、そんなものが、それを分別する自心を離れてあるものと考えてはならぬ。

分別に無分別なるもの、即ち一念不動のところに正覚がある。）

4　又若造一切罪、自見己之法王、即得解脱。

〔又た若し一切の罪を造るも、自ら己の法王〈仏である心〉を見れば、即ち解脱を得。〕

また何か色々と罪業を造作したことがあっても、その罪業なるものは、分別を主とする有無の心から出るのである。その有無を超えたもの、即ち法王なるものがあり、それが己れだと気がつくと、解脱の途が開ける。（天上天下唯我独尊の義である。）

5　若従事上得解者気力壮。従事中見法者即処処不失念。従文字解者気力弱。

〔若し事上に従いて解を得る者は気力壮なり。事中に従いて法を見る者は即ち処処に念を失せず。文字に従いて解する者は気力弱し。〕

（仏教では理と事とをわける。理は概念的普遍性の理で、事は個多的特殊の義である。それで）吾等日常の経験の上で、解を得たり、法を体する人は、その得力において大に見るべきものがある。行住坐臥の上にその解を失却しない。これに反して、単なる概念や文字の上でのみ解を得た人は、その力自ら微弱ならざるを得ぬ。

6

即事即法者、深従汝種種運為、跳踉顚蹶、悉不出法界、亦不入法界。若以法界入法界、即是痴人。

〔事に即し法に即する者は、深く汝が種種の運為に従いて、跳踉顚蹶〈跳びはね躓く〉するも、悉く法界〈悟りの世界〉を出でず、亦た法界に入らず。若し法界を以て法界に入らば、即ち是れ痴人なり。〕

事上に悟りを得て、兼ねてそれが法の理に徹したものであれば、何をしようとも、躍ったり跳ねたりしようとも、法界の外に出ることもなければ、また法界の中にはいると云うこともない。（この人は法界と共に運為行動して居るのであるから、出入の問題はここにはないのである。）これに反して、痴人は自己の外に法界を見んとする故、元来そこに在るものに対して、出入の分別観を建立し、それで自他の行動を規制せんとする。迷いはこれから生ずる。

7

凡有所施為、終不出法界心、何以故、心体是法界故。

〔凡有る施為う所、終に法界心を出でず、何を以ての故に、心の体〈本体〉の是れ法界なるが故に。〕

どんなことを行っても、法界心の外に出ることはない。吾等の心と云うものは、法界を体として居るのであるから、即ち心は法界で、法界が心だから、この心のはたらきは法界の外に出られぬ。（ここで法界と云うのは悟りの世界であると見てよい。）

8

問、世間人種種学問、如何不得道。

答、由見己故不得道。己者我也。至人逢苦不憂、遇楽不喜、由不見己故。所以不知苦楽者、由亡己故。得至虚無、己自尚亡、更有何物而不亡也。

〔問う、世間の人、種種に学問するに、如何んぞ道を得ざる。

答う、己を見るに由るが故に道を得ず。己とは我なり。至人、苦に逢うも憂えず、楽に遇うも喜ばず、己を見ざるに由るが故に。苦楽を知らざる所以とは、己を亡ずるに由るが故なり。虚無に至るを得れば、己自ら尚お亡ず、更に何物の亡ぜざるか有らん。〕

問。世間の人々は色々と学問をして居るが、それでも道を得ると云うことが、中々出来ない。それは何故か。

答。それは自己と云うものを見て居るからである。自己とは我である。「おれがおれが」と云うその我である。至人は苦楽の境に処しても別に憂いも喜びもしない。それは自己を見ないからである。苦楽があっても、それを自己中心主義の立場から見ないからである。自己を亡じたのである。無の境地を了得したものは、どんな環境におかれてもそれに囚えられるような事はないのである。

9

問、諸法既空、阿誰修道。

答、有阿誰、須修道。若無阿誰即不須修道。阿誰者亦我也。若無我者、逢物不生是非。是者我自是、而物非是也。非者我自非、而物非非也。

〔問う、諸法〈諸々の事物〉既に空なれば、阿誰か道を修せん。

答う、阿誰か有れば、須らく道を修すべし。若し阿誰も無くんば、即ち道を修するを須いず。阿誰なる者は亦た我なり。若し我無くんば、物に逢うて是非を生ぜず。是なる者は我の自ら是とするなり、而して物は是なるに非ざるなり。非なる者は我の自ら非とするなり、而して物は非なるに非ざるなり。〕

問。諸法既に空だとすれば、誰も居ないことになる。すると道を修する人もないわけではないか。

答。誰かあると云うなら、その人は固より道を修すべきであろう。が、もし誰もないと云うなら、道を修するなど云うことはいらぬ。ここに誰かと云うのは我の義である。我がなく、自己がないとなれば、万境に対して是非の念を抱かない。それは是とか非とか云う価値判断は、こちらに我と云うものをおいて、それがする仕事である。物即ち対境自らが是とか非とか云うのではない。即ち対境自らには是も非もない。

10

即心無心、是身為通達仏道。即物不起見、名為達道。逢物直達、知其本源、此人慧眼開。

〔心に即して無心なる、是の身を仏道に通達すと為す。物に即して見〈見解〉を起こさざるを、名づけて「道に達す」と為す。物に逢うて直に達し、其の本源を知る、此の人、慧眼開けり。〕

心に即して無心なるが、仏道に通達すると云うことである。物に即してあれこれと云う己見を起さざるを、道に達すると名づける。向うから来る物に対して(その間に何等の媒介をおかず)、直きに(その理に)達してその本源を知りぬくような人があれば、その人の智慧の眼は開けて居るのである。

11

智者任物不任己、即無取捨違順。愚者任己不任物、即有取捨違順。不見一物、名為見道。不行一物、名為行道。

〔智者は物に任せて己に任せず、即ち取捨違順〈取捨選択や苦楽の感受〉無し。愚者は己に任せて物に任せず、即ち取捨違順有り。一物を見ざるを、名づけて「道を見る」と為す。一物を行ぜざるを、名づけて「道を行ず」と為す。〕

智者は向うの物に任せて、こちらの自分を立てない。それで取捨違順がない。これに反して、愚者は自分を先に立てることばかりやって、向うの物にまかせないから、取捨違順がある。*

12

即一切処、無処、即作処無作法、即是見仏。若見相時、即一切処見鬼。

〔一切の処に即して処無く、作す処に即して法〈もの〉を作すこと無し、即ち是れ仏を見るなり。若し相を見る時は、即ち一切の処に鬼〈亡霊〉を見る。〕

どこに居ても、その処——ここと云うこと——に執えられないと、何事かを行為するに当りても、その行為に対して自覚的意識の拘束を受けない。これが見仏である。〔真実在を攫むことである。〕これに反して、相(対象)を認めてそれに執えられると、どこへ行っても鬼を見るのである。〔非実在を実在と見あやまる。〕

13

取相故堕地獄。観法故得解脱。若見憶想分別、即受鑊湯炉炭等事、現見生死相。若見法界性即涅槃性。無憶想分別、即是法界性。

〔相を取るが故に地獄に堕す。法を観るが故に解脱を得。若し憶想分別〈虚妄な認識〉を見ば、即ち鑊湯炉炭〈地獄の熱湯や業火〉等の事を受け、現に生死の相を見ん。若し法界〈真理の世界〉の性を見ば、即ち涅槃〈煩悩なき悟りの境地〉の性なり。憶想分別無くんば、即ち是れ法界の性なり。〕

地獄へ落ちるのは、相（非実在）に執えられるからであり、解脱を得るのは法（実在）を見るからである。憶想分別は（相を取するところから生起するので）、これを見るものは地獄の因を作る。即ち生死と云うものが現実——真実——にあると考えて、それから鑊湯炉炭等の苦しみを受ける。これに反して、法界の性を徹見すると、即ちこれは涅槃の性であることがわかる。法界の性とは何かと云うに、それは憶想分別のないところに外ならぬのである。

14

心是非色故非有。用而不廃故非無。用而常空故非有。空而常用故非無。

〔心は是れ色〈対象〉に非ざるが故に有に非ず。用いて廃せざるが故に無に非ず。用いて常に空なるが故に有に非ず。空にして常に用いるが故に無に非ず。〕

心は色法（対象性）でないから、その意味で有ではないが、その用は休廃すると云うことがないから無とも云われぬ。用があると云っても而かもいつもこれと云って押えてみるものがない、即ち空であるから、有とは云われぬ。空は空であるが、その中からいつも用が出るので無とは云われぬ。（心は有無の範疇へ這入らぬものだ。）

＊「不見一物」以下の句は、著者の解説を欠く。

『安心法門』につきての史的研究は、拙著『少室逸書』（全集第二巻所収『禅思想史研究第二』を見よ）の中で、かつて発表した故、今は略するが、この表題は達摩自身で択んだものでなかろう。後の人が達摩の遺文中から上記十四則を摘録し、達摩の意旨を体して「安心」の二字を掲げたものであろう。元来達摩は『二種入』の序言で「大乗安心之法」を開示する旨を述べて居るのである。それで彼は心を主題として、彼が漢土における伝道行為の一歩を踏み出したことがわかる。彼に継いだ慧可も、達摩との会見において「心を求むるに不可得なり」と云ったのもこの事由によるのである。『安心法門』においても主題は自ら心とならざるを得ない。而してこの心を安んずることが、達摩及び慧可の最大関心事であったのである。敦煌出土の『楞伽師資記』によると、達摩に先んじて求那跋陀羅も「安心」と云うことを教えて居る。安心の熟字は何時頃から始めて用いられたかは、自分のよく知らないところであるが、これは能く宗教の最終目標を指示して居る。心がその真実体において捉えられない限り、人間はいつも不安の状態におかれる。人によりてはこの不安性を十分に自覚せぬのもある。しかし自覚がないと云って、不安はないとは云えぬ。その証拠には、この種の人々の感覚性生活は極めて索莫（さくばく）なもので、何かにつけおじけがちである。源が静まらぬと、その末は自（おのずか）ら乱れがちならざるを得ぬのである。心はその根源において落ちつかなければならぬ。石が大地にその腰をすえたようでなければならぬ。そうしてこの心の石は、大地の底に深く深くその根を下しておかなくてはならぬ。心とはそもそも何か。

『安心法門』における心は、二様の意味に用いられて居る。一は普通に吾等の謂うところの心である。心理学者は意識と云うであろう。『法門』はまたこの心を人と云って法と相対せしめる。あるいは己とも我とも云う。この我または己を中心として外境及び内境に対すると、迷いの世界が展開する。迷いは自心計または自心現量である。論理的には分別計較または憶想分別である。この分別の故に諸法と云うものが見られ、生死の相が現われる。それから体と相とを分けて云うと、心は心相である、有と無とをわけて見ると心は有心である。『安心法門』では、一面、心をこんな風に考えて居るようである。そうしてこれがまた一般の心の見方である。

それから他の一面を見ると、心はまた次のようでもある。

この心は有心[註]に対して無心の心であり、心相に対して心体である。我に対して無我であり、有無の心に対して非有非無の心である。心は諸法を対境として、生死の相を見るが、心は法そのもので、生死の境から解脱して居る。それ故、心は法界心であり、また法界を体として居る。生死から解脱して居るところから云えば、心は涅槃であり仏であり、法王である。心は自心計して、あるいは自心現量して、あるいは分別計較、あるいは憶想分別して、一切法(または諸法)を観て、それを有としたり、無としたりする。心は、これに反して、一物をも見ないから、諸法は皆空である。心は無我であり、無心であるから、「已自尚亡、更有何物而不亡也」(已自すら尚お亡ず、更に何物の亡ぜざるか有らん)で、心をのみ見て居る立場と正反対である。

註 第一種の心を心とし、第二種のには心として半月点を附す。

これで見ると、心と心とは決して相容れることの出来ない両極である如くである。但〻心は物に即して見を起さぬ故、心の方からすれば、心は心と矛盾し衝突し相殺するとは云われぬ。そんな事のあるのは、心から心を見るときであると云わなければならぬ。心は分別計較がその特性であるから、所謂る自心計で、すべてを有無し是非して、種種の運為をなして、跳踉顛蹶するのである。それで心が心である限り、その分別性を離れられぬ故、見を起さざるわけには行かぬ、而して見を起せば心を見ることが出来ぬ。心は見なき見でなくては見られぬ。心はそれ自体を超越しないと心になることが不可能である。心は憶想分別または分別計較をその性格とするから、そのはたらきはいつも限られざるを得ない、「用而不廃」（用いて廃せず）と云うわけに行かぬ。これは心だけに属する用で、心がかくの如くなることの出来るのは、色でも識でもないからである、即ち「用而常空」（用いて常に空）、「空而常用」（空にして常に用いる）と云う性格が、心自体であるからである。心のこの性格を「性浄之理」とも云うことは、さきに『二種入』篇で、達摩の説いて居るところである。「染なく、著なく、此なく、彼なき」ところに、称法行が現実し得る。行は用である。称法行、即ち法の理に称うところの用は、空から出る、見ることなき見は、それ故、ここから出る外に出るところはないのである。分別計較の心は、自らを捨てること、否定することにより、起見から解脱して、無見の見を体認することが出来るのである。これを「法逐人」（法、人を逐う）と云う。道元の謂うところの「万法来って我を証する」ものである。これに反して、「人逐法」（人、法を逐う）と云うのは、自心計である、『法門』中に「是者、我自是、而物非是也、非者我自非、而物非非也」（是なる者は我の自ら是とするなり、而して物は是なるに非ざるなり、非なる者は我の自ら非とするなり、而して物は非なるに非ざるなり）と云うのは、この意味である。

　心と心とは、上記のように、全く別個の存在で、両者の間に何等共通のものがなく、絶対矛盾であるとすると、心は心を見る機会なく、心はまた心にはたらきかけることが出来ぬように考えられる。しかるに達摩及びその後の禅者は、一方では分別計較を排しながら、分別計較を頼りて、即ちそれを媒介として、無分別の心体を表詮して居るのは、如何なる理由か。不立文字と云いながら、旺んに文字を立てて、その不立文字を文字化せんとするのは何故か。一方では、絶対に不可能であるものを、他方ではその可能を説くのみならず、更に現実として論じて居るのは、どんなわけか。

経験事実の上から云うと、可能・不可能は論理的仮説の問題だと見てよい。事実の上では、そうだからそうだと云うだけのことで、話はすむわけである。禅者の立場からは、それは無縄自縛にすぎない。しかし哲学者はそれでは承知せず、一般の吾等ももっとはっきり云ってほしいと云うであろう。その所謂るはっきりなるものが、また甚だはっきりせぬので困るが、ここでは「分別計較」の上で何とか話してくれと云うことになろう。ところが、この分別計較が実に、禅者の斥くるところのものであるから、禅者の立場からすると、自分の嫌いなもので自分を表現しなければならぬことになる。禅者これを「草裏に輥す」とも、「拖泥帯水出ることを知らず」とも云うが、それも是非ないとして、少しく弁ずる。実はこんな事は、哲学の領分で、この書の読者の要求するところではないとも考えられる。しかし自分の思うところを云うと、左の如くである。

分別計較心(即ち心)は相対的で、実験的で合理的であるから、いつも主客相互牽制の世界に居るのであるが、この心はこれで満足せぬのである。不安心なのである。不安心にも色々の様相があるだろうが、その最も根源的で現実的に最も痛切なのは、生死の事実に直面することである。あるいはこれを罪悪観と云ってもよい。また実在追求の意識と云ってもよい。生死は無常と云うことである、刻刻に遷り変わって行くものに対しては安心が出来ぬ。安心は何か不変・不動・不生死のものの上でないと出来ぬ。何か永遠に変らぬ実在を見つけたい。それを情意的に解釈すると、この身の相関性そのものに何かの欠陥即ち罪悪があるものと感じられる。罪悪を汚染と見るとき、「畢竟浄」の境地にあこがれる。これは何故かと云うに、分別計較心はそれだけのものでないからと云わなければならぬ。心は畢竟じて心でないのである、それで心だと云うと、般若の論理はこの事実の道取でなければならぬ。

哲学者のなかには、分別心が自らの外に自らならざるものを求めると云っても、そう求められるものが果して事実上在るかないかは、別の問題だと云うものもあろう。夢に見たような話で、目が覚めて居る現実界では、そこで見たもの、見るもの、見たいと思うものが、その通りに実在するかは、単に夢中の事実または可能的なものだけでは極められぬ。更に別個の論理的考究の課題だと、こう云う学者もあり得る。しかしながらそれはなお分別計較心を離れない考である。心そのものの根本的問題になってくると、どうしてもそこに心以上のものの用が現われて来ないといけない。それは心をその根柢から踏翻する底のものだから、その踏翻の事実そのものに逢著しない間は、その上に分別計較を働かす余地はないと云わねばならぬ。心が不安を感ずるのはこの踏翻底に対する無自覚のあこがれでなくてはならぬ。三本足の人間は考えられる、夢で見られると云うかも知れぬが、それだけでは、三本足の人間の実在を証拠することは出来ぬから、無自覚または無意識のあこがれだけでは、不安心の説明はできぬと云うかも知らぬ。が、それは、前記の如く、なお分別計較心で分別計較の円周裡をぐるぐる歩きまわるものに過ぎない。どうしてもその円周裡を出られぬのはもとよりである。その立場を唯一のものとして、それにしがみついて居る限り、三本足の論理の埒外へ超出すること、固より不可能であろう。今の問題は分別の円周全体に関するものであるから、その限定せられた圏内で役に立つ論理では、全圏自体にその有効性を及ぼすわけに行かぬ。もし及ぼし能うとすれば、全圏自体は自体でなくなって、自らの中に包んで居る個多の一となるわけである。それは甚だ非合理と云わなければならぬ。それ故、不安心、罪悪観、対象的論理の超克欲求はどうしても、分別計較心がそのままで生きて居るところからは出ないのである。従ってこの心のはたらきだけでは、この実情を何ともすることが出来ないのである。不安心、――これで宗教意識の擡頭から出るすべての心理状態を一括しておく、――とに角、不安心は事実であって、個的存在の根柢を揺がすものであるから、何とかこれを処理しなければならぬ。が、それが分別計較心では何とも出来ぬとすると、どうしたらよいのか。

達摩の『安心法門』によれば、安心は「慧眼の開く」ところに得られる。慧眼と云うは、ここでは新しき文字であるが、仏教は概して慧の宗教であって、その教説は慧または智慧（プラッジュニヤー）を遶って展開する。慧眼で心が見られて、心の繋縛から脱離する、即ち分別計較心が超克せられるのである。『二種入』ではこの「慧眼開」を壁観と云って居る。壁観は様々に解せられて来たが、今の自分の考では、壁観は今日で云う直観または直覚に相当する文字であろう。而して慧眼は無媒介的直覚性をその性格として居るのである。「安心者壁観」（安心とは壁観）なりで、不安心を除くものは分別計較そのものにあらずして、無分別計較そのものでなくてはならぬ。見を起さずして、逢物直達してその本源を知ることでなくてはならぬ。直達と云うは、知識の如くに媒介をおかずして通達することである。『安心法門』には、「識心寂滅、無一動念処、是名正覚」（識心寂滅して一の動念の無き処なれば、是を「正覚」と名づく）とあるが、正覚も慧眼開くも壁観も同一事象を指すものである。而してそれは識心の分別計較を寂滅して、一つの動念も無きところ、即ち媒介を要する知識の出て来ないところである。これは一般に直覚または直観と云うところのものに外ならぬ。これを「物に即して見を起さず」と云う。物とは対象である、これに即するとは対象そのものになることである。そのものになれば、見るものと見られるものと云う塩梅に、二物の対立がなくなる。そうすると、そこには媒介的見――知識――なるものは出来上がらずに、「一物を見ず、これを名づけて道を見るとなす」と云う如く、見ることなき見が成就する。この時の消息を慧眼開くと云う、所謂る悟りである。

仔細に点検して見ると、『安心法門』だけでも、達摩の宗旨――禅旨――は十分に知(ち)悉(しつ)せられるのである。上記は禅の知性的方面を略述したものとすれば、次ぎに述ぶるところは、禅の行為的方面であると云ってよい。思想の方面と行為の方面とが倶(とも)に備われば、禅はそれで尽くされると云うべきであろう。行為の方面は別処で多少詳述するから、此処では僅かにそれに触れる。

行為の方面、つまりは思想の方面から説き得られる。それは心なるものは分別と計較、または憶想と分別から構成せられると見てよいが、分別は思想で計較及び憶想は情意である、而して行為は情意を主体として居る。実際を云うと、そんな分析はしなくてよいが、今は便利を旨としておく。行為禅は『二種入』の四行で竭(つ)くされて居るが、『安心法門』には明了を加えて居る点がある。それは「己を見ず」とか、「心に即して無心なる」とか、「物に任せて己に任せず」とか、「作処に即して作法なし」とか、「空にして常に用い、用いて常に空なり」とか「法人を逐う」とか、「事中に法を見る」とか云う文字の間に看取することが出来る。これは『二種入』の「無求を判知する」、「三空を達解して倚せず、著せず」、「得失心に従うて心に増減なし」など云う意と同一である。但々『安心法門』に在りては、『二種入』よりももっと形而上学的でまた認識論的であると云える。『法門』では心——絶対で超越的で超合理的であるところの心——を説くので、『二種入』よりは自ら哲学的だと云い得る。とに角、この慧眼を豁開して「一物を行ぜ」ざることになれば、禅行為の原理に到達したわけである。

四　信心銘

達摩の『二種入』（または『四行観』）と『安心法門』に続いて、禅思想の大綱を説いたものは、三祖僧璨の「信心銘」である。二祖慧可に「与向居士書」（「向居士に与うるの書」）なるものがあるが、それは短い、今省く。「信心銘」は堂堂たる哲学詩で、禅旨の大要はこれでつきて居る。それで彼以後もこの韻文は時々引合いに出ることがある。四言、百四十六句、五百八十四字より成る。「信心銘」をこれから紹介する。

1

至道無難、唯嫌揀択。但莫憎愛、洞然明白。

〔至道無難、唯だ揀択〈選択〉を嫌う。但だ憎愛莫くんば、洞然〈からり〉として明白なり。〕

シナでは、最高の真理または無上絶対の実在を大道または至道と云った。僧璨に従えばこの至道は何も六箇敷いものでない、唯々嫌うところとは、彼此と云って択びとりをすることである。即ち分別計較心をはたらかすことである。このはたらきから憎愛の念が出て、心そのものが暈ってくる。

心が有心の心になると、もともと洞然として何等のさわりものもなく明白をきわめたものが、見えなくなる。分別を去れ、憎愛を抱くな、すると本来の明白性が自ら現われる。

2

毫釐有差、天地懸隔。欲得現前、莫存順逆。

〔毫釐〈毛すじほど〉も差有れば、天地懸に隔たる。現前を得んと欲せば、順逆を存すること莫かれ。〕

しかし上記の見解を大雑把に考えてはならぬ。この見解に一ミリの差があっても、天地懸隔するほどに、行為の上にそれが出て来る。直ちに邪道に陥るであろう。至道を見ること、現に眼前の物を見るようにしたいと思うなら、分別心を起して、順とか逆とか、是とか非とか、善とか悪とか云う見を残しておくな。

3

違順相争、是為心病。不識玄旨、徒労念静。

〔違順相い争う、是を心の病と為す。玄旨〈玄妙な宗旨〉を識らざれば、徒に念の静を労す。〕

そんな分別計較心が残って居ると、これが己れに順適して居る、あれが乖違して居るなどと云う。これが心の癖である。玄旨は分別を離れたところに識られるが、これがわからぬと、念を静めてから、道に到らんなどと考えて、無益の労をいとなむことになる。

4

円同太虚、無欠無余。良由取捨、所以不如。

〔円かなること太虚〈大空〉に同じ、欠くること無く余ること無し。良に取捨に由る、所以に如〈真実のまま〉ならず。〕

無難の至道は、太虚の円かなる如くで、限界のない円である。それ故、欠けたところも余るところもない。

周辺のない円の中に、取捨の中心を作ろうとするから、それで如如の真理に体達することが出来ぬ。

5

莫逐有縁、勿住空忍。一種平懐、泯然自尽。

〔有縁〈有なる対象〉を逐うこと莫かれ、空忍〈空の認識〉に住すること勿かれ。一種〈絶対の一〉に平懐〈安心〉なれば、泯然として〈跡形無く〉自ら尽く。〕

如と云うも、無と云うも、至道と云うも同一義であるが、これを手にしようと思うなら、有縁――外境・内境の諸縁――の跡ばかり逐っかけるな。それかと云って空の認識に停滞するな。空に住するときは、その空は有に対するものとなってしまう、即ち二元的偏執に堕する。

この二を超越した一――一種――の上に心を安らかにおけば、分別計較心は痕なく解消して自尽する。

6

止動帰止、止更弥動。唯滞両辺、寧知一種。

〔動を止めて止に帰すれば、止更に弥よ動ず。唯だ両辺に滞らば、寧んぞ一種を知らん

や。〕

動と止（静）とは対蹠的両辺である、それに滞って居ては、到底絶対一——一種——を知るわけに行かぬ。それならと云って、両辺の一方をのみ押えて、それで一種になろうとしてもいけない。

そうすれば、するほど、もとの両辺に還る。動を止めて静に帰せようとしても、動と静とは分離出来ぬもの故、静に止まったと思う刹那、静はまた動き出すものである。

7

一種不通、両処失功。遣有没有、従空背空。

〔一種〈絶対の一〉通（つう）ぜざれば、両処（りょうしょ）に功を失う。有を遣（や）れば有を没し、空（くう）に従えば空に背（そむ）く。〕

動と静（止）、有と無（空）、何れも両立対峙的であるが、その対立を可能ならしめるものは絶対一——一種——である。それ故、一種にて通達しなくてはならぬ。しからざれば両者の対立そのものも不可能となる。

即ち有は無で有であり、無は有で無であるのである。その一方をのみ立てれば、立てたそのものがまた亡くなってしまう。

8

多言多慮、転不相応。絶言絶慮、無処不通。

〔多言多慮、転た相応せず。絶言絶慮、処として通ぜざる無し。〕

分別計較心で、徒らに多言多慮を費しても、絶対一と相応することは不可能だ。絶言絶慮で、分別計較心を突破しなくてはならぬ。これが不立文字である。そうなると四通八達、無礙自在である。

9

帰根得旨、随照失宗。須臾返照、勝却前空。

〔根〈根柢〉に帰すれば旨〈宗旨〉を得、照〈対象を照らす働き〉に随えば宗〈宗旨〉を失す。須臾〈わずか〉も返照すれば〈外に向かっていた照の働きを内に返せば〉、前空〈眼前の空なる世界〉を勝却〈超越〉す。〕

宗と旨は宗旨と熟語する。根源的なものを云う。これを得ようとするには二元的世界の根柢そのものに帰らなくてはならぬ。外境即ち能照所照の世界についてまわってはならぬ。

照そのものの出るところへ、一寸でも気の付くことがあれば、二元的世界——吾等の前面に展開して居るので実有と思い誤るが、その実は空である世界——を超越（勝却）することが出来る。

10

前空転変、皆由妄見。不用求真、唯須息見。

〔前空の転変〈展開〉、皆な妄見〈誤った見方〉に由る。真を求むることを用いず、唯だ須らく見を息むべし。〕

二元的・対象性の世界——前空に様々の転変の相があると思って見るのは、みな分別計較心からの妄見である。

別に特に真実在を求めようとするには及ばぬ。求める処に真はない。唯〻分別心からの妄見を息めさえすれば、真は求めずして自ら現われる。

11

二見不住、慎勿追尋。纔有是非、紛然失心。

〔二見〈二元的見方〉には住せず、慎しんで追尋すること勿かれ。纔かに是非有れば、紛然として心を失す。〕

二元的見処に停滞するな。またあれこれと分別心で追尋することを息めよ。

一寸でも是非有無の分別心が動くと、すべてが紛糾して止まるところを知らぬ、而して心を失却する。

12

二由一有、一亦莫守。一心不生、万法無咎。

〔二は一に由って有り、一をも亦た守ること莫かれ。一心生ぜずんば、万法〈あらゆるもの〉咎無し。〕

この四句が全篇の骨子であると云ってよい。有無など云う二は元来絶対一または絶対無の故に有るのであるが、この一も一として守られてはならぬ。そうすると、一はまた二となる。一心さえも生起してはならぬ。それがなければ万法——個多の世界——はそのままで何等の過失もないのである。現実の世界はそれなりに肯定してよいのである。

13

無咎無法、不生不心。能随境滅、境逐能沈。

〔咎無くんば法〈もの〉無し、生ぜずんば心ならず。能〈主体〉は境〈客体〉に随って滅し、境は能を逐うて沈む。〕

万法をそれなりに肯うことは、万法来りて我を証することである。それは無法であり、無心であり、不生である。能と境とは相互性を持って居るので、どちらか一つが亡くなれば他もまた亡くなる。而して二つ共になくなった処に絶対無が成立する、それが即ち万法咎なしのところである。

14

境由能境、能由境能。欲知両段、元是一空。

〔境〈客体〉は能〈主体〉に由って境たり、能は境に由って能たり。両段〈主体と客体の両者〉を知らんと欲せば、元り是れ一空なり。〕

能と境とは相互限定性のものである。これら二つのものの根柢には一空がある。一空とは絶対無である。絶対無の上に能と境とが相対立し相限定して、万法無咎の理があるのである。

15

一空同両、斉含万象。不見精麄、寧有偏党。

〔一空は両に同じ、斉しく万象〈あらゆるもの〉を含む。精麄を見ず、寧んぞ偏党〈偏り〉有らんや。〕

絶対無と云うべき一空なるものが、能境の世界の外にあるのでなく、その無がそのままその世界で、万象（または万法）が一様にそれに含まれて居るのである。精麄など云う分別計較の心さえなければ、一を守らず、二にも偏せずと云うことになるであろう。

16

大道体寛、無易無難。小見狐疑、転急転遅。

〔大道は体〈本体〉寛かにして、易き無く難き無し。小見〈卑小な見方〉は狐疑〈猜疑〉す、転た急なれば転た遅し。〕

大道—至道—一空—絶対無は何ものにも限定せられぬから、体寛かである、難易などの按排を容れる余地がない。これに反して、二元的に限られて居るものは小さい。小さいと分別計較の心で、何かにつけ狐疑する。而していつも反対の結果を招来する、急げば遅れると云う風に。

17

執之失度、必入邪路。放之自然、体無去住。

〔之に執すれば度を失し、必ず邪路に入る。之を放てば自然にして、体に去住無し。〕

分別心は執するのがその性格である。執すれば必ず大道をはずす故、邪路に入るより外ない。

無限定のものには執すべき糸口がない、自然のままで拘束せられぬ、往くも還るもない。

二元性に必定の繋縛は絶対無の上には加えられぬ。

18

任性合道、逍遥絶悩。繫念乖真、昏沈不好。

〔性に任せて道に合し、逍遥〈ゆったり〉として悩を絶す。繫念すれば〈思いを掛ければ〉真に乖く、昏沈〈沈み込み〉して好からず。〕

今までは禅の論理であったが、是からは禅の心理と倫理だと云ってよかろう。「之を放てば自然なり」と云うところから、一転して禅者の境地を叙する。禅者にして既に絶対無の体得があったなら、その性に任せて逍遥自在、別に道に相応しなければならぬと云う迫力の外から加わるものがないから、何等の悩みもない。

これに反するものは、色々と繫念するから、真に乖き、また昏沈の境におちて、甚だ面白くない。

19

不好労神、何用疎親。欲趣一乗、勿悪六塵。

〔好からずんば神〈精神〉を労す、何ぞ疎親〈疎遠と親近の区別〉を用いん。一乗〈唯一絶対の立場〉に趣かんと欲せば、六塵〈六種の認識対象〉を悪むこと勿かれ。〕

それで分別心が徒らに苦労することであるが、本来疎親のないところに疎親を立てるのだから、そんなものには固より用はないのである。

絶対無の一乗に趣くには六塵の境に居て六塵を悪み避けようとすることはいらぬ。〈六

塵とは眼耳鼻舌身意の六識を主体とする汚染、即ち一切の煩悩是非。〕

20

六塵不悪、還同正覚。智者無為、愚人自縛。

〔六塵悪まずんば、還って正覚〈正しい覚り〉に同じ。智者は無為なり、愚人は自縛す。〕

六塵即ち現実の世界を其儘に肯定することが出来れば、それはまた正覚そのものと見られる。

慧眼の開けた智者は別に運為するところがない。但〻愚人は無縄自縛で苦しむのである。

21

法無異法、妄自愛著。将心用心、豈非大錯。

〔法〈もの〉に異法〈異なったもの〉無し、妄りに自ら愛著す。心を将て心を用う、豈に大なる錯に非ずや。〕

法そのものから見れば、一も二もない、ただそのものである。愚人は妄りに有無を分別し計較し、それに愛著する。自分の心から心を労して、跳踉顛蹶して居るのは、大なる錯誤ではなかろうか。

22

迷生寂乱、悟無好悪。一切二辺、良由斟酌。

〔迷えば寂乱〈静寂からの乱れ〉を生じ、悟れば好悪〈よしあし〉無し。一切の二辺、良に斟酌〈計らい〉に由る。〕

有無の分別に迷うと、本来一如の寂が乱れてくる。悟りの眼があれば、好悪の二見に囚えられない。

すべて二辺の対立を生ずるようになるのは、分別し憶想し計較し斟酌するからのことである。

23

夢幻空華、何労把捉。得失是非、一時放却。

〔夢幻空華〈夢や幻、空に浮かぶ華など実体なきもの〉、何ぞ把捉を労せん。得失是非、一時に放却せよ。〕

千差の諸法は夢幻空華で、真実在ではない、それに取りすがって居るのは徒事である。得失・是非・善悪・有無など云う一切の二辺底は一時に放下著するがよい。

24

眼若不睡、諸夢自除。心若不異、万法一如。

〔眼若し睡らずんば、諸夢自から除く。心若し異ならずんば、万法〈あらゆるもの〉一如〈絶対平等〉なり。〕

睡りさえしなければ、夢見る気遣いはない。そのように心も自分の分別で自らを二つにして、それを真実在と思いあやまることさえなければ、万法は万法のままで一如である。

25

一如体玄、兀爾忘縁。万法斉観、帰復自然。

〔一如〈絶対平等〉体玄〈幽玄〉なれば、兀爾〈茫然〉として縁を忘ず。万法〈あらゆるもの〉斉しく観れば、自然に帰復す。〕

一如そのものは幽玄で言語分別の境ではない。何かの機に触れて、兀爾として、内外の縁境を超脱することがあると、今まで千差万別で悩まされて居たものが、一味平等の観を呈して来る。すると本来の自然法爾に帰るのである。一如の世界は自然法爾の世界に外ならぬ。

26

泯其所以、不可方比。止動無動、動止無止。両既不成、一何有爾。

〔其の所以を泯じて、方比〈比較〉す可からず。動を止むれば動無く、止を動ずれば止無し。両つながら既に成らずんば、一何ぞ爾ること有らん。〕

「何故？」を問わなくてもよいところに到達すると、（即ちそれを忘れてしまうと、）比倫を絶した境地を見る。

そこではいくら動いても動いたでなく、いくら止めても止めたでない。止と動との対峙のなくなったところである。動も止も、両つとも成就せぬところでは、その外に別に一さえも立てる必要がなくなる。そんならそれは木石非情の世界かと云うに、そうでない。

27

究竟窮極、不存軌則。契心平等、所作倶息。狐疑尽浄、正信調直。一切不留、無可記憶。虚明自照、不労心力。非思量処、識情難測。

〔究竟窮極、軌則を存せず。心の平等に契えば、所作倶に息む。狐疑〈猜疑〉尽く浄きて、正信調直〈真っ直ぐ〉なり。一切留めず、記憶す可き無し。虚明自照なれば、心力を労せず。非思量〈思慮分別に非ざる〉の処、識情〈分別の心〉測り難し。〕

窮極のところ、これより以上は進まれぬと云うところに、更に転一歩すると、そこでは分別計較心から出て来る軌則などは一つもない。心は平等一如の世界と冥契するので、作為と云うこと、狐疑と云うことが全然なくなる。真直に行く一筋道の正信のみがあって、そこには無礙の一道が拓けて居る、何も痕を留めない。分別憶想の世界でないからである。虚で明で自照だ――絶対無の性格はこれで竭きて居る。計較や作為がないから心力を労することはない。これは実に非思量のところであるから識心謂情の測度すべき限りではない。

28 真如法界、無他無自。要急相応、唯言不二。不二皆同、無不包容。十方智者、皆入此宗。

〔真如法界〈真実ありのままの世界〉、他無く自無し。急に相応せんと要せば、唯だ不二と言うのみ。不二なれば皆な同じ、包容せざる無し。十方の智者、皆な此の宗〈真実在〉に入る。〕

真如が法界で、法界が真如であるが、一緒にして真如の法界——そこには自他の対立はない。対立がないと云うのは、すべてが一色で塗り潰されたと云うことでない。自は自、他は他で、そのまま不二である。「急に相応せんと要せば」の急に注意しなくてはならぬ。急は時間の義でない。二で、而かも不二、不二で而かも二と云う事実の経験を、最も端的に云い詮べた文字が急である。ここでは何も急ぐなぞと云うような間の抜けた話の這入るべき余地はない。一と云わずに不二と云うところに意味がある。しかし不二では消極的に考えられるので、また同と云う、また包容せざるなしと云う。作者が表現に苦心して居る様子がわかる。この宗は窮極の真理または真実在の義であるが、苟も智のあるものはみな此処に這入ってくるにきまって居る。

29

宗非促延、一念万年。無在不在、十方目前。極小同大、忘絶境界。極大同小、不見辺表。有即是無、無即是有。若不如是、必不須守。

〔宗、促延〈長短〉に非ず、一念万年なり。在不在無く、十方目前なり。極小は大に同じ、境界を忘絶す。極大は小に同じ、辺表〈限り〉を見ず。有は即ち是れ無、無は即ち是れ有なり。若し是の如くならずんば、必ず守ることを須いず。〕

宗、――真実在――は時間（促延）や空間（在不在）を超越して居るから、一念――一刹那――が百千億劫であり、此処に居て十方無辺の刹土が目前に展開して居る。大小広狭は空間上の話であるから無辺表の円内――境界――では、毛巨海を呑み、芥須弥を納れるなど云うことは何でもないことである。単に時間や空間の上での話だけでなく、論理上の概念でも、是また分別計較心のはたらきから出るものであるから、真実在の上では、有も無もあったものではない。しかしそれは前にも云ったように二を泯絶するのでなく、「唯言不二」〔唯だ不二と言うのみ〕なのである。「至道無難」がこんな工合に受取られなければ、「必不須守」〔必ず守ることを須いず〕であろう。

30

一即一切、一切即一。但能如是、何慮不畢。

〔一即一切、一切即一。但だ能く是の如くなれば、何ぞ不畢を慮らん。〕

この見地に立って見ると、一即一切、一切即一とならざるを得ないのである。ここまでくれば、何が畢竟(ひっきょう)したとか、しないとか云って、その心を煩わすには及ばない。

31

信心不二、不二信心、言語道断、非去来今。

〔信心不二(しんじんふに)、不二信心(ふにしんじん)、言語道断(ごんごどうだん)、去来今(こらいこん)〈過去・未来・現在の三世〉に非ず。〕

「信心銘」にはここに始めて信字が出るが、信は何かと云うのが問題にすれば、なる。また「信心」は信と心か、信の心か、信が心かなど云うことも考えられる。ここでは信と心と云うことにしておく。而して信は「一即一切、一切即一」の事実経験そのものの当体と定める。この信は心——分別計較心を越えて、またこれを容れて居る心——であると云うのが、この銘の作者の意見である。信と心とは不二である、その不二の信と心——これは言語文字で述べ尽くし得べきでない、三世を超越して居る。

「信心銘」を達摩の『二種入』及び『安心法門』に比べると、哲学的思索の跡が著しく見える。「信心銘」を貫く思想は「二由一有、一亦莫守」〔二は一に由(よ)って有り、一をも亦(ま)た守ること莫(な)かれ〕と云うところに在りと云ってよかろう。これが毫釐(ごうり)でも誤って考えられると、天地懸隔で、飛んでもない結論になるのである。「二は一に由って有り」まではわかっても、「一をも守る莫れ」になると、所謂る虚無泯滅の思想になってしまう。あるいはまた悪平等で善悪是非の差別を無視して破壊主義になるであろう。あるいはまた汎神論的神秘主義となって事事物物の上に神――この神が何であっても、その光が見えるなどと考えもしよう。あるいはまた独善的に自ら高しとして山林に隠栖高踏して人間の能事畢れりとなすものもあろう。何れもある角度から見ると、「無難の至道」の一面を捉えて居るようであるが、根本的なものを見て居ないので、その一面の真理のために、却って全面の真理を滅却し去ることになるのである。危険は却って此処に在るとも云い得られる。もし禅が単なる虚無主義、汎神論的神秘主義であって、それ以外の何ものでもないと云うことになったら、何もそんなにやかましく「禅」「禅」と云うには及ばぬのである。少しわかった仏教者と思われるものさえ、禅についての徹底した了解がないので、甚だ情けなくなる。「信心銘」は誠によく出来て居る。繰り返しの多いところなどもあるが、何とかして、「一亦莫守」をよくわからせんとしての親切さと見ればありがたい。それで自分もその顰に倣って、「至道無難」について左を附記する。これは、先年「禅への道」(雄山閣発行『禅』第一巻。全集第一三巻所収)と云う一篇を草したが、その中から抜き取ったものである。趙州が「至道無難」につきての提唱である。

趙州従諗は晩唐の人で、西暦八九七年に百二十歳で示寂して居る。日本では桓武天皇の頃から宇多天皇の末年までであるから、日本の仏教も伝教・空海など云う人傑の輩出した時代である。北支の趙州の観音院に居たので、「趙州」ヂョウシュウの名で通って居る。八十歳まで行脚したと云うほどの努力家であるから、修禅においてはその精妙を極めた人である。口唇皮上に光を放つと云って、その云いまわしに妙を尽くしたところがある。寸鉄人を刺すと云うように、一言一句の中に、禅旨の捕捉すべからざるものを漾わせて居る。『碧巌集』(または『碧巌録』)という書物に、趙州が、シナ禅宗の第三祖の「信心銘」に対する注脚底のものが四則ある。是等を比較対照して見ると、禅理において大に吾等を啓発するものがある。

第三祖と云うはその名を僧璨と云って、「信心銘」と題する四言百四十六句から成る韻文がある。その始めに、

至道無難、唯嫌揀択。但莫憎愛、洞然明白。
〔至道無難、唯だ揀択〈選択〉を嫌う。但だ憎愛莫くんば、洞然〈からり〉として明白なり。〕

の四句がある。この意味は、「至道は無難である、何でもないものじゃ。が、ただ嫌いたいのは揀択で、よいとかわるいとか云う分別、即ちはからいである。これが

いけない。それで但〻何の事もなしに、あれがにくい、これがかわいなど云わずに居れば、即ち何かとよりえらびもせず、分別の知性に囚えられないで居れば、洞然としてほがらかなものである。からりとして差別の相から解脱する。これが至道で無難、何の面倒も、さしさわりも、こだわりもない。分別の矛盾性は超越せられる」。こういうのが「信心銘」の始めの四句の意味である。

これだけに云って仕舞うと何でもないようである。僧璨が到達した境地から見れば、こんなものであろう。問題はその境地を望んで居るだけで、まだ何とも手の著けようのない人々の身の上である。揀択は知的分別、憎愛は情意的分別、ただこの分別のために悩んで居るのであるが、分別の超越に向う手がかり——是がないのが悩みの本質である。洞然として明白ならんと欲して、而かも揀択と憎愛を脱離することが出来ぬ。なぜ出来ぬと云えば、分別を捨てて無分別に入り、憎愛を去って無神経となって、それで人間が立って行くのか、そこに問題があり、悩みがある。揀択も憎愛も共に分別意識上の矛盾、而かもこの意識を捨てて何となるだろうか。対立の矛盾をどう媒介としてよいのか、その媒介は畢竟どんなところに出るのか。論理では何とか片附きもしよう、が、実際の悩みは如何にして解消出来るか。論理で始末がついて、勘定が合うて、銭が足らぬでは現実の困惑を何としよう。

趙州は折にふれてこの四句を提唱したので、ある時一僧あり、州に尋ねて曰わく、「至道無難、唯嫌揀択と承わりますが、如何なるが不揀択でござりましょうか。」

これは如何にも自然な問である。一たび矛盾の関門を突破したものにとりては、「至道無難」と、三祖なり、趙州なり、雪竇なりが唱え出したその刹那に、その帰趨に徹底するのである。「唯嫌揀択」と附け足されて却って蛇足を添えることにもなる。が、今分別の十字街頭に立って居るものにとりては、「不揀択」に対する方向がつけられぬ。只管に言句上に向って摸索し去らんとし、理路を逐いて計較を試みんとするのである。固より已むを得ぬ。それで趙州は天地に響けとばかり、

「天上天下唯我独尊」

と叫破した。この一句はお釈迦さまが母胎を出づるや否や、東西南北に周行七歩して唱え出されたところのものであると云い伝えて居る。句の表面を見ると、「天にも地にもわれ独り」と云うのであるから、如何にも自尊の絶頂、自我の肯定を臆面もなくやってのけたものと考えられぬでもない。仏蘭西の哲学者のデカートに、有名な Cogito ergo sum と云うのがある、「われ考う、故に、われ在り」との義であるが、お釈迦さんの立場——即ち禅では始めから「我在焉」である、「我考う」は

跡からついて来る。これが実に絶対肯定であり絶対矛盾の自己同一性である、不揀択即ち無分別の分別である。「唯我独尊」なるが故に「至道無難」である。「念仏者は無礙(むげ)の一道なり」と親鸞聖人は云う。「無礙の一道」は「無難の至道」である。この一道——至道を往くものは、天上天下に独立独行するものでなくてはならぬ。宗教の最後の体験は何れもここに出る、而して宗教的信念の千言万語は何れもここから出る。出て来たところ、即ち表現せられた千言万語の上をのみ見て居る限りは、最後の信念即ち宗教の絶対経験にはいられぬ。言語は分別そのものである。分別を逐うてのみ居ては分別は超えられぬ。分別はいつも人を、鎖された無門の門頭に立たしめる。哲学者はこれをアポリアと云う、而してそれからさきは「括弧内」だと云うことにして片付ける。分別言語の指示は無視するわけにはゆかぬが、これをだけ頼ることを、禅は嫌う。それ故、「不揀択」はどうのこうのと分別上に向って記述せぬ、説明せぬ、論議せぬ、批判せぬ。驀直(まくじき)にこの間の消息を露出して「天上天下唯我独尊」と道(い)う。嘴(くちばし)を下す処なしである。「衲僧(のうそう)の鼻孔(びくう)一時に穿却(せんきゃく)す」などと禅人は下語(あぎょ)する。趙州の赤心片片(せきしんへんぺん)たる処。

しかしながら、普通一般にはそんなことではどうもしっくりせぬところがある。一般では中々に分別の岐路を踏み破りにくい。次から次へと歩みたくて仕様がない。

それで僧は、

「これはなお是れ揀択だ」

と云い返した。僧の立場から見れば、そう云われぬこともない。「天上天下唯我独尊」と、趙州の立場は絶対肯定のところであるが、その立場をとれぬ人には、分別的・揀択的としか判じられぬ。止むを得ぬ。良馬は鞭影に驚くが、駑馬はいくら打っても灰俵である。愁人に向って愁を説けば愁に堪えぬのだが、分らぬものにいくら説ききかしたとて分るものでない、縁なき衆生だ。「そりゃまた揀択でござる」——また見様によっては趙州を点検し去らんとする様子があるとも道われる。なお深く趙州の手元を見たいと思ったとも、取り上げて考えられぬこともない。それで圜悟は「這老漢を撈著す」とも云い、「危亡を顧みずして敢て虎鬚を捋でた」とも云う。これは禅家の常套で、師僧相互の問答に、何か生きたもののとりやりのあるように批判し評隲する。敵前に鋒を執るものの様子である。しかし平生に道い将ち去れば、這僧はなお分別上の道理を逐いて、趙州の肯定に、何か対立あるもののある如くに問い返す。「州云無」と云う公案があるが、この「無」は絶対無である、有無の対立を超越したものだが、始めてこれに参ずる人は、なお分別街頭の知性の持主であるから、どうしてもそれがわからぬ。それ故、この「無」はいつも有無の無になる、あるいは頑冥無記（がんめいむき）底に解し去られる。「唯我独尊」では、そうも解されるだろうと思われるが、不分暁漢（ふぶんぎょうかん）の方からは、そう解するより途がない。即ち這僧のように「此猶是揀択」〔此れ猶お是れ揀択〕と云わねばならぬ。しかし「果然、他に随って転じ了（おわ）れり」である。

趙州は禅匠で、学者でない、くどくどしい言分（いいわけ）はせぬ、繞路（にょうろ）をたどりて分別路上を往還することはせぬ。そうすれば僧と共に八幡（やわた）の藪知らずに飛び込むと同然、自分も溺れ人をも溺れさす。それで趙州はいつも単刀直入である。

「田厙奴（でんしゃぬ）！　什麽（なん）の処か是れ揀択（けんじゃく）？」

「天上天下唯我独尊」が忽爾（こつじ）として化して「田厙奴」になった。魚化（け）して龍となるでなくして、龍化して魚となる、クレセンドでなくて、デクレセンドである。「田厙奴」とは田舎漢（でんしゃかん）のことだと云うが、無智文盲のわからずやである。馬を呉山の第一峰に立てたものが、今は韓信の胯（また）くぐりである。別に悪いこともないが、分別の影を追いかけてのみ居ては還郷の曲を奏（かな）でる機会はない。

「そりゃ揀択だ」、「どこが揀択だい、このわからずやめ」と、売り言葉に買い言葉では、どこに「至道無難」の当体があるかわからぬようなものである。もっと理非の道筋をたてて話したら、よさそうなものだと思われる。が、ここが禅の禅たるところで、いつも裸のとっ組合いである。寸糸懸けずと云う塩梅に、色々の道具立をせずに、倒すか倒れるかで突き当る。禅は不思議にこの体当りの勝負をする方面に発展した。殊に趙州の如きは、このわざを文字言語の上で如何にも巧妙に取扱って見せる。趙州に詰めよられた僧は黙して仕舞った。

圜悟は、『碧巌録』にこの問答を評唱して次の如く云う、禅者独自の批判法である。曰わく、

「這の僧也た危亡を顧みず、敢て虎鬚を捋でて便ち道う、此れ猶お是れ揀択と。趙州劈口に便ち塞いで道う、田厙奴、什麼の処か是れ揀択と。若し別底に問着せば、（趙州以外の人に尋ねたならその人は）便ち脚忙わしく手乱るることを見ん。争奈せん這の老漢（即ち趙州は）是れ作家（禅匠）なることを。動不得の処に向って動じ、転不得の処に向って転ず。你若し透得せば、一切悪毒の言句、乃至千差万状、世間の戯論、皆是れ醍醐の上味なり。若し著実の処に到らば、方に趙州の赤心片片たることを見ん。（趙州の如何にも親切なところがあるだろう。）」

これでこの一則の大意は汲みとられたと思う。また禅宗なるものが、こんな思想をどんな塩梅に取り扱うかについても、その一面は窺われ得ると思う。更に雪竇の頌

なるものにつきて一言する。この頌と云うのは、一種の詩的鑑賞または評価とも見るべきものである、而して宋代に至りて大に発達した。元来知的・分析的・論理的批判は禅の本領でないのであるから、而してシナ人的心理の進展方向から見れば、禅思想史に何かの転機あるものとして、それは自然に文学的方面に出るより外ないであろう。雪竇は六翰林の才ありと云われた人なので、果然、この方面に対して目覚しき歩を踏み出した。この趙州の「至道無難」につきては左の如き頌がある。

「似海之深。如山之固。蚊蝱弄空裏猛風。螻蟻撼於鉄柱。揀兮択兮。当軒布鼓。」

（海の深きに似、山の固きが如し。蚊蝱〈蚊と蝱〉空裏の猛風を弄し、螻蟻〈螻と蟻〉、鉄柱を撼かす。揀たり択たり、当軒の布鼓。）

一体漢文と云うものは、簡潔は簡潔で、頗る面白いこともあるが、文法的には甚だ尽くさざるところがある。それで意味の解しようが、読む人の主観によりて定まることがある。客観的に然かあるべしと云うことは、いつも、きまって居ない。それでこの頌の如きも、始めの二句は何を云うたのか、わからぬと云えないこともないが、圜悟の釈には、これを以て、「至道無難、唯嫌揀択」を注したものであると云う。そうすると、「無難で揀択嫌いな至道」の本体は、その深さにおいて大海の底なき如く、その固さにおいても銀山鉄壁の破り難きに似たりと云うことになる。至道は対立を超越したものとすれば、即ち揀択の利刃もはいらないものとすれば、自然分別の度量の及ぶところでない。什麼人もこれに手を著けるわけに行かぬ。これを詩的に品隲すれば、海の深さに喩え、金剛の固きに譬えて、もとより然るべきであろう。しかしこれは譬喩にすぎぬのであるから、これで以て本体そのものを推知してはならぬ。本体をまず知ってから譬喩を見れば、何を云って居るかがわかる。群盲象を摸するようでは話が出来ぬ。

次ぎの三句と四句とは、趙州に対して発問した坊さんの態度を評したもののことである。坊さんの腕前では到底趙州など云う大禅匠との太刀打は出来ぬとの意。禅者はいつも剣客の立場で居ると云ってよい。学問の上で云うなら、互にその分別智を竭して、真理の顕現につとめると云うことになるのだが、禅者の立合では、人格の浅深、経験の徹不徹が問題になるので、何か云うと、喧嘩か試合のように見られる。それで今の場合も甚だ自ら量らぬなどとけなすようなことにもなる。

最後の二句は雪竇が「至道無難、唯嫌揀択」に対する自家の見識を歌ったものと見たい。「揀兮択兮。当軒布鼓」〔揀たり択たり、当軒の布鼓〕と云うこの当軒と布鼓が多少明白を欠いて居る。「当軒」とは明白の義だとも云い、また「軒に当る」と読むのだとも云う。それから「布鼓」だが、これは布張りの太鼓で、叩いても鳴らぬから無用の長物に喩えたのだと云う。「当軒」を戸口にぶらさげたと読むと、この布鼓は訪ぬる人があって叩いても鳴らぬ故、内から応と答えて出るものもない。何のために下がって居るのか、皆目わからぬ。そんなら下しておけばよいのだが、ぶらりと下がって居るから始末におえぬ。揀とか択とか、黒とか白とか、善悪だとか、憎愛だとか、その外千万無量の分別をやるが、畢竟ずるに当軒の布鼓ではなかろうか。分別そのものが布鼓だと云うのではない、無難の至道そのものが布鼓なのだ。この布鼓を分別が叩くのである。従って分別も布鼓だ。そんならと云って、布鼓を除去したでは、何だか物足らぬ、やっぱり有った方がよい、否、始めから其処に在るのだ、何と仕様もないのだ。ただそれを無暗に役立たせようと思い煩うから、それからそれへと、面倒が紛出、続出する。それもわるくはない、固より「当軒の布鼓」たることを心得て居れば、分別も多多益々辦ずるではあるまいか。哲学者や道徳家や政治家は、矢鱈に役に立つものを見付けんとする、見付けた上はそれを何にでも押付けて、体系化・規格化・機械化など云うことをやる。どうも布鼓のようにぶら下がって居られぬ。合目的的でさばけぬ布鼓になりきれぬ。それで圜悟は注を下して云う、「親切を得んと欲せば、問を将ち来って問うことなかれ。是故に当軒の布鼓」と。問答や論議で形をつけんとするから、禅者は時々こんな愚にもつかぬ布鼓を持ち出す。これが「你の咽喉を塞却す」である。

『碧巌集』の雪竇はまた同書の外のところで「至道無難」を頌して居る。これをも序でにここに引合いに出しておく。二と一との関係に併せて、こんな問題に対する、禅特有の扱い方をも知るよすがとなろう。これも「禅への道」から取る。

雪竇の頌はいつものより長い。

至道無難。言端語端。一有多種。二無両般。天際日上月下。檻前山深水寒。髑髏識尽喜何立。枯木龍吟銷未乾。難難。揀択明白君自看。

(至道無難、言端語端〈無数の言語〉。一に多種有り、二に両般なし。天際〈天空〉日上り月下る、檻前〈欄干の前〉山深く水寒し。髑髏、識〈認識作用〉尽きて喜び何ぞ立せん、枯木、龍吟〈龍の鳴き声〉銷して〈消えて〉未だ乾かず。難難、揀択明白君自ら看よ。)

これは『碧巌録』の第二則に始めて出るので、雪竇も大に力を入れたのであろう。あとから三度も同じ則が出て居る、その二つは既に記した。何れも「至道無難」の主体をそれぞれに頌したのである。趙州の態度や手腕を頌したと云うが、その半面には「至道」そのものを見て居ることを忘れてはならぬ。上掲の頌は殊にその意味がある。劈頭に「至道無難」と云う。実際はこれでよいのだ。絶対の一句である。が、それだけではすまぬ。反省分別の人間であるからには何とか云わなくてはならぬ。無分別の分別も、ある意味では分別である。至道も分別界に出なくてはならぬ。圜悟の下語に「満口に霜を含む」とあり、これは何と云いようもないとの義である。出なければ至道ではない。出るところに至道がある。「言端語端」出れば千言万語、麁言綺語悉く至道の線に沿うて動かざるはない。揀択も可なり、憎愛も可なりである。無為ではいかぬ、無記でもいかぬ、明白裏に打坐して、浮雲の往来をながめてのみ居てはならぬ。是れは上記の如く大なる窠窟である、ここに堕ちては永劫浮ぶ瀬はない。「至道無難」で、而して口も八丁、手も八丁である。

それなら至道を以て「一者」とすべきであろうか。その中に立籠るのは明白裏に堕在するものだ、即ち揀択である。「一者」は複数になる、二三四五六と展開して行く。それも結構だ。実際はそうならなくてはならぬが、誤っても「一者」をして紅塵堆裡に埋没せしめざれである。分別多様の世界はそのままにして、「一者」はその当初の絶対性・同一性を失いたくないものである。それが「二に両般なし」である。二は対立相殺の世界、山河大地の起るところ、而かもそこに両般なしと云えば、多即一である。「一有多種」が一即多である。雪竇の用語には新鮮味が盛られてあることに注意したい。一即多の面から見れば、「山は是れ山、水は是れ水、長は是れ長、短は是れ短、天は是れ天、地は是れ地」である。多即一の面からすれば、「有る時は天を喚んで地と作し、有る時は地を喚んで天と作し、有る時は山を喚んで是れ山にあらずとし、水を喚んで是れ水にあらずとす」である。圜悟曰わく、そんなら「畢竟作麼生にして平穏にし去らんか。風来れば樹動き、浪起れば船高く、春は生じ、夏は長じ、秋は収め、冬は蔵む。一種平懐なれば泯然として自ら尽く」と。是れがシナ流の云いまわしである。否定とか肯定とか、否定即肯定、肯定即否定とか、矛盾の自己同一性とか、分別の無分別、無分別の分別とか、何とか云えば、何だか物事が複雑になるように見えて、反って帰趣を失するのであるが、畢竟如何と云えば、花開き花散る、この外何もないではないか。「我亦不知」〔我も亦た知らず〕だ。問うことはいくら問うてもよい、それが人間に課せられたのである。それでよい。「お辞儀して左様なら」である。

これ以上は何と云っても頭上に頭を安んずるもの。しかし雪竇は、それでもなお物足りなく思ったのであろう。更に二句を添えて曰う、「天際日上月下、檻前山深水寒」〔天際〈天空〉日上り月下る、檻前〈欄干の前〉山深く水寒し〕と。詩的な表現である。こうなれば何と云っても悉く端ならざるはなしだ。「頭頭是道、物物全真」〔頭頭是れ道、物物全て真〕。心境倶に忘れた打成一片の境地である。禅が這裡の消息を写し出すに豊富な語彙を有することは、少しくその文学に親んだ人の知るところであろう。

「無難の至道」を上記のように見て来ると、至道には何等の人格もない、抽象的な原理のようなものに過ぎないと思われるかも知れない。汎神論なども、つまりは、生きて働くものを見ないところから出る哲学的空想であると云ってよい。仏教及び禅がそんなものになっては、所謂る「東洋的」なものは何もなくなる。至道は原理でなくて、人格である。人格ではあるが、普通一般に分別意識で考えられるような人格でないことを忘れてはならぬ。それで雪竇は更に「無難の至道」を頌して左の如く云って居る。

水灑不著、　　水、灑げども著かず、
風吹不入。　　風、吹けども入らず。
虎歩龍行、　　虎の如く歩み、龍の如く行く、
鬼号神泣。　　鬼は号び、神は泣く。

頭長三尺知是誰、
相対無言独足立。

頭の長きこと三尺、知りぬ是れ誰ぞ、
相対して言なく、独足にして立つ。

五　頓悟無生般若頌

荷沢神会に「顕宗記」――原名「頓悟無生般若頌」――がある。神会は六祖慧能の弟子の一人で、所謂る荷沢宗の祖である。その特色とするところは、知を強調するに在る。この知は固より分別心の知でなくて、それよりも高次元なはたらきで、無分別の分別である。慧能の云った定慧不二の知である。見性の見である。神会はこの宗旨を受け継いだものである。「顕宗記」ではこれがあまりはっきりとは出ていないけれども、「真如は無念にして能く知る」とか、「般若は無見にして能く見る」とか、「知は即ち心の空寂を知る」とか、「空寂を知って法身を了す」とか云うような言句は、達摩にも僧璨にもまだ見えないところのものである。それで左に敦煌本の「顕宗記」に該当するものの注解を掲げる。

(因に、神会は唐代の人で、七十五で、上元元年に寂して居る。西暦で六八六年より七六〇年までに相当する。彼の主張は禅思想史において大いに注目に値するものであるが、従来は閑却せられた。「顕宗記」は『景徳伝燈録』に収められてあるが、それは敦煌出土のものと多少出入がある。敦煌本の後半は胡適校刊の『神会和尚遺集』にある。前半は本書の著者が先年ロンドンの大英博物館の東洋学研究室で写して来たものである。それと胡適本とを併せると、現時の流布本に相当したものが出来上る。敦煌本は「頓悟無生般若頌」と題してある。恐らくはこれが原の名であったものであろう。敦煌本は唐代のものであるから、これを当今の流布本、宋代に伝わったもの、と比較して研究すると、興味ある発見もあろう。今はその暇なし。それで敦煌本の「頓悟無生般若頌」をここに掲げる。而して心ある読者のこれを現行本と並べて相違のところを記すに一任する。）

1

無念是実相、真空知見是無生、般若照真達俗、真空理事皆如、此為宗本也。
〔無念是れ実相なり、真空知見是れ無生なり、般若、真を照らし俗に達す、真空なれば理と事と皆な如なり、此を宗の本と為すなり。〕

無念が実在であり、真空であり、般若である。般若であるから、そこに知見がある。知見は実相の無生を知見するのである。それで真を照らし、俗に達する。真も俗も、理も事も、真空の中で始めてその如如性を持ち能うのである。これが禅の宗とするところである。

2

夫真如無念、非念相（想）能之。実相無生、豈生心能見。無念念者念惣持。無生生者則生実相。

〔夫れ真如は無念、念相（想）の之を能くするに非ず。実相は無生、豈に心を生じて能く見んや。無念の念とは惣持を念ず。無生の生とは則ち実相を生ず。〕

真如は無念であるから、念想即ち分別心ではそれを知ることができぬ。実相は無生であるから、分別を起してそれを見ることができぬ。無念の念とは、無分別を分別（惣持）することである。無生の生とは実相そのものである。実相は静態的なものでなくて、無生にして生生するところに捉えなくてはならぬ。

3

無住而住、常住涅槃。無行而行。能超彼岸。如如不動、動用無窮。念念無求、常求無念、菩提無得。

〔無住にして住す、常に涅槃に住す。無行にして行く、能く彼岸〈悟りの世界〉に超ゆ。如如〈真実ありのまま〉として不動、動用窮り無し。念念求むる無く、常に求めて念無し、菩提〈悟り〉は無得なり。〕

無住にして住するから、いつも涅槃に在るわけだ。無行にして行くから、此岸を超えて彼岸に行けるのである。如如として不動と云えば、凝結状態だと考えられるかも知れぬが、その中から無窮の動用(はたらき)が出る。それで念念相続して行って、しかもそこに希求するところがない。それなら非情の木石と同じいかと云えば、そうでない。常に希求する。煩悩の衆生のために我(われ)常に病むのである。弥陀の本願もここからである。無求の求、無行の行、無念の念、無分別の分別——これを菩提と云うが、これは無得の得である。

4

仏法身。般若無知、知一切法。

〔仏は法身(ほっしん)〈窮極の実体〉なり。般若〈智慧〉は無知にして、一切法〈あらゆるもの〉を知る。〕

仏は法身である。この句突如としてここに現わる、なくてよし。法身は般若を人格化したものである。般若は法身の論理性である。般若は無知をその本体として居る、それで能く一切法を知ることができる。分別心の知では限定を免かれぬ。

5

即定是慧、即慧無生、無生実相、真空無行。

〔定(じょう)〈禅定〉に即して是れ慧(え)〈智慧〉、慧に即して無生(むしょう)、無生にして実相、真空にして無行。〕

定に即して慧、慧に即して定と云うのは慧能・神会等の主張である。慧は超分別で無知であるからまた無生である。その無生のところに実相を見る。実相は真空である、そこには行動的作為性なるものはない。無知・無生・無行の三句で、禅の論理と形而上哲学とを総括する。

6

能周法界、六度自茲円満、道品於是無虧。

〔能く法界〈真理の世界〉に周ねし、六度〈六波羅密〉茲自り円満、道品〈実践〉、是に於いて虧くること無し。〕

法界に周ねしと云うは、法界即ち絶対無の義である。この無から六度万行が出で来る。分別計較心からの行為はいくら善であっても、円満無虧とは云われぬ、限定性をぬけられぬからである。

7

我法二空、有無双泯、不到不至、不去不来。

〔我と法と二つながら空にして、有と無と双つながら泯ぶ、到らず至らず、去らず来らず。〕

我法はまた人法とも云う。主と客と、能と境——二元の対立である。有無もそれである。

絶対無の立場からすると、分別心で組み上げられた世界はそれだけのものとしては、真実在でない。それ故、不到不至、不去不来であらねばならぬ。

8

体悟三明、心通八解、功成十力、富有七財、入不二門、獲一乗理。

〔体は三明〈覚者が備える三種の智慧〉を悟り、心は八解〈煩悩を捨てる八種の解脱〉に通じ、功は十力〈覚者が備える十種の智力〉を成じ、富は七財〈仏道修行に必須の七種の財宝〉有り、不二〈絶対〉の門に入り、一乗の理を獲。〕

絶対無の立場が明かになってくると、分別智のはたらきもまたその能力を発揮して来る。それから行為の方面でも自由の分が得られる。宗教的または哲学的には不二の法門に入って一乗の玄理を獲得することになる。

9

湛然常寂、応用無方、用而無功、空而常鑑。

鑑用(用字恐衍)而不有、即是真空、空而不無、玄知妙有。

〔湛然として常寂、用〈働き〉に応じて方〈定法〉無く、用いて功〈効果〉無く、空にして常に鑑る。

鑑て有ならず、即ち是れ真空なり、空にして無ならず、玄に妙有を知る。〕

絶対無は、いつも相容れない矛盾を包んで居る。それでこの頌でもその義を明かにせんため対立矛盾の文字を並べ挙げる。肯定即否定、否定即肯定の理を示さんとするのである。寂然不動で而かも応用自在、それでそのはたらきには何等の功用がない。知は空の中から出て、胡来胡現、漢来漢現〔胡来れば胡現じ、漢来れば漢現ず〕であるが、それで有でない。これが真空である。空であるが無でない、これが妙有である。真空妙有＝絶対無。

10

則摩訶般若、真空即清浄涅槃。

〔則ち摩訶般若〈偉大な智慧〉、真空は即ち清浄涅槃〈清らかな悟り〉なり。〕

妙有を摩訶般若と云い、真空を清浄涅槃と云う。同じものをわけて話するまでのこと。般若を涅槃の用と見れば、涅槃は般若の体であろう。〔本文「則」の上に「妙有」の二字を脱して居る。〕

11

般若通秘微之光、実相達真如之境。般若無照、能照涅槃。涅槃無生、能生般若。涅槃般若、我〔恐当作名〕異体同、随義立名、法無定相。

〔般若は秘微の光を通し、実相は真如の境に達す。般若は無照にして、能く涅槃を照らす。涅槃は無生にして、能く般若を生ず。涅槃と般若と、名は異なるも体〈本体〉は同じ、義〈意味〉に随いて名を立つ、法〈真実〉に定相無し。〕

般若によりて秘徴の光を透徹させ、実相を見れば、真如の境に到達する。般若は無分別、無知であるから無照である。が、その無照の故に能く涅槃を照らし出す。涅槃は無生の故に、能く般若を生ずる。涅槃と般若と名の上では分れるが、その主体は同一物である。法――一真実――そのものには、限定せられた相がないけれども、そのはたらきの面から見て、色々と名を異にするのである。

12

涅槃能見般若、具仏法僧、般若円照涅槃、故号如来知見。

〔涅槃は能く般若を見、仏法僧〈仏教を構成する三つの要素、仏陀・教法・僧団〉を具う、般若は円かに涅槃を照らす、故に如来〈覚者〉の知見と号す。〕

涅槃はまた能く般若を見て、その中に仏法僧の三宝を具えて居るとも云える。それから、般若の方からすると、円かに涅槃を照らすとも云える。畢竟、能見も能照も一つのはたらきに過ぎないのである。その一つであるところから見て如来の知見と云う。知は見であり、見は知である。

13

知即知常空寂、見即直見無生。知見分明、不一不異。

〔知は即ち常に空寂なるを知り、見は即ち直きに無生を見る。知見分明にして、一ならず異ならず。〕

知は何を知るのかと云えば、常にして、空寂なるものを知るのである。見は何を見るのかと云えば、直きに無生そのものを見るのである。知と見と何れも分明にして了了たれば、知と見とは不一で不異である。

14

動寂倶妙、理事皆如。理浄処、事能通達、事理通無礙。

〔動〈運動〉と寂〈止寂〉と倶に妙にして、理と事と皆な如なり。理の浄なる処、事能く通達し、事と理と通じて無礙なり。〕

動くものと寂なるもの——分別し知見するものと、分別せられ知見せられるもの——相互に否定し、相互に肯定するとき、その妙用を発する、而して理と事とは、如如として各〻その分を守りて而かも無礙に融通するのである。即ち理の如はその浄なる処より通じて、事の多様性の中に到達する。事はかくの如くにして理と相通じて無礙の妙を致すのである。理は一、事は多である。

15

六根無染、定慧之功。想念不生、真如性浄。覚滅心空、一念相応、頓超凡聖。

〔六根〈六種の感覚器官〉無染なるは、定慧の功なり。想念不生なれば、真如の性浄し。覚滅せば心空、一念相応し、頓に凡聖を超ゆ。〕

六根の無染なるを得るは、定慧の功である。想念分別心の生起があっても、真如性浄の理さえ昧まされねば、分別の無分別である。見聞覚知の分別境が滅すれば、心空である。その心空のところに、一念相応と云う経験がある。そのとき忽然として凡聖の境域より超脱する。

16

無不能無、有不能有。行住坐臥、心不動揺、一切時中、空無所得。

〔無は無なる能わず、有は有なる能わず。行住坐臥、心動揺せず、一切時中、空にして無所得なり。〕

これは無分別の分別と云うべき境地であるから、有無など云う分別観でこれを評価するわけには行かぬ。有と云っても有とすることができず、無と云っても無とすることが出来ぬ。行住坐臥、一切時中に在りて、心は分別計較で動揺することはない。空にして無所得とはこれを云うのである。

17

三世諸仏、教指如如。菩薩大悲、転相伝受、至於達摩、届此為初。逓代相伝、於今不絶。

〔三世の諸仏、教もて如如を指す。菩薩の大悲、転じて相い伝受し、達摩に至り、此に届りて初と為る。逓代相い伝え、今に於いて絶えず。〕

三世の仏達の教旨は何れもこの如如を中心として居る。それで菩薩がたはその大悲願の故にこの教旨を転転相伝え受けて、終に達摩に至った。達摩は此土(即ち中国)に来て初祖となった。それから代代相伝えて今日に及び、如如の教旨はそのまま絶えないのである。

18

所伝秘教、意在得人。如王繫(疑当作髻)珠、終不妄与。

〔所伝の秘教、意は人を得るに在り。王の髻珠の如し、終に妄りには与えず。〕

仏仏祖祖、所伝の秘教は、要するにその人を得んことを憶う。たとえば転輪聖王の髻中に在る珠のようで、妄りに他に与えるわけに行かぬ。必ずやそれ相応の資格がなくてはならぬのである。それは何か。

19

福徳智慧、二種荘厳、解行相応、方能建立。

〔福徳と智慧と、二種の荘厳なり、解〈見解〉と行〈修行〉と相応し、方て能く建立す。〕

福徳と智慧との二種の荘厳が具わらなくてはならぬ。即ち解と行と相応することによりて、始めて仏祖所伝の教旨を建立することができるのである。

20

衣為法信、法是衣宗。衣法相伝、更無別付。非衣不弘於法、非法不受於衣。衣是法信之衣、法是無生之法。

〔衣は法の信為り、法は是れ衣の宗なり。衣と法と相い伝え、更に別に付す無し。衣に非ざれば法を弘めず、法に非ざれば衣を受けず。衣は是れ法信の衣、法は是れ無生の法なり。〕

衣を伝えると云うことは、法を伝えたと云う信である。衣の意味は法に在る。衣と法とを伝える外に、何ものをも伝付することはないのである。衣と云う信があるので、その人が現前すると云うことになり、それで法が弘められる。法のないところに衣が在ってはならぬ。衣は法の所在を表示する信号に外ならぬ。而してその法と云うのは無生の法である。即ち如如である、有無生滅の分別心を容れないところのものである。無念の当体、知見の用処、定慧不二のところ、般若即是涅槃、涅槃即是般若の端的、等等――これが無生の法である。

21

無生既無虚妄法、是空寂之身、知空寂而了法身、而真解脱。

〔無生既に虚妄の法無し、是れ空寂の身なり、空寂を知って法身を了じ、真に解脱す。〕

無生は真実在そのものであるから、虚妄の法ではない。即ちそれは空寂の身（身当作心歟）――無分別の心である。空寂は但空でない、分別心の上から云う空寂湛然ではない。この道理を深く知らねばならぬ。絶対無は分別計較の域に押し込められぬ。これを人格的に、あるいは行為的に見て法身と云う。はたらきがそれから無窮に出るからである。これを了ずるとき真の解脱があると云われる。

上来、達摩の『二種入』及び『安心法門』、僧璨の「信心銘」、及び神会の「頓悟無生般若頌」とによりて禅思想の一面を闡明した。読者はこれで禅の何たるかにつきて、幾分かの概念を得たことと信ずる。系統を立てての説述でないので、多少混雑し重複したふしもあろう。しかし達摩の「心」、「壁観」、「性浄之理」、「用而常空、空而常用」（用いて常に空、空にして常に用いる）及びその他の思想につきては、それらが如何に歴史的に展開して、三祖僧璨の「信心銘」となり、慧能・神会に至りて、定慧の一等、般若涅槃の同体異名など云うことになったかと云うことを見ることが出来たと思う。この書では、これ以上に、是等の思想が、どんな塩梅に禅史の上で取扱われて居るかについては言及せぬつもりである。

しかし晩唐にならんとする頃までに、禅界で発展した思想に見逃すべからざる一潮流があった。西暦八世紀はシナにおける禅の興隆期で、それから以後の禅はそこで生育せられ、発達させられたものの延長にすぎぬとさえも云われ得るのである。神会などの般若・無生の思想は、般若哲学の直系思想で、即非論理がその中枢をなして居ると云ってよい。この即非論理は禅思想史を通じて最も重要なるものであることは疑ない。禅は実にこれを行為的に翻訳したものである。このことは、第二篇で述べるつもりだが、即非論理の形式を、回互論理とでも云うべきものにして、禅思想を取扱った人がある。それは青原行思の弟子で、石頭の希遷と云う。唐の貞元六年に九十一歳で示寂して居る。西暦にすると七〇〇年から七九〇年まで在世したことになる。神会よりは一代後れて居る。石頭に「参同契」と云う五言二百十字より成る韻文がある。この中の思想が後来展開して来て「宝鏡三昧」となり、「五位頌」となって、曹洞系思想の中軸を作り上げた。「参同契」には神会などに見られぬ表現形式がある。『伝燈録』の編者は「辞旨幽濬」と云って居る。当時流行したものと見える。今日吾等からすると字句に難解なのが少しくある。

六　参同契

題名はもと道教から出たものと云うが、それは何れにもとして、参同の二字、この篇の眼目である。二字は篇中には見えぬが、その意は全文を貫通する。参とはまじわるで、諸法の万別千差して、而かもその位を守って相犯さざる様相である。同は万別千差の個多の世界をそのままにして、そこに万法斉観底の一物あることを指示するのである。契はこの参同の事実を経験し、認識し、契悟するの義である。ここにこの一篇の新しき見方を看取するのである。参にして同、同にして参の義は、篇中には、回互の二字で表詮せられてある。この回互の思想が後来曹洞系の伝統に重要な位置を占めるようになった。

1

竺土大仙心、　　竺土の大仙の心、

東西密相付。　　東西密に相付す。

竺土の大仙とは、印度に生れたお釈迦さんのことである。この篇ではこの心の一字が注意に値する。何となれば、この心はさきに『安心法門』を解説したときの心である。

分別計較の心と同一視してはならぬ。竺土大仙の心と云うが、心はそのように限定せられたものでなくて、それはやがて吾等の心でもあり、参差万重の諸法に行きわたって居る心でもある。西は印度、東はシナ・日本に至るまでの仏仏祖祖は何れもこの心を伝えて居るのである。伝えると云うは何かを一つの手から他の手に渡すと云うことではなくて、契証の義である。一人の心が心に契悟したとき、その経験に対して先覚者が証拠に立つこと、これが相付である。密はひそかに、人知れずなど云う義でない、また神秘論的経験の義でない。契悟の事実そのものは他から窺うことの出来ぬものだとの義である。

僧あり、南泉普願（西暦八三四年示寂）に問う、

「祖祖相伝、合伝何事。」（祖から祖への相伝があったと云うが、それは何を伝えたのであろうか。）〔祖祖相伝、合に何事をか伝う。〕

南泉の答に曰わく、

「一二三四五。」

これは小学校の児供のような答である。現われて出たところの数量は、如何にも歴然分明であるが、内面の意味に至りては、密密である。道元禅師は密を定義して、「四十六代の本来面目として、匪従人得なり、不従外来なり、不是本得なり、未嘗新条なり」と云う。これはやがてまた心の定義でもある。

洞山良价の弟子に雲居山の道膺と云うのがある。西暦九〇一年に示寂。あるとき、荊南の節度使であった成汭が、部下の武人を使にして、供養を送って来た。問うて曰わく、

「世尊有密語、迦葉不覆蔵。如何是世尊密語。」（お釈迦さまには人に知らさぬ密語があって、それを迦葉に伝えられた。而して迦葉はそれを敢て覆い蔵そうとはしなかったと云うことであるが、その密語とは畢竟何でありましょうか。）〔世尊に密語有り、迦葉、覆い蔵さず。如何か是れ世尊の密語。〕

その時道膺は相手の御役人に呼びかけて、

「尚書」（官員さま）

と云った。官員さまは何心なく「はい」と応諾した。道膺はすかさず、

「会麽」（わかりましたか）

と問うた。官員さまはもとよりわかる理窟はない。それ故その通り、

「不会」（わかりませぬ）

と応えるより外なかった。道膺曰わく、

「汝若不会、世尊密語、汝若会、迦葉不覆蔵。」（わからねば密語が世尊にあったと云うことになり、わかれば迦葉は何もかくしだてせぬと云うことになる。）〔汝じ若し不会なれば、世尊密語す、汝じ若し会すれば、迦葉覆い蔵さず。〕

「竺土大仙心」はこんな塩梅で、東西の祖祖によりて密伝せられたと云うのが、「参同契」の書き出しである。

2

人根有利鈍、　人根に利鈍あり、
道無南北祖。　道に南北の祖なし。

仏教では根機と云う。根機とは各自の気質性格・心理的素質・生物学的遺伝傾向と云うほどのことである。これが各自に相異して居るので、「大仙の心」を会得するに利鈍あり、遅速あり、頓漸ありと云うことになるが、その心に至りては何れも具わって居る。地理的には、東西あり南北ありで、相隔離して居る事実は争われぬ。しかし道の上からすれば空間的なるものは解消する、従って祖祖相伝の心に至りては彼是の差別を附けるべきではない。

3

霊源明皎潔、　霊源は明にして皎潔なり、
枝派暗流注。　枝派は暗にして流注す。

霊源は枝派に対し、明は暗に対して居る。霊の根源とは心であるが、この心は明皎潔と形容すべく、この根源から派出し枝分して来た万法は個多であるから、明に対しては暗である。明と暗とは双双相並んで相犯さずして、而かも相即相入して居る。相入である。明中に暗あり、暗中に明がある。明は明で、ただそれ一色だと考えてはならぬ、明の中に暗は流注して居る、この流注は必ずしもわるい意味にとらなくてもよい。明と暗との間には、いつも回互的流注があるのである。

4

執事元是迷、　事を執するは元と是れ迷、
契理亦非悟。　理に契うも亦悟にあらず。

仏教は事と理とを分ける。事は個多の世界、理は一元である。事を暗と見、理を明と見てもよい。しかしある場合では、理が黒暗で、事が明白である。それは暗のときは何も見えぬ、黒の一色である。これに反して明のときは一切がその姿を匿すわけには行かぬ、千差の世界は千差のままである。

千差の万法を執して、それが究竟の実在の姿であると考えるのが迷である。さればと云って、個多を一元に帰して、その一元なるものも、それ自身に独在すると思うのは悟でない。悟と迷とを対立させないで、而かもその中に心の場処が看取せられるとき、それが真の契悟である。対立なきところに対立あり、対立をそのままにして対立なしと云う消息に触れなくてはならぬ。

5

門門一切境、　門門一切の境、
回互不回互。　回互と不回互と。

上句は個多の世界を云う。門門各々異って居る、森羅万象、山河大地の一切境は、見聞覚知の分別境である。そこに回互不回互と云うことがある。回互とは一切諸法の間に見られる相即相入の関係、不回互とは個多がそれぞれの立場に住して居ることである。天桂伝尊は此処に注脚を下して曰う、

「根根塵塵罣礙あることなし。回して相渉るときは則ち氷河忽ち焔起り、火裏潔く蓮を生ず。往来更に相なし。爾らずして位に住するときは則ち三年一閏に逢い、鶏は五更に向て啼く。時節已に昭著なり。是修して而して得るにあらず、又証して而して知るにあらず。神通妙用と言うべからず、豈に法爾如然とすべけんや。回と不回と倶に是れ吾人日用光中の現行三昧なり。云云。」(原漢文)

6

回而更相渉、　回して更に相渉る、
不爾依位住。　爾らざれば位に依って住す。

個多の諸法が相互の間に回して相渉ると云うのが回互で、各自がその位に住して犯忤

せぬのが不回互である。これは必ずしも別にむずかしく取り出して論議するまでもなく、吾等の日常生活はすべて一方では回互し、一方では不回互しているのである。按排を用いてそうなのでなく、自らそうなのである。ただし人間としては何かにつけ分別智をはたらかさぬと承知しないので、転轆轆地に動いて居るものを、分析して見るのである。而してこれが回互、これが不回互と云う。そう分けられてしまうと、回互は回互で不回互とならず、不回互は不回互で回互にならぬと云うことになる。此処を見て天桂は左の如く云う、

「回と不回と、全提商量、円転無礙なること、環の端なきがごとく、性に任せて巻舒し、縁に随って出没す。恁麼不恁麼、這理殺人の機あり、活人の用あり」と。

7

色本殊質象、　色本質象〈形態〉を殊にし、
声元異楽苦。　声元楽苦を異にす。
暗合上中言、　暗は上中の言を合し、
明明清濁句。　明は清濁の句を明にす。

色とは物質と云うほどの意味である。物質には各〻その特質があり、特相がある。声音の世界にも楽しんで聞けるのもあり、聞けば苦しいのもある。分別の一切境、即ち六

根六境の世界は千差の個多の世界であるから、自らかくの如くならざるを得ない。赤は赤で白でない、硬きものは硬い、軟きものは軟い。声音の強弱高低もまた然りである。各〻その位に依りて、各〻その自ら然るべき所以を全うして居る。これが吾等の分別心の展開による世界である。これを明の世界、不回互の世界と云う、清句と濁句と各〻相犯さざる境地である。これに反して回互の世界は暗の世界である、ここでは上も中も下もない。これが芥子に須弥を容れ、維摩の方丈に文殊とその衆徒何千億を収めてなお余裕ある所以である。而かも大仙の心は回互と不回互とを併却了して、無方の神変を現ずるのである。回互と不回互とを分別心上に運出してはならぬ。

天桂は此処に雲門文偃のある日の上堂を引く。頗る肯綮に中るを覚ゆ。

「上堂、聞声悟道、見色明心。」(ある日雲門上堂、説法して曰く、何かの声をきいて道を悟るものもあり、物(色)を見て心を明むるものもある。庭掃除のとき、小石を竹の根に打ちあてた音で悟ったと云う香厳、桃の花の開くのを見て悟った霊雲、何れも禅史では有名な話である。その外こんな出来事は随処に伝えられて居る。)〔上堂、声を聞きて道を悟り、色を見て心を明かす。〕

雲門はこう云っておいて、即ちこんな事実をそのままに話しておいて、別に何かの注釈を下すでもなく、批評がましい事も云わず、訓戒とか激励めいた言葉をつけ加えるでも

なかった。しばらくすると、手を挙げた、而して云った、

「観世音菩薩、将銭買餬餅。」（観音さんが銭持って行って餬餅(こへい)を買って来た。）〔観世(かんぜ)音菩薩(おんぼさつ)、銭を将(もっ)て餬餅を買う。〕

こういってから、雲門は挙げた手を放下した、而して云った、

「元来祇是饅頭。」（何だ、こりゃただの饅頭じゃ。）〔元来祇(がんらいた)だ是れ饅頭なるのみ。〕

天柱は更にここに注脚を下して云う、

「且喜(しゃき)すらくは雲門大師、餬餅や饅頭や、応機通変、両手に持ち来って、諸人に哺授す。甚(なん)の碗をか討(たず)ねん、直下(じきげ)に喫却(きっきゃく)せよ。水長ければ船高く、泥多ければ仏大なり。与麽(よも)また不与麽。馬を画きて成らざれば、驢も亦た失す。」（原漢文）

これは後にも詳述したいと思うが、禅はその思想を云うところに、その面目を見るべきでなくて、日用行事の上に歩歩著実ならんことを期するのである。それ故、天柱も云うように「直下に喫却せよ」である。饅頭であろうが牡丹餅であろうが大福餅であろうが、そんな詮議は第二次である。またそれがお盆に載っておろうが、黄金の皿にもられてあろうが、そんな事もまた第二義である。また銭もって来るのが、観音さまであろうが、文殊さまであろうが、またその外の菩薩がたであろうが、それはどちらでもよい。とに角、両手に持ち来って、わが面前に突き出されたとしたら、直下にこれを喫著して

よいのである。明がどうの、暗がどうの、これが回互で、あれが不回互、而して回互がまた不回互で、不回互がまた回互だなんどと、そんなに持ってまわったことを云うに及ばぬ。また悟りが桃の花で開けようが、心が鐘の音ではっきりしようが、そんなことにこだわって居るかぎり禅は白雲万里だと、――こういう塩梅に見て行くのが禅者の立場なのである。

これは必ずしも此処へ引用せずとも、「参同契」全篇についての著語と見てもよいが、道元が宏智の「坐禅箴」の一句について下して居る註釈は、ここでも大に参考になるものがある。道元は宏智の「坐禅箴」中、

「空濶莫涯兮鳥飛杳杳」〔空濶として涯莫し、鳥飛びて杳杳たり〕

と云うのに対して左の如く云って居る。

「空濶といふは、天にかかれるにあらず。天にかかれる空は濶空にあらず。いはんや彼此に普徧なるは濶空にあらず。隠顕に表裏なき、これを濶空といふ。鳥もしこの空をとぶは、飛空の一法なり。飛空の行履はかるべきにあらず。飛空は尽界なり、尽界飛空なるが故に。この飛、いくそばくといふことしらずといへども、卜度のほかの道取を道取するに、杳杳と道取するなり、直須足下無糸去なり。空の飛去する

とき、鳥も飛去するなり。鳥の飛去するに、空も飛去するなり。飛去を参究する道取にいはく、只在者裏なり。これ兀兀地の箴なり。いく万程か只在者裏をきほひいふ。」

8

四　大　性　自　復、　　四大の性は自ら復る、
如　子　得　其　母。　　子の其母を得るが如し。

四大は地水火風である。宇宙を構成するところの四要素である。それには各々独自の性格があって、いつも其処へ復って自らを完うするのである。丁度子がその母に逢うようなものである。一切は各自にその位に住して、山は山、水は水、雲は嶺上に在って閑不徹、水は潤下に流れて太忙生である。が、その然るを得る所以のものは母あるがためである。母とは心である、即ち竺土大仙の心である。すべてのものはこの場において往復する。なお次の数句を見よ。

9

火　熱　風　動　揺、　　火は熱し、風は動揺す、
水　湿　地　堅　固、　　水は湿い、地は堅固なり、
眼　色　耳　音　声、　　眼は色、耳は音声、

鼻香舌鹹醋。　鼻は香、舌は鹹醋。
然於一一法、　然かも一一の法において、
依根葉分布。　根によりて葉分布す。
本末須帰宗、　本末須らく宗に帰すべし、
尊卑用其語。　尊卑其語を用ゆ。

「四大の性は自ら復る」を明細にしたものである。諸法は、如何なる場合でも、葉の分布の根に依る如く、その本に帰らなくてはならぬ。本とは宗である、心である。この心は「万法一に帰す、一何れの処に帰す」と云うその最後の帰処である。根葉も本末もみな此処から出で此処へ帰する。これがわかってから、また本末根枝尊卑の世界を展開させ、各自にその復性の言語を用いて参同する。参同は回互である。而してその回互の処に不回互を証するのである。故に曰わく、

当明中有暗、　明の中に当りて暗あり、
勿以暗相遇。　暗を以て相遇うこと勿れ。
当暗中有明、　暗の中に当りて明あり、
勿以明相覩。　明を以て相覩ること勿れ。

明暗各相対、　　明と暗と各々相対す、
比如前後歩。　　比えば前後の歩の如し。

明を千差の個多の世界とし、暗を平等一色の世界とすれば、差別の中に平等あり、平等のうちに差別ありて、明暗双双と云うのが、仏教の世界観である。それ故、明と暗と、何れかに偏して見た世界は、世界の真実を攫んで居ないことになる。丁度前歩後歩と相扶けて、前進が可能である如く、明と云うときそこに暗の在ることを忘れず、暗と云うときまたそこに明のあることを忘れてはならぬ。しかし実際を云うと、明と暗とを「各々相対」すると云う風に解してはいけない。明暗は回互的に動くもので、相対したり、前後したり、また双双したりするものでない。一塵挙って大千収まるで、一塵即是大千、大千即是一塵と看取しなければならぬ。而してこれは明暗対立の思想から出て来るのでなく、一塵を見るとき早く既に大千なのである。この直観を、道元の云うように「卜度のほかの道取を道取」して、且らく回互と名づけておくのである。今直観と云う文字を使ったが、直観は宏智の「坐禅箴」に云う「不触事而知」（事に触れずして而して知）るもの、「偶なくして奇なる」ところの知、「曽て分別の思いなき」ものである。これから「魚の行くこと遅遅たり」、「鳥の飛ぶこと杳杳たり」と云う消息が覗われるのである。

11

万物自有功、　　万物自ら功あり、
当言用及処。　　当さに用と処とを言うべし。

一切の法にはそれぞれに自ら具有底の功能がある、火は燃え、水は湿うなど云うときのように。而してその功能なるものを二面から見ることが出来る、一面は動用で、他の一面は止処である。用は功能の動態で、処はその静態と云ってよい。その実は用も処も一つもので、但〻吾等の見る目のつけどころ如何によるのである。人間の意識はいつも物を二つに分けて考えるようになって居るので、これが認識そのものであると云われるのである。ここへまた回互と不回互とを持って来て説明してもよい。

12

事存函蓋合、　　事存すれば函蓋合し、
理応箭鋒拄。　　理応ずれば箭鋒拄う。
承言須会宗、　　言を承くれば須らく宗を会すべし、
勿自立規矩。　　自ら規矩を立するなかれ。

存を察の義だとすれば、「事存する」はよく事に通達してその理を洞察することになる。そうなると函蓋相応で、回互の妙が見える、「理応ず」は事に随って応変するので、事と理との間に、何等の間雑を容れず、「心は万境に随って転ず」と云うことになる。

そうしてその「転処実に能く幽なり」である。これを箭鋒相拄うと云う。これは矢を射ることの名人が、前の矢と後の矢とが一本の矢のように、相支えて空を飛ばしたと云う故事に由るのである。少しの隙もないこと、媒介を容れぬことを意味するのである。この端的を宗と云う。この宗をよく会して居ないと、言語文字についてまわることになる。概念の上で分析せられたものを、そのままに経験の事実にあてはめんとすると、経験は事実でなくなる、事実は経験せられぬことになる。当事者は矢面に立たないで、傍観者の位置に離れることになる。これが自ら規矩を立することである。天柱はこの句に注して左の如く云って居る。

「汝等諸人、娘生の鼻孔、本来の面目摸索著して看よ。頭に天を戴き、脚に地を履む。仏よりも得ず、祖よりも借りず。規せずして而して円に、矩せずして而して方なり。明歴歴、活団団、豈に好肉を剜って而して瘡を生ずべけんや。故に策令して勿れと曰う。」(原漢文)

天柱がこんな事を云い得るのも思想の背景がなくてはならぬのであるから、思想——言——規矩もあながちに斥くべきでないは、固より言を待たぬが、経験の事実——宗——に即しない思想は、「勿れ」と策令しておくのが、最もその当を得たところである。13

触目不会道、　目に触れて、道を会(え)せざれば、
運足焉知路。　足を運ぶも焉(いずく)んぞ路を知らん。
進歩非近遠、　歩を進むる近遠にあらず、
迷隔山河固。　迷えば隔つ山河の固きを。

大道長安に透るで、斯道は誰もかも日日に踏著して居るのである。左之右之(さしうし)、道ならざるところはない。が、人間としては、それだけではいけない。人間は何かそこに些子(さし)底(てい)を攫んで居ないと気がすまぬ。これが人間の人間たるところである。些子底とは知である、会である。しかし此(この)知、此(この)会は「縁に対せずして而かも照らす」ところのもの、「事に触れずして而かも知る」ところのものでなくてはならぬ。「毫忽(ごうこつ)の兆」の手を著(つ)けるべきものがあると、破綻はそれから出て来る。禅の用心は実に此(ここ)に在ると云ってよい。知は知であるが、偶のない知、対立を絶した知、媒介を容れぬ知でなくてはならぬ。此(この)知で足を運んで、そこに路あることを知るのでなくてはならぬ。つまり無知の知、無分別の分別である。それで終日歩を進めて居ても、そこに遠近を測るべきものがない。遠近は歩みの痕を記したものである。鳥の跡は空に印せられては居ない。禅者の知は鳥と空と倶に飛ぶところに在る。飛鳥は飛空である、飛空は飛鳥である。これは捉えられぬ、跡つけられぬ。それ故、只在者裏〔只(た)だ者裏(しゃり)〈ここ〉に在り〕と云う。これに反して、どこ

かそこか滞るところがあると、即ち対立の世界に限定せられ、肯定と否定との論理に挟まれると動きがとれなくなる。山とか河とか云う固いものに阻まれて歩が進まなくなる。あの山を越えたとか、この河を渉ったとか云って、遠近の跡だけを勘定することになる。この勘定は分別知である、思量の秤の目盛りである。それもそれで用途はあるが、禅の知はそれと一つに見られてはならぬ。

14

謹白参玄人、
光陰莫虚度。

謹んで白うす参玄の人、
光陰虚しく度ることなかれ。

これは一寸読むと単なる警誡の如くにも考えられる。寸陰惜むべしと云うほどのことのように。しかしそれでは余りに平凡の感がする。上来縷縷の説述、何等の家常茶飯ぞとも云われよう。それよりも、些子底をそこに入れて見るのが、作者の意に称うであろう。

天桂は此処に李長者の言を引いて居る。「光陰虚しく度ることなかれ」は、実にその意味にて解するを最も適切なりと、自分も信じたいのである。光陰は時である。この時は時計のダイアルで刻まれる時でなく、また暦の上のものでもなく、また所謂る歴史のページで、何の時代、かの時代と云われるところのものではないのである。この時は実に李長者の無時の時である。洞山の所謂る「一物有り、上、天を拄え、下、地を拄う。黒うして漆の如し。常に動用の中に在りて、動用の中に収不得なり」と云う、その一物である。また「何ぞ無寒暑の処に向って去らざる」の無寒暑の処である。また洞家に五位の説があって正と偏とを云うが、この正は偏中の正で、偏は正中の偏である。正と偏と何れも中をめぐりて正であり、偏であることを得るのである。此中は即ち道元の有時の有である。それはそれとして、天桂が李長者よりの引文は左の通りである。

「十定品に説く、如来、刹那際において、世に出現し、涅槃に入ると。総に無時なり。刹那際と云うは猶お言を寄するのみ。無時を以て即ち一切時出現し、一切時説法し、一切時涅槃し、寂用無礙なり。故に衆生の心に随って現ず。又法華経に云うが如し、吾成仏よりこのかた無量阿僧祇劫と。時として量るべきなきを以ての故に、無量と曰う。世情に逐うて遠く思い、無量の思をなさざれ。総て時として遷るべきなしと。

是に知りぬ、無時是れ這箇の時節なり。時節・因縁・刹那・前後・竺土大仙心、東西密に相付す、正当恁麼是れ時なり。周旋馳逐して、蹉過すべからず。一切時中更に余時なし。光陰虚しく度るなかれ。今日是れ何の日ぞ。甲猫の児の日なりや、也た無や。首を回らし、眸を転じ去って、而して勤修せば、又驢年にし去る也。只光陰虚しく度るなかれと言うにあらず。実に須らく知るべし、光陰虚しく度ることなきを。日日只是れ這の時節なり。云云。」(原漢文)

天桂はまた他の処(『正法眼蔵弁註』、「有時」の章)で、同一の意味を繰り返して居る。上述の意味を、更に明了にするので、煩を厭わず、引用す。

「此章(有時)、直是衲僧参学眼目、只此日用光中、十二時的にあることを示し玉う。朝朝日は東に出で、夜夜月は西に沈む。今日是れ什麼日ぞ。猫の日か鼠の日か。学人徒に今年は享保何年何月、大尽三十、小尽二十九と、閑暦日を算数して、一年三百六十日、日日空しく十二時を度る。大虚空中尽十方界、那裏にか春夏秋冬の代謝ある。今日是什麼干支ぞと疑著せず、偶然と閑過して実に日日是好日、迷わぬことを知る人希なり。痛哉。」

達磨が西暦の第六世紀の始めにシナにわたって来てから、今日に至るまで千四百年以上を経過した。千四百年前には、仏教はまだ日本に伝わって居なかった。六祖慧能の出たのは達磨を隔つること百五十年ほどであった。禅が禅としてその性格を基礎づけたのは実に慧能とその弟子とによってであった。特に慧能は比較的文字の素養が薄かったと云うこと、僧房で隠遁的生活を送らずに、市井で柴売りをやり、弘忍下では米舂きをやったと云うこと、説法壇を作って、その上から、僧と云わず俗と云わず、専門家と一般の衆とを択ばず、極めて平易な文字――即ち言語で、誰にも分り易く禅を説いたと云うこと、而してその禅なるものは、生活から遊離したものでなかったと云うこと、それから慧能の思索方法・表現方法は、自分等とその伝統を同じうする人々に最も親切なものであったと云うこと、――是等の事情は彼をして達摩禅（印度禅というべきもの）を、一転開させてシナ的なものとさせたのである。それで彼の弟子には多くの有為な人物が輩出した。この勢は、彼の師であった弘忍（第五祖）のときに既に醸成せられたものであったが、弘忍の教法はまだ静態禅と呼ばれてもよいものであった。即ちまだ印度趣味であったと云ってよかった。それが慧能になって静態禅が全く動態禅となった。それは定慧（じょうえ）不二（ふに）が彼によりて唱え出されたところから創まると云ってよい。

慧能までの禅思想は、三祖僧璨（そうさん）の「信心銘」で代表させてよかろう。僧璨は達摩の心を一にかえた。いいかえたと云うは、心をそっちのけにしたと云う意味ではない。心の中から一を展開させたと云うことである。「一をも守るなかれ」と云っても、そこまでに到らぬものは却て「一を守る」ことに営営とする傾向を生ずるものである。是が看心（かんじん）禅・清浄（しょうじょう）禅とも云われるものである。これは定（じょう）第一主義になることは、誠に已むを得ぬ次第であると思う。慧能は、それで、見性（けんしょう）を唱えた。見性は定慧一等でないと可能でない、見は知である、根本慧である、無知の知、無分別の分別である。この点は慧能の弟子神会の「顕宗記」――「頓悟無生般若頌」――によりて明かにされると云ってよかろう。『六祖壇経』は世間でもよく知られて居るので、この方面の思想を研究せんとする読者には是非一読して貰いたい。

慧能が見性を説き出したとき、この見に二方面があって、それが二方向に進展したことは、歴史的事実として認められるのである。見は静態的であり、また動態的であるからである。ただ見ると云えば寂照だと考えられよう。が、見るはまた働きである、行為・作用・機動と考えなければならぬ。それで慧能の後には大機大用と云い全体作用と云うようなことが盛んに唱えられて、単なる定坐・坐禅・寂静・黙照など云うことが排斥せられた。この方面の窮極は臨済禅となったと云ってよい。

他の一面は、単なる静態禅ではないが、むしろ哲学的・思索的・瞑想的とでも云うべき方向へ進んだ。曹洞禅にはこの傾向が著しく見えるようである。我邦の道元禅などはその典型的なものと見られよう。その弊は所謂「祇管打坐」である。思索的方面は石頭の「参同契」によりて代表せられる。ここでは達摩の心は回互思想で説明せられてある。

宋代十二世紀の始め頃になって、静態禅は黙照禅となり、動態禅は看話禅となった。

しかし「黙照」と云い、「看話」と云うは、ただ楯の一面を見ての評語で、これでは何れの宗派の特性をも尽くすわけに行かぬ。科学的ならざる分類と云うべきである。看話(かんな)禅の思想にも、黙照(もくしょう)禅の思想にも、禅なるものが、時運の推移につれて、自らこの方向へ進まねばならなかったものがあると同時に、禅の内面にも包蔵せられて居るものが、この二つのものの対照で、益々はっきり読まれてくるようになったのである。こういう方面の考察はこの書の如きもので触れるべきではない。今はこの書の第一篇の終りとして、宏智(わんし)（西暦一一五七年、六十九歳寂）の「坐禅箴(ざぜんしん)」と我邦(わがくに)道元の「坐禅箴」とを紹介する。これで禅思想なるものは、吾等の内面的経験のどの辺を道取せんとするのであるかを窺い知ることが出来るかと思う。

七　坐禅箴(ざぜんしん)

宏智　撰

1 仏仏要機、祖祖機要。
2 不触事而知、不対縁而照。

訓読

仏仏(ぶつぶつ)の要機(ようき)、祖祖(そそ)の機要(きよう)。
事(じ)に触れずして而(しこう)して知り、縁(えん)に対せずして而して照らす。

3 不触事而知、其知自微。
4 不対縁而照、其照自妙。
5 其知自微、曽無分別之思。
6 其照自妙、曽無毫忽之兆。
7 曽無分別之思、其知無偶而奇。
8 曽無毫忽之兆、其照無取而了。
9 水清徹底兮、魚行遅遅。
10 空濶莫涯兮、鳥飛杳杳。

道元撰

1 仏仏要機、祖祖機要。
2 不思量而現、不回互而成。
3 不思量而現、其現自親。

事に触れずして而して知る、その知自(おのずか)ら微(み)なり。

縁に対せずして而して照らす、その照自(おのずか)ら妙なり。

その知自(おのずか)ら微なり、曽て分別の思(おもい)なし。

その照自(おのずか)ら妙なり、曽て毫忽(ごうこつ)の兆(きざし)なし。

曽て分別(ふんべつ)の思(おもい)なし、其知(そのち)偶(ぐ)なくして奇なり。

曽て毫忽(ごうこつ)の兆(きざし)なし、其照(そのしょう)取(しゅ)なくして了す。

水清(きよ)うして底に徹す、魚行くこと遅遅(ちち)たり。

空濶(かつ)にして涯(かぎ)り莫(な)し、鳥飛んで杳杳(ようよう)たり。

訓読

仏仏(ぶつぶつ)の要機(ようき)、祖祖(そそ)の機要(きよう)。

不思量(ふしりょう)にして而(しこう)して現じ、不回互(ふえご)にして而(しこう)して成(じょう)ず。

不思量(ふしりょう)にして而して現ず、その現自(おのずか)ら親(ちか)し。

4 不回互而成、其成自証。　　不回互にして而して成ず、その成自ら証す。
5 其現自親、曽無染汚。　　その現自ら親し、曽て染汚なし。
6 其成自証、曽無正偏。　　その成自ら証す、曽て正偏なし。
7 曽無染汚之親、其親無委而脱落。　　曽て染汚なきの親、その親委することなくして而して脱落す。
8 曽無正偏之証、其証無図而功夫。　　曽て正偏なきの証、その証図ることなくして而して功夫す。
9 水清徹地兮、魚行似魚。　　水清うして地に徹す、魚行いて魚に似たり。
10 空闊透天兮、鳥飛如鳥。　　空闊にして天に透る、鳥飛んで鳥の如し。

宋朝宏智正覚禅師の「坐禅箴」は道元が口を極めて讃美するところのもの。彼以外の「坐禅銘」または「坐禅儀」または「坐禅箴」なるもので、『伝燈録』や『普燈録』に掲げられてあるものは悉く「とるべきところなし」と云われ、また「いまだその行履にくらし、坐禅をしらず坐禅を単伝せざるともがらの記せるところなり」とも云われて居る。それで「あはれむべき」ものと看做され、「晩学すててみるべからず」とさえ貶剝せられて居る。これは、つまり、道元の解する坐禅と彼以外の禅者が見て居る坐禅との意義が相違して居るので、道元は如何にも激烈な文字で、後者を排斥するのである。それからまた道元の坐禅なるものが、黙照禅であり、黒山鬼窟裡の暗証禅であり、死路頭に痴坐するものであると云われる所以も、またこの坐禅の義を解する上において、意見の相違があるからである。禅思想は坐禅を繞って展開して来たとも云える。ある意味で、ここにもまた慧能時代の定慧一等論を跡づけ得るのである。道元の場合では無分別の分別である般若の智慧を、その静態面に捉えて、その上に分別をはたらかせたと見てもよい。彼の坐禅観は兀兀地を基体として居る。兀兀地はもともと副詞または形容詞に用いられて居るのを、道元は名詞として居る。兀兀地は兀坐であり、坐禅であり、単伝であるとするのが、道元一流の主張である。「兀坐を参学する」とか、「兀坐の仏道」とか、「兀坐は正法眼蔵、涅槃妙心なり」とか云うのは、何れも兀坐を絶対の事実そのものとしての話である。これを形相に示すとき兀兀地の独坐となる。「一寸の坐禅は一寸の仏なり」と云うのもこの義を出ないのである。ここが黙照であると云えば云えぬこともないが、それは兀坐の真義に徹せぬ言分である。しかし禅は此処に止まるべきでなくて、それから思量(分別)が出なくてはならぬ。それで思量・不思量・非思量の葛藤がある。薬山の問答[註]「思量箇不思量底」を分けて、「思量」と「箇不思量底」とにして、前者と後者とは一つなりとさえ云うようになった。今日の吾等から見れば「箇不思量底を思量する」ところに、頗る面白いものがあるのだが、昔は必ずしもそうは行かなかったのであろう。とに角、兀坐だけでは、話の進みようがないので、思量が出て来る。「兀兀地に思量なからんや」である。「兀兀地を問著する力量あるべし、思量あるべし」と措定せられるのである。道元の『正法眼蔵』九十五巻は実にこの思量から出たものに外ならぬ。兀坐禅には必ずその半面に思量禅がなくてはならぬのである。後世になってから、兀坐が屈足算香の形式禅となり、思量がただの分別智上における七穿八穴になり了ったからと云って、その源頭に溯りて、事新しく「兀兀地」を責めるわけには行かぬ。

註　有名な薬山の問答は左の如くである。

薬山が坐禅して居ると、僧あり問う、

「兀兀地思量什麼。」（兀兀と何を思量していらっしゃいますか。）〔兀兀地として什麼をか思量す。〕

「思量箇不思量底。」（箇の思量のできぬものを思量して居るのだ。）〔箇の不思量底を思量す。〕

「不思量底如何思量。」（思量できぬものなら、どうして思量すと云われますか。）〔不思量底、如何にか思量す。〕

「非思量。」（これが薬山の答であった。非思量はそのままで棒読みにヒシリョーである。）
〔非思量。〕

これは「非思量」がわかれば皆わかる。薬山が兀兀地の坐禅の当体そのものがそれなのである。こんなところから、道元の兀兀地の弁、坐禅観、祇管打坐などが出て来たのである。

宏智の「坐禅箴」を略解する前に、天桂の坐禅に関する意見を紹介しておくのも無益ではあるまいと信ずる。さきに一寸言及したように、道元の坐禅は普通に云う坐禅でなく、「兀坐正伝」の意味で、達摩の壁観とも見るべきものがある。これがはっきりと呑みこめぬと、ただ坐して居ることが即ち一寸の仏、一日の仏だと云うように解せられてくる。こうなると、その弊は窮まるところを知らずと云うこととなる。天桂はこれに対して痛棒を加えるのである。天桂は『正法眼蔵弁註』「坐禅箴」の章中に左の如く云って居る。

「今時徒に屈レ足窟坐するを坐禅と謂へり。坐は四儀之一なり、禅は六度之一なり。此云二静慮一。静慮といへば、紛飛の動念を止めて、静寂ならしむと思ふ。是は凡夫二乗の禅なり、須レ知、止レ動帰レ止、止更弥々動。吾門元古仏の示し玉ふ単伝の坐禅は、非二坐臥一と単伝するの眼目なり。是謂二坐禅宗旨一、如今の禅宗と云ふ義にはあらず。坐禅の宗乗玄旨と云んが如し。不レ可二錯解一。明見仏性眼目開発時、行住坐臥、一切時、一切処、単行独歩、百丈独坐大雄峰、青原聖諦尚不レ為、薬山一切不レ為、閒坐即為也。皆是なり。如今は坐の一行を以つて云。夫坐は不動の義をとる。一切処不レ動二於本処一ことを知る、是を坐禅と云。法華に所レ謂る、常在二於其中一、経行若坐臥、只能了レ在二於其中一。今時の殊勝を売弄する規矩の日傭とりをば除く。日傭とり坐禅は真箇坐禅にはあらず。故に云、坐禅は坐臥にあらずと単伝してより、無限の坐臥は自己なりと。猶又坐禅坐仏、殺仏の工夫精究すべし。皆是自己の単伝なり、他人にあらず。今此叢林を経歴馳走する黒暗死坐の臭飯袋、字海自負の瞎痴生、共に屈足箕香を坐禅とのみ知て、真箇の工夫なく、一生を空過して、是の如き古仏悲愍の語を軽忽するは、人乎、畜乎、知らず何物ぞや。」

道元禅師は『正法眼蔵』「坐禅箴」の章で、宏智の「坐禅箴」に対して絶讃の詞を与えて居ることは既に記したが、彼はまたこれに対して、頗る特色ある註釈を加えて居る。誰も知るように『正法眼蔵』は難解の書物、不可近傍である。今これを引用しても、一般読者には鉄酸餡を頬張ったようであろう。それでも今より七百年前の日本における禅思想の一面は道元によりて代表せられて居るので、数行を引文する。宏智の「坐禅箴」

を掲げた後すぐに道元は左の如くつけ加えて居る。

「いはゆる坐禅箴の箴は大用現前なり。声色向上の威儀なり。父母未生前の節目なり。莫謗仏祖好なり。未免喪身失命なり。頭長三尺、頸長二寸なり。

仏仏要機。仏仏はかならず仏仏を要機とせる、その要機現成せり。これ坐禅なり。

祖祖機要。先師無此語なり。この道理これ祖祖なり。法伝衣伝あり。おほよそ回頭換面の面面、これ仏仏の要機なり。換面回頭の頭頭、これ祖祖の機要なり。……」

道元の註釈よりも宏智の原文の方が却て分り易いが、とに角、一応、道元よりの引文につき大体の解明をつけておこう。道元は劈頭に、坐禅は結跏趺坐の姿で、何かにつきて瞑想を凝らす修行形式である、と云う風に見て居ないことがわかる。坐禅そのものが大用現前だと解せられて居る。大用現前と云うは、絶対的真実在そのものと云う義である。廓落無依で、何等の拘束を受けず、自由自在に働くものの当体がこの坐禅だと説かれるのである。声色は吾等日常の世界である。向上は超声色の観念界であると云ってもよい。この二つの世界が一つであると云うのが、道元の見処である。向上の世界は父母未生以前、即ち自分等がまだ生れて居ない以前の世界である。この世界は坐禅と云う節目——形体——に外ならぬ。坐禅が大用現前底であることを知らぬものは、声色堆裡に滞ることを免れず、また父母未生以前、天地未分以前の消息に徹することを得ず、禅は坐臥にあらざることを悟り得ざるが故に、仏祖を謗(そし)ることにならざるを得ないのである。何とかしてそうならぬようにしたいものである。仏祖を謗ることとなからんと思わば喪身(そうしん)失命(しつみょう)することをも辞せぬと云う単刀直入的運動が出なければならぬ。これが出来ると頭の長きこと三尺、頸の短かきこと二寸と云う怪物に見参するのである。これは洞山良价(とうざんりょうかい)に一僧が、「如何なるか是れ沙門(しゃもん)の行」を尋ねたるに、良价は答えて、「頭長三尺頸長二寸」（頭(こうべ)の長さ三尺、頸(くび)の長さ二寸）と云った。道元は今此処にこの語を牽いて来たのである。これで道元が宏智の「坐禅箴」に対する序論見たいなものを終り、これから本文に入りて各句を評釈するのである。要するに、坐禅は仏仏祖祖の要機で、仏の仏たる所以、祖の祖たる所以は実にここに在りと説くのである。

道元の『正法眼蔵』における対告衆は専門家揃いであったので、用語には一般の読者のわからぬのが多い。それから能く禅史に通じて居ないと、彼が極めて平気に引用する故事成語を会することが不可能である。この点で彼は盤珪(ばんけい)などと大いにその趣きを異にして居る。固より時代の相違、背景の相違などもあるが、その外に個性の相違も考えてよい。が、その主なる相違点は、両者が禅思想に対する領解の相違によるものと考えてよかろう。これは拙著『禅思想史研究第一――盤珪禅』（全集第一巻所収）に多少触れておいたから、今不述焉。前記、道元が「祖祖機要」を注するに当りて、最初に「先師無此語なり」と書いて居る。これは次の如き因縁があったのである（五燈会元、巻第四、南嶽下、四世）。

楊州光孝院慧覚は趙州従諗（西暦八九七年寂、百二十歳）の弟子で、普通には「覚鉄觜」として知られて居る。あるとき臨川の崇寿院に往ったら、法眼が尋ねた。

眼、「近離甚処。」（今度は、どこから御出たか。）

覚、「趙州。」（趙州から来ました。）

眼、「承聞趙州有庭前柏樹子話、是否。」（趙州和尚が、「如何なるか是れ祖師西来意」と問われて、「庭前の柏樹子」と答えられたと云うことを承わりますが、果してそんな事がありましたか、如何です。）

覚、「無。」（そんなことはありません。）

眼、「往来皆謂、僧問如何是祖師西来意。州曰庭前柏樹子。上座何得言無。」（行脚の人達は皆そんな話をするのに、直弟子のあなたが「そんな事はない」と云われるのは如何わけですか。）

覚、「先師実無此語、和尚莫謗先師好。」（わたしの師匠にはそんな語はありません。そんなことを云うのは先師を謗ると云うものです。どうぞ悪しからず……）

〔眼、「近離甚の処ぞ。」

覚、「趙州。」

眼、「承り聞く、趙州に庭前の柏樹子の話有りと、是なりや否や。」

覚、「無。」

眼、「往来皆な謂く、僧問う、如何なるか是れ祖師西来意。州曰く庭前の柏樹子。上座、何ぞ無きと言うを得たる。」

覚、「先師、実に此の語無し、和尚、先師を謗ること莫くんば好し。」

法眼はこれを聞いて、「真獅子児能獅子吼。」(親の子だけある)〔真の獅子児、能く獅子吼す。〕と褒めたと云うのである。


歴史上の事実として、分別意識の認識では、覚鉄觜はうそつきだと云ってよいわけである。而かもそのうそを突張って少しも妥協せぬ、どこまでも自分の主張を肯定する勢は誠にすさまじいものがあると云える。実際、彼は妥協など云い得べき生温い立場には居ないのである。彼は趙州が「庭前の柏樹子」と答えたそのままの機要を、今や法眼の問いに応じて丸出しにして居るのである。所謂る大用現前なるもの是れ、「鉄觜」の称呼もうべなるかなである。道元はこれを見て居るので、「この道理これ祖祖なり」と云う。道元の「坐禅」、道元の「兀坐」、道元の「非思量」は、みな覚鉄觜のこの立場を見て居るのである。これを知ることによって始めて宏智の「坐禅箴」と道元のとを併せ解することが出来る。達摩西来以後、心の一字が大に提唱せられたが心は心の義に解せられ易く、また物心の心、色心の心などの如く対立の概念となり易かったが、一面に大機大用が動き出すと同時に、また一面に「独坐大雄峰」、「天上天下唯我独尊」、「一無位真人」など云うものが「突出す那吒の鉄面皮」で、禅界の空気は一変した、禅思想は目覚ましく現実性を帯びて来た。なお少しくこの点を確かめ、兼ねて道元の「兀兀地」に注脚を下さんため、左記二、三の例証を挙ぐる。

　禅は現実から遊離するを嫌う、個を超越しようとはしない。しかし分別識上の現実は、禅から見ると、現実でない、そんな現実には禅は頓著しない。個もそうである、吾等が一般に個と認めて、これに越した具体者はないとする。禅はこれと違う。分別から見る個は抽象したもの、概念的に再構成したもので、禅はそんな個に目をくれぬ。「庭前柏樹子！　先師無此語！」ここに現実を見、個を見るのが禅の眼である。分別識は柏樹子を個と見、境（現実）と認めようとする。錯、錯、大錯である。それで趙州は「自分は境を以て人に示さず」と云う。更に祖師西来意を尋ねられて、「庭前柏樹子」と肯定した。禅者はただ頑張り通すのでない。分別識上ではどうしても認め能わぬ個——現実を確かりと攫んで居て、それから出てくるのである、何と云っても「先師無此語」と云うことが出てくるのである。趙州や覚鉄觜などの見て居る柏樹子の個は、「個は個でない、それ故個である」と云う般若的即非の論理から出て来る個である。現実もそうである。それ故、禅の立場、禅の思想なるものは「歴史」とか、「現実」とか、「個」とか、「論理」とか云うものに対して、全然否定性のものであるが、この「否定」もまた分別論理から眺めらるべきでないことは云うまでもない。次の上堂問答は何れもこの点から見なくてはならぬ。

洞山良价（とうざんりょうかい）、あるときの上堂に、

「有一人、在千人万人中、不背一人、不向一人、你道、此人具何面目。」〔一人（いちにん）有り、千人万人の中に在（あ）りて、一人に背かず、一人に向かわず、你（なん）じ道（い）え、此の人、何の面目をか具す。〕

多衆の人込みの中に居て、どちらへも背中をむけず、またどちらへも面をむけぬと云う人は、どんな人であろうか。普通の物理学では、こんなことは説明不可能であることは勿論であるが、洞山は何故にかくの如き小児の謎みたいなことを、大衆（だいしゅ）面前で挙揚（こよう）したか。もとよりこれは単純な謎ではあり得ないのであるが、洞山の意旨は那辺（なへん）に在るものとすべきであろうか。洞山はまた次のような問答をやって居る。

僧、「和尚出世幾人肯。」（和尚さまは今や一寺の御住持でいらっしゃいますが、大分

随喜(ずいき)申上げます人々もあることでしょう？）

山、「並無一人肯。」（誰もない。）

僧、「為甚麼並無一人肯。」（それはどんなわけでしょう。）

山、「為他箇箇気宇如王。」（みんなそれぞれに一人前だからだ。）

〔僧、「和尚、出世(しゅっせ)、幾人(いくにん)か肯(うけが)う。」

山、「並びに一人の肯う無し。」

僧、「甚麼(なん)と為(し)てか並びに一人の肯う無き。」

山、「他(かれ)ら箇箇(ここ)、気宇(けう)、王の如きが為なり。」〕

「気宇王(おう)の如き」人々、どちら向いても向背(こうはい)のない「一人」、これは分別識上の個と見られてはならぬ。何れも「頭長三尺頸長二寸」の怪物である。しかしこの個はいつもそんな怪物ではない、王者の如き尊大性をもったものでもない、「天上天下唯我独尊」と云うべきでもない。彼は時によると、秋風落日の前にひょろひょろした一茎の枯草に似たところもある。洞山のところへ尋ねて来た坊さん、丁度そのとき亡くなった人のあるのを見て問う、

僧、「亡僧遷化向甚麼処去。」（死んだ坊さんはどこへ行ったでしょうか。）

山、「火後一茎茆。」（焼灰の中から一本の茆(かや)が生えた。）

〔僧、「亡僧遷化(せんげ)、甚麽(いずれ)の処に向ってか去る。」
山、「火後、一茎(いっけい)の茆(かや)。」〕

これらを単なる神秘論だとか、汎神論だとか云って片付けるものがあれば、吾等の祖先は眼玉をむき出して彼等を、「このやくざもの」と大喝一声するにきまって居る。彼等は「有時(あるとき)は高高たる峰頂に立ち、有時は深深たる海底を行き、有時は三頭八臂(さんずはっぴ)、有時は丈六・八尺、有時は拄杖(しゅじょう)・払子(ほっす)、有時は露柱(ろちゅう)・燈籠(とうろう)、有時は張三(ちょうさん)・李四(りし)、有時は大(だい)地(ち)・虚空(こくう)」など云うのをきくと、「それそこに汎神観がある」と云うにきまって居る。道元が「坐禅箴」や何かで同じような事を、繰り返し繰り返し、力を極めて主張するのも、実に血滴滴地(けってきてきち)の老婆心切に外ならぬのである。汎神と云わずに個神と云えば、いくらか道元及び祖祖の意に称うところあらんも知れぬ。「回頭換面の面面」、「換面回頭の頭頭」など云うのは、必ずしも同一事実の重言再叙ではないのである。一回挙著(こじゃく)すれば一回新(あらた)なりで、個は上から見ても下から見ても左右前後から見ても、寂然不動で而かも大用現前ならざるときはないのである。ただ此処に最も緊切にして欠くべからざる一事がある。それは知である。知は肯または肯定である、承当(じょうとう)である。これがないと、個は分別識上の一泡沫でしかなくなる。

潭州招提寺の慧朗(えろう)禅師は石頭(せきとう)の希遷(きせん)(西暦七〇〇―七九〇年)の弟子であった。あるとき

石頭に尋ねた、

朗、「如何是仏。」

頭、「汝無仏性。」（お前には仏性はない。）

朗、「蠢動含霊又作麼生。」（むしけらと云うようなものにはありましょうか。）

頭、「蠢動含霊却有仏性。」（そんなものにこそ仏性はある。）

朗、「慧朗為什麼却無。」（自分にないとは如何なるわけでしょう。）

頭、「為汝不肯承当。」（これと云って自ら肯わないからだ。）

〔朗、「如何なるか是れ仏。」

頭、「汝に仏性無し。」

朗、「蠢動含霊〈あらゆる生き物〉又た作麼生。」

頭、「蠢動含霊、却て仏性有り。」

朗、「慧朗、什麼と為てか却て無し。」

頭、「汝が肯えて承当せざるが為なり。」〕

蠢動含霊は何も知らぬが、その生活の上に「仏性」を行為せぬ時は一刻もない。が、人間は禽獣虫魚でない、彼等の如くに「仏性」を生活し行為するわけにいかない。人間がエデンで一たび「知識」の果実を味わって以来、肯心自ら許すところがなくては、人間と云うことでなくなった。是非なき次第ではあるが、これが実に人間のこの上もない祝福なのである。「汝が肯えて承当せざるがためなり」で、この承当の在るところに人間がある。人間の無上の幸がある。

雪峰義存（西暦八二二―九〇八年）と云うは唐末における大禅匠の一人である。僧の海山から来たのがあったので、それに尋ねた、

峰、「海山有何言句。」（海山和尚はどんなことを云って居るかな。）

僧、「某甲曽問、如何是祖師西来意、海山拠坐。」（祖師西来意を尋ねましたら、海山和尚は別に何も云わず、その坐にじっと落ちついて居られました。）

峰、「汝肯他否。」（お前、それで海山を肯ったか、どうだ。）

僧、「某甲不肯他。」（自分は肯いませんでした。つまりわからなかったと云う意。）

峰、「海山古仏。汝速去懺悔。」（海山はありがたい仏さまのようだ。お前、はやく戻って懺悔するがよい。）

〔峰、「海山、何の言句か有る。」

僧、「某甲し曽て問う、如何なるか是れ祖師西来意、海山拠坐す。」

峰、「汝じ他を肯うや否や。」

僧、「某甲し他を肯わず。」

峰、「海山は古仏なり。汝じ速やかに去りて懺悔せよ。」」

この問答で肝要なところは「海山拠坐」に在る。この拠坐のところに「一切処において本処を動かず」と云う兀坐の端的を認めなくてはならぬ。これが認められぬ限り、禅の領解においては一歩を進めるわけにはいかない。「拠坐」があって、而して「肯他」がなくてはならぬ。肯他はやがて自肯である、自知である。而してこの知は宏智の「不触事而知」〔事に触れずして而して知〕るの知であることを記憶すべきである。ここで宏智に遷るべき時刻が熟したとしておく。

シナの文学者は対句を作るに異常な努力を払った。「鏤刻駢偶」と云うこともある。これがために文学の精神方面が閑却せられたことは事実であろうが、美しく麗わしく如何にも巧を極めた文字は、啻に文学の上だけでなく、日常生活の中にもしみこんで居るのが、深く吾等の興味をそそるのである。漢字そのものが特殊の形体を取って発達して来たので、対句の作成も、形の上からの影響も鮮からぬと信ぜられる。宏智の「坐禅箴」の如きも、隔句対を巧みに組み合せて一篇の珠玉を彫琢して居る。道元はまた宏智の跡を逐いながら、彼に拮抗せんとの意気を以て、大に自家底を発揚して居る。今両者を比較して見ると、宏智のは知に主点を置くようであるが、道元のは形に傾く如く感ぜられる。前者のを認識論的とすれば、後者のを存在論的と見てよい。何れも坐禅・兀坐・非思量などのところを中心として居るのであるから、自ら臨済禅の如き馬上に颯爽たる将軍の風姿を見ることがない。馬祖の一喝に百丈は耳聾すること三日と云うような風景に接することがない。各〻その家醜を揚げて居るので、禅の内容の豊富性が十分にわかる。

宏智の「坐禅箴」が知を主として居ると云うのは、「事に触れずして知り、縁に対せずして照らす」と云う、対句で、仏祖の要機、即ち坐禅の当体を説かんとして居るからである。事に触れずとか、縁に対せずとかは、対象的でないと云うことである。吾等の分別識なるものは、何れも能所の二つに分れる、これが分別の分別たる所以なので、これがなければ知識なるものは成立せぬ。しかし禅で云う知はそんな知を云うのでなくて、対偶を絶した、個多で限られず、事の世界へ出ないところにはたらく知である。この知を道元は解して左の如く云う、

「知は覚知にあらず、覚知は小量なり。了知の知にあらず、了知は造作なり。かるがゆゑに知は不触事なり、不触事は知なり。遍知と度量すべからず、自知と局量すべからず。その不触事といふは、明頭来明頭打、暗頭来暗頭打なり、坐破嬢生皮なり。」

これほどはっきりと禅の知を釈明した文字はあるまいと思う。実に委曲を尽して知の何たるかを描写して居る、「知は覚知にあらず、覚知は小量なり」とは、禅の知は限られたものでないと云う義である。覚知は何か向うに物があってそれに対する知識である。普通に云う分別識による認識である。禅の知は分別識上の知識と全くその次元を異にして居る。了知の知は造作なりと云うは、了知も覚知も同じ事で、そのはたらきには何か目的をもって居る、作為性のものがある。「不触事而知」の知のように、知而無知、無知而知――無分別の分別、分別の無分別――と云い得べきものがない。了知の了は了別であり、覚知の覚は念起である。自ら小量であり、また遍知と考えられることもある。遍知と考えても、遍には不遍が対立する、遍と不遍とは大小遠近などと、度量を容れて始めて考えられる観念である。如何に遍だとか全体だとか云ってもそれは度量の外、計較の外に出られぬ、依然として局量性を持ち、随って造作性である。禅の知は全知または遍知の知であってはならぬ。それからまた禅の知は自知でない。自知は今日の心理学者などの云う自覚に相当する。自覚にはやはり対象がある、局限せられて居る、無対象――不触事――不対縁の知ではあり得ない。禅の知は度量の限りではないのである、無媒介性である。それで普化(ふけ)が「明頭来明頭打、暗頭来暗頭打、四方八面来旋風打、虚空来連架打」（明頭来(みんとうらい)や明頭打(みんとうた)、暗頭来(あんとうらい)や暗頭打(あんとうだ)、四方八面来(しほうはちめんらい)や旋風打(せんぷうた)、虚空来(こくうらい)や連架打(れんがだ)）と云ったように、自由自在、どこにも滞らぬはたらきが出るのである。而してこの知は、時間や空間に限られたこの嬢生の面皮を坐破するときに始めて照りわたるのであるから、坐禅は身心脱落、脱落身心と云われるのである。

宏智は更にこの意を展べて、「その知自ら微なり、曽て分別の思なし」と云う。ここで彼は禅の知の分別でないことを明示して居る。これは云うまでもない。ところが、道元の註釈に少し目先のちがった転開がある。それは知を形に換えたところである。道元の「坐禅箴」が宏智と違うのも此処である。宏智は力点を専ら知の上におく如く見られるのに反して、道元は山河の形を点出する。

「其知自微、曽無分別之思。思の知なる、かならずしも佗力をからず。其知は形なり、形は山河なり。この山河は微なり。この微は妙なり。使用するに活鱍鱍なり。龍を作するに禹門の内外にかかはれず。いまの一知わづかに使用するは、尽界山河を拈来し、尽力して知するなり。山河の親切にわが知なくば一知半解あるべからず。云云。」

「その知は形なり、形は山河なり」と云い、また「いまの一知わづかに使用するは、尽界山河を拈来し、尽力して知するなり」と云うところ、これは道元の創意である。宏智はそこまでは言及して居ない。「山河の尽力」「山河の親切」などは、今日の思惟方法では、如何にも聞き馴れぬ表現であるが、ここに道元の大に力を入れて居るところがある。知と形とは相分つべからざるところのものである。形の世界、個多の世界を亡くしては知は成立たぬ。知は無知の知、無分別の分別ではあるが、この無知、無分別は個多の世界で始めて可能なのである。而して個多そのものがまた無知の知を待って始めてその実在性を保任していけるのである。一が他から出ると云うのでない、「かならずしも佗力をからず」である。が、一がまた他であると云うわけでもない。ここに禅の知がある。それ故、知は知で、また形である。道元の見処は実にここに在ると云ってよい。

知と形と円融無礙し、回互自在なる姿を、魚の水に躍るところに看取し、鳥の空に飛ぶところに看取するのが、宏智である。道元の註釈は誠に能く這裡の消息を伝えて遺憾ない。

「水清徹底兮、魚行遅遅。水清といふは、空にかかれる水は清水に不徹底なり。いはんや器界に泓澄する、水清の水にあらず。辺際に涯岸なき、これを徹底の清水とす。魚もしこの水をゆくは行なきにあらず。行はいく万程となくすすむといへども、不測なり、不窮なり、はかる岸なし、うかぶ空なし、しづむそこなきがゆゑに、測度するたれなし。測度を論ぜんとすれば、徹底の清水のみなり。坐禅の功徳、かの魚行のごとし、千程万程、たれか卜度せん。徹底の行程は、挙体の不行鳥道なり。」

道元によれば、宏智の底に徹する清水は、底なく涯なき無分別の世界である。この世界に分別の個魚が泳いで居る。この個魚は無分別の分別であるから、いく万程すすんでも、測度すべき物も人もない。そんなら個魚は無かと云うと、「水をゆくは行なきにあらず」である。されば、魚の個は個にして個にあらず、行は行にして行にあらず、徹底の清水は、「はかる岸なし、うかぶ空なし、しづむ底なし」である。これが「徹底の行程」である、更に云い換えれば、「挙体の不行鳥道なり。」(天桂は「の」の字恐くは衍と云う。)宏智の本文は「魚行遅遅」である。遅遅——形容の妙を極む。没蹤跡とも遍界不曽蔵とも云わずに、魚行遅遅たりと云う、禅はいつも個多を離れないで居る。

「不行鳥道」——鳥道を行かず——については左の因縁がある。僧あり、洞山良价に問う、

僧、「師尋常教学人行鳥道、未審如何是鳥道。」(いつも鳥道を行けとおっしゃいますが、その鳥道とは何でありますか。)

山、「不逢一人。」(誰にも出逢わぬところ、これが鳥道じゃ。)

僧、「如何行。」(どんな塩梅に行くのですか。)

山、「直須足下無糸去。」(細い細い糸でも引っかけて居たら、だめだ。)

僧、「只如行鳥道、莫便是本来面目否。」(それが本来の面目と云うものですか。)

山、「闍梨因什麼顛倒。」(何だ、とんでもない話になったな。)

僧、「什麼処是学人顛倒。」(どこがとんでもないのでしょうか。)

山、「若不顛倒因什麼認奴作郎。」(どうかして居ないと云うなら、なぜ身分の卑しいものを旦那扱いにするのだ。)

僧、「如何是本来面目。」(それなら本来の面目はどこにありますか。)

山、「不行鳥道。」(空行く鳥は跡を止めぬと云うが、そんなことさえせぬ人――それがそうだ。)

〔僧、「師尋常ろ学人をして鳥道を行かしむ、未審し如何なるか是れ鳥道。」

山、「一人に逢わず。」

僧、「如何にか行く。」

山、「直に須らく足下に糸無くして去れ。」

僧、「只だ鳥道を行くが如きは、便ち是れ本来の面目なること莫からんや否や。」

山、「闍梨、什麼に因りてか顛倒す。」

僧、「什麼の処か是れ学人の顛倒。」

山、「若し顛倒せずんば、什麼に因りてか奴を認めて郎と作す。」

僧、「如何なるか是れ本来の面目。」

山、「鳥道を行かず。」

道元は「空闊莫涯兮鳥飛杳杳」に対しては次の如く云って居る。つまり、前の句だけで沢山なのであるが、対句ずきの漢人は、魚と云ったら鳥、天と云ったら地、山と云ったら河、白雲と云ったら青山と云う工合に、バランスがとれぬと承知しないのである。しかし道元の註にはまた頗る新鮮で独創なところがある、前句と相応して吾等を啓発するのである。

「空闊といふは、天にかかれるにあらず。天にかかれる空は濶空にあらず。いはんや彼此に普偏なるは濶空にあらず。隠顕に表裏なき、これを濶空といふ。鳥もしこの空をとぶは、飛空の一法なり。飛空の行履はかるべきにあらず。飛空は尽界なり、尽界飛空なるがゆゑに。この飛、いくそばくといふことしらずといへども、卜度のほかの道取を道取するに、杳杳と道取するなり。直須足下無糸去なり。空の飛去するとき、鳥も飛去するなり。鳥の飛去するに、空も飛去するなり。飛去を参究する道取にいはく、只在者裏なり。これ兀兀地の箴なり。いく万程か只在者裏をきほひいふ。」

大体は魚行も鳥飛も同じことであるが、ここで殊に読者の注意を惹くのは、鳥飛は空飛であると云う思想である。而してこの空飛は尽界の空飛であると云う。それでこの飛は卜度計較の限りでないのである。もし強いてこれを道取せんには、「只在者裏」〔只(た)だ者裏(しゃり)〈ここ〉に在り〕で、この蒲団上を離れないと云うより外ない。無分別の分別の姿が坐禅である。坐禅は大用現前である。魚行の遅遅に対して鳥飛の杳杳たるを云う。何れも深き体験がないと、かくの如き表現はできない。道元はここで「魚行似魚、鳥飛如鳥」〔魚行(ゆ)いて魚に似たり、鳥飛(と)んで鳥の如し〕と対句す。道元もよほど骨折って考えたものに相違ない。禅者の坐禅の姿は坐禅に似たりではおっつかぬ。

道元の「坐禅箴」の宏智の「坐禅箴」と異なるところは、初めの対句に既に現われて居る。宏智は「事に触れずして知り」と云い、道元は「不思量にして現ず」と云う、現は知に対して存在的意味をもつ。「縁に対せずして照らす」には、「不回互(ふえご)にして成ず」がある。照と成とにも前句の如き対峙が読まれる。それから道元には「曽て染汚(ぜんな)なし」及び「曽て正偏(しょうへん)なし」の対句がある。何れも知的と云わんより存在論的傾向を持って居ると見られよう。「委することなくして脱落す」は、確かに道元自身における身心脱落の体験を反映して居る。その個身が委頓せぬままで脱落し、脱落身心で而かも不回互にして成じて居るではないか。「其証、図ることなくして功夫す」は、修証不二を坐禅の姿の上に見るものである。坐禅はそのままでは証でない、その中に修がなくてはならぬ。しかし修は証を図っての修——功夫——でない。坐禅の上に計（はから）いのない計いのあることを知らねばならぬ。日用光中の行住坐臥・運用作為は、無限の如去如来、無罣礙（むけげ）の兀兀地であって、而かもその上に善あり悪あり、正あり邪あり、美あり醜あって、因果歴然、業の世界、歴史の世界は少しも頓壊しないのである。誤って坐禅を以て只麼（しも）無為の禅坐となすことなかれ。

第二篇　禅行為

無功用の行為――無作の作

禅窮極の経験事実は、論理的に見て、無知の知、無分別の分別と云う形で出来て居ると云うと、禅はただそれだけのことで、その中から倫理も宗教も出てこぬように思われもしよう。実際そんな考を持って居るものもある。例えば宋儒の如きはそれである。日常の行事を規定するものが禅にないとか、高遠な論理はあっても、卑近の生活はただそれだけでは動かないとか云う批評はよく耳にするところである。ある点ではそれもそうだと云える、その実は決してそうではないのであるが。

それは何故かと問うに、禅はどうしても知識人でないといけないように考えられる。学問のないもので禅者となったのもあるにはあるが、而して学問は時によると却て禅の了得を妨げると云われもするが、事実上修禅は知識のあるものの方がよい。元来何事によらず、思想の背景がないと、視野が狭くなり、信仰が衰萎し、人間が偏枯になって、世間の役に立たぬ、またそれでは自分をも十分に救われたとは云われぬ。宗教は信だ、知識は不要だと云うかも知れぬが、事実はそうでない。知識・思想・反省は、何につけても人間としては欠いてはならぬ。

禅は無分別の分別を宗となすと云うのはただ論理の上の事ではないのである。禅は実に用を離れては何もないのである。無分別の分別は行を意味する、行の論理である、即ち禅は用の論理である。大機大用のないところには禅はないのである。謎見たいなことばかりが禅であり、無知の知を云わぬと、禅は成り立たぬと思うのは、大なる間違である。禅は揚眉瞬目、咳唾掉臂、屙屎送尿のところにありとすれば、天下国家を料理するところは云うに及ばず、各ゝその職域を守りてその務めを果すところにもまたありと云わねばならぬ。即ち政治の上にも、社会生活の上にも、民族相互の交渉にもまた禅ありと云うべきである。

但ゝ禅は一、一の個化した事象につきて、一定の理論・思想・指導方針を持って居ると云うのではない。一定の所与の事件を処理するに当りては、当局の人各ゝその分別智によりて意見を異にすることはあり得る。禅の寄与するところは、是等分別の思想を働かす原理だけなのである。この原理を無功用または無功徳と云うのである。知の上で云うときは、無知の知または無分別の分別であるが、行の上では無功徳の功徳、無用の用である。

無功徳　無功用、または無用、または無功徳は禅の行為的原理である。禅はこれで吾等のすべての行為を生かして行こうとする。無功用は印度伝来の言葉で anābhogacaryā がもとの梵語である。漢土へ来てからは、有名な達摩大師の無功徳がある。それ以前には荘子の無用の用がある。しかし荘子の無用論は今ここで云うところの無功用などと違う。無用の用はむしろ保身の方便で、一種の処世術である。仏教家及び禅者の無功用は宗教的意識の最も深いところから出て居るので、これが実に東洋的及び日本的人生観の基本原理を構成して居ると考えなければならぬのである。

達摩と梁の武帝の対話は歴史的に事実であったか、なかったかは疑問としても、両者の間に取り交わされたと考えられて居る問答は、実に禅を思想の上、行為の上に、基礎づけて居るところのものである。達摩は聖諦（しょうたい）第一義は何かと問われて、不識と答え、寺を建て僧を度しお経を読むと何の功徳があるかと問われて、無功徳と答えた。この不識が禅の思想または哲学であり、無功徳が禅の倫理であり、宗教であると云ってよい。不識の論理は無知の知、無分別の分別である。これは他処で説明するとして、ここでは無功徳即ち無功用の宗教倫理を少しく語る。

無功用的行為は報（むくい）を考の中に入れぬと云うことである。こんな仕事をすればこんな報があると云って、その報の方を仕事そのものより余計に考えることは、無功用的行為ではない。もっと厳粛に云うと、仕事だけを考えてその外一切の事を考えぬのが、それである。今の場合この事は為すべき事であると云うことに筋がきまれば、ただその事を行じて、その他一切の利害得失を考えぬこと、これが無功用である。

超個我　しかしここに留意すべき一項がある。それは利害得失と云うことだが、これは行者自身の利害得失を指すのである。自分の所属である集団の利害得失ではない。宗教的行為なるものは、いつも個を超えたところから出る。行為そのものは個の上に基礎をおいて居る。それは然（し）かあらざるを得ないので、これは否定出来ぬ。個は厳然たる事実である。しかし個の行為は——それが宗教的である限り——いつも個を超えたところから出なければならぬ。分別論理の上で、個を基礎とした行為と見られるものでも、その行為の主体は個を超えて居るとの意識がなくてはならぬ。宗教的行為にはいつもこの超個の意識がある。超個の意識は無分別の分別である。これは報を求めない、また個を目的論的実体と考えない。個は在る、これは打消されない。が、個は超個によって在るもので、個自体としては独立のものでない。これはしかし個を夢幻視するのでない。すべての行為は個の行為である限り、個は在る、無ではない。

個の行為は物理的・機械的・蟻蜂集団的・本能反射的行為ではない。個の行為は自由意志に基づく創造性を具有して居る。ここに人間の尊貴があり、威厳がある。個として自由意志の主体であるから、人間は自分を超えたものを意識し能うのである。而してこの意識の故に人間は個個自分の行為に対して責任を担うことが出来るのである。超個的主体の意志を本能的・反射的に行為するのでなくて、それと個たる自己との意志的矛盾を飽くまで自覚して、而かも自分をそれに捧げるところに、人間性が認められなければならぬ。これが人間としての自由性・創造性、及び個としての実在性と云うべきものである。是等の性格のないところには、蟻群があり、蜂群があるが、人間の集団生活は有り能わぬのである。

超個者の意志はそのままで実現せられるものでない、必ず個者を通さなければならぬ。しかし個者は前者の目的を遂行するところのただの機械ではない。個者は自由意志の所有者として、自己の判断によりて超個的意志を意志するのである。個者は個者としてどこまでも自由でなくてはならぬ。選択の分別智とその結論の実現とは個者の上になければならぬ。それが個の個たる所以だからである。

個と超個との矛盾　個と超個とは矛盾するように出来て居る。この矛盾は脱却せられぬもの、解消せられぬものである。矛盾を矛盾としてそのままに受け入れることが脱却であり、解消である。般若の論理はそれを即非と云う。即非の論理即ち無分別の分別は、それ故に、行為の上ではいつも悲劇とならざるを得ぬ。それが喜劇となるのは、行為を離れて、純粋に知的立場を取り得るときである。一般に人間の実際生活は悲喜両劇の交錯である。ここにもまた人間の自由性が認められる。

国のために死んだと云う、人のために身を殺したと云う。超個者自身の側からすれば——そんなことが云われるなら——それは問題にならぬことである。それから個者の心に動いて居る超個的意志からも、それは当然の事件で、何も彼是云うべきでない。当事者は固よりの事、その集団所属の他の人々から見ても、身を殺して仁を成すは、固よりしかあるべき事で、何もそれがために悲しむ要は少しもないのである。しかし人間はこんな実例を見ると、手を叩いて喜ぶことをせぬ、頭を垂れて泣く。何のために泣くのか。人間仲間には悲壮と云う言葉がある。論理的矛盾は行為的には悲壮である、または義烈である。こんな言葉の聞かれる限り、人間は個であり、自由であり、創造的である。

封建時代には義理と人情と云った。人情は個所属であり、義理は超個者である。今日ではまた別の言葉を使うであろう。言葉は時代で違うが、行為的矛盾即ち悲劇は永遠に相続する。人間は泣くために生れたと云ってよい。またこれを人間の業とも云う。

矛盾と芝居　超個者は何故に個を通さなければ、その意志を実現し能(あた)わぬか。個は個としての自由意志の所有者でありながら、何故に超個者の意志を顧みなければならぬか。これはわからぬ、不識と云うより外ない。禅者は不会とも云い、また「露柱(ろちゅう)に問取(もんしゅ)せよ」とも云う。こんな問では答えられぬのが本当である。何となれば、それは即非の論理に徹底しないところから出る問だからである。個と云うものの性格が元来そういうことに出来て居るのである。山はこれ山で、そのままをそのままと肯定するより外ない。科学的に、分別意識的に、いくら分析を進めても最初の一歩より一ミリも外に出(い)で能わぬのである。

個と云うときに、もう既に矛盾がある。超個と云っても同じ事である。一句道(い)えばもう第二句に落ち居る。如如は既に如如でないのである。それが人間なのである。反省・批判・分析・記憶・比較など云うことが可能になったときが、悲劇の始まりである。なに故に超個者の意志と個者のとの間に衝突があり相殺があるかと尋ねても、論議は決定して決著の期あるべからずである。これを何かで決著したいと思うたものが、芝居の創作者である。論理の上で何とも解消出来ぬので、矛盾をそのままに舞台の上に載せた。

自分の行為を自分から離脱させて、その中に含まれて居るあらゆる矛盾――悲劇――を鑑賞しつつ、笑いもし、泣きもする。人生の謎――人生を謎だとすれば――こんな風に解消するより外にないのである。

そうしてそれで悪いでもない、善いでもないのである。柳は緑に花は紅。雲は嶺頭に在りて閑不徹、水は澗下に流れて太忙生である。

超個の論理　超個者が個を通して始めてその意志を実現し能うと云うことは、超個者はそれ自身として存在し能わぬと云う意味である。超個が超個として存在することは、超個でなくなることである。それ故またそれ自身の意志を持つことが出来ぬのである。超個はどうしても個を通さなければならぬ。この意味は、超個は個を頼ると云うことではない。頼るとすれば、超個は個の位に下ることになる、個多の一となることである。超個は超個だが、それは個の外にあるのでもなく、またその中に在るのでもない。超個と個の関係は超越でも内在でもない、また超越で内在とか、内在で超越とか云うことでもない。

超個は超個でそのまま個多であり、個多は個多としてそのまま超個である。かくの如き関係は、一般論理では云われぬものと思うが、どうしても今の処そうとしか考えられぬから、論理の方をこれに順応するよう作りかえなくてはならぬ。

話を個の方から進めると、個多の存在は超個を考えないと不可能になるのである。個多と云うそのことが個多ならざるものを見て、始めて云えるのである。個多ならざるものが、その中またはその外に在って個多が個多であり能うと云うのでない。外とか中とか云うと、そう云われるものは、また個の姿で受取られねばならぬようになる。それは唯々論理的要請で、別に空間的・時間的に超越とか内在とか云うのでないとも云われようか。そうすると、個多と云うことも、また論理的要請で、どっちの要請がどっちの要請を要請するのかわからなくなる。

それで、どうしても、禅者の云うように、一遍、根源的禅経験とも云うべきものを通過してこなくてはいけないのである。話をこの点から進めると、個多の意志がどういう意味で超個底になるかの了解がつくのである。了解と云うのは、必ずしも哲学的了解と云う意味でなく、ただ平たくわかると云うことに取ってほしい。哲学的にこのわかるを論理づけることは、専門家に一任して可なりである。

無功用的行為　個多としての自分の意志が無功用的に行為せられると云うは、どんな意味であろうか。報を考えぬと云うはどんな事か。個である限り因果がある、因果の分別に縛せられざるを得ぬ。即ち一、一の行為には必ずそれについてくる業報がある。而してその業報は、一切の行為が個的である如くまた個的である。無功用的行為と云うものはあり得ないではないかとも云える。無功用的行為と云うことは、それ自身に矛盾を包んだ言葉であろう。

無功用とは、世間一般の言葉で云えば、客観的に、目的論的に、行為の効果を、行為者そのものの上につきて考えぬと云うことである。これがどうして可能かというに、すべての行為は個多から出るが、その個多各自の主体が無分別の分別であるとき、――即ちこの自覚に徹したとき――その行為は無功用的なものとなる。それは無分別の分別の自覚に徹するとき、個は個たる性格を失わぬが、そのままで超個者であると云う意識がでる。個は個で、そのままで、超個であるとき、その個はすべての行為を無功用的なものにするのである。すると云うと故意に聞えるが、自然にそうなのである。

この時、個は道具でなく自由意志の主体である。本能的・反射的行為の能動者（エゼント）でなくて、自分を自分で規制し主宰して行くところの創造者である。この人の一、一の行為は機械的繰り返し、または昆虫的オートマトンでなくて、自由なる人間の行為である。そこに働いて居るのは固より個である。しかしその個は超個底である。即ち個であって個でない。個以外の何ものでないと云うところに、独自の面目を躍如ならしめて居るが、それと同時に彼は超個の意志で働いて居る。超個はその意志をこの特定の個の意志として、彼が手脚・軀幹を通して実現させて居る。これは没我でも滅私でもない。個の意志の自由な肯定である。これを無功用的行為と云う。宗教的生涯はこれから始まる。滅私とか没我とか云う消極性のものには、まだ超個性は見えて居ない。その行為には一種の無理が伴う。近時人の云う「個人主義」がまだとれぬ。

孰れか夢幻　上来の所述で見ると、超個者なるものは、如何にも夢幻性を帯びて居るように考えられよう。如何にもその通りである。それは個多を感覚的対象として、それが実在で夢幻でないと考える立場からは、超個は夢幻かまたは単なる観念でしかないと見られよう。しかしこれを逆にして、立場をまずその超個の上においてそれから個多を見ると、その方が却て夢幻泡影性を多量に持つことになる。吾等の経験事実は、何れを何れと云うことなしに、個も現実、超個も現実と見るのである。それ故に、両者の間に矛盾が如何にも峻厳な現実性を以て、人間日日の生活の表面にまで顕われてくるのである。

「我あり」と云うその我は個と見るべきか、超個と見るべきかと問われ得ると思う。自覚そのものから云うと、何れでもありと云い得べく、また何れでもないと云い得られる。あるものは自覚の主体であるが、これに対して何かの分別を加えると、個多とか及びそれを超えるものなどと云わなくてはならぬ。しかし自覚の主体と云うものが認められる限り、既にそこに分別があることになる。それで無分別の分別と云うことを云わなければならぬのである。

分別すれば矛盾は当然の帰結である。しかし無分別は無分別で終始せられるものでない。無分別は分別せらるべきである。而してその分別はまたいつも無分別を省みて居なければならぬのである。般若哲学の「色不異空、空不異色、色即是空、空即是色」は実にこの論理的交加性を道破したものである。禅家はこれを次のように歌う、

色空不二法門裏、　色空不二法門の裏、
跛鼈払眉立晩風。　跛鼈〈足を引きずるスッポン〉眉を払って晩風に立つ。
（白隠『荊叢毒蘂拾遺』）

これでは益〻わからぬと云われようが、無功用的行為は実はこのわからぬところから出てくるものである。個多の世界はわかりすぎるとも云える。超個が個多へわりこんでくると云ってもよし、個多が自分を無にして、その舞台を明渡したと云ってもよい。

宗教的行為は、どうしても一たびこの境地に対する自覚が得られてからである。

超個と無我　仏教者は我執(がしゅう)を去れと云う。我(が)と云うものは始めから無である、それに執著するから、次から次へと、ひっかかりが出来て、泥田へ足をつきこんだように、動きがとれなくなる。我を去れ、即ち我はないものだと知れ、そうするとそこから自然と浄行が出て来ると教える。これが仏教の無我観である。

無我観も結構であるが、それからは無功用行は生れない。無我はまだ分別線上に彷徨して居る。本当の宗教的行為はこの線を突破してからでないといけない。即ち無分別の分別を体得して、因果の業繋(ごうけ)なきところまで驀進(ばくしん)しなければならぬ。因果のないところは、報のないところ、そこに「心無罣礙(しんむけげ)」の世界がある「無礙(むげ)の一道」の開けゆくところである。「挙頭残照在、元是住居西」(頭(こうべ)を挙ぐれば残照在り、元(も)と是れ住居の西)(『碧巌録』三十四則、評唱の句)で、所謂る自然法爾(じねんほうに)、これが無功用的行為である。

個多だけの生活だと、経済・政治・科学などの外に何もなくなる。無我はこの種の生活に対して反省を促す機会を作る。しかしそれ以上に出ない恐れがある。退隠的・独善的・羅漢的・出世間的生活が喜ばれるだけでは、人間としての全般的生活の真意義が見失われる。羅漢的生涯も必ずしも黜(しりぞ)くべきでなく、今日の如き世界には、一種の清涼剤的功用は確かにある。が、人間は何か積極性なものを要求する。要求するだけでない、我の破れたところから超個が自ら現われて来る。これが働かねばならぬが、単に死んだ個では蘇息させようにも、施す方術がなかろう。個は個として生きて居なくてはならぬ。それで菩薩は煩悩を全滅させない、煩悩即菩提として、煩悩を活かして使う。これが小乗に対する大乗の立場である。

それで白隠は曰う、

一切衆生生滅心。
直維諸仏大涅槃。
木鶏含卵立棺木。
瓦馬逐風帰本貫。

一切衆生の生滅心は、
直きに維れ諸仏の大涅槃。
木鶏〈木彫りの鶏〉卵を含んで棺木〈棺おけ〉に立ち、
瓦馬〈素焼きの馬〉風を逐うて本貫〈本籍地〉に帰る。

（荊叢毒蘂拾遺）

無功用　「無功用」と云うところが、印度式である。基督教では左(右)の手でしたことを右(左)の手に知らすなとか、今日の事は今日で足りる、明日の事を思い煩うなかれとか云う。表現の言葉は違うが、その意の在るところは異ならぬ。但ゞ表現の言葉の違うところに、各民族の思索の方法に特性のあるのが窺われる。

無功用をまた無作の作とも云う、論理的に云う無知の知である。無作の作は印度的行為観または人生観の中心思想を構成して居るので、『薄伽梵の聖歌』――これは印度人のバイブルである——の基調もまた無作の作である。無作の作とは、個多が自らの自由意志・創造意志で、不束不縛的に、超個の意志を行ずることである。超個の意志はそれ自らでは現実化せぬ。現実化せぬ限り、単なる夢幻性のものに過ぎないと云える、無為無作だと云える。が、それが個多の意識に映ると、その映り方の強度または濃度の如何によりて、個多を動かして行為となる。即ち有為有作となる。個多はそれが自由意志の所作である如く感ずると同時に、その力の湧き出でるところは、どうも自己以上であることを自覚する。即ちこの自覚のところから、その行為を見て、無作の作と云うのである。作は個多から出るが、その作は個多を超えるところに、その発生地をもっと感ぜざるを得ざるとき、作は直ちに無作である、無作の作である。

無作の作を——無功用の行為を——獅子嚬呻三昧または獅子奮迅三昧と云う。

三　昧　三昧は梵語でSamādhiである。正受と普通に漢訳するが、三昧の原語の方が通って居る。三昧は正しく受けるで、観るものと観られるもの、主と客、能と所、我と対境とが、両鏡相対してその間に影像なしという関係を云うのである。禅者に云わせると、胡来胡現、漢来漢現「胡来れば胡現じ、漢来れば漢現ず」である。美術鑑賞家が、美しき作品に見とれて、自分もなく、作品の創作者もなく、ただ美そのものになって居る境地、これが三昧である。

希臘（ギリシア）のある彫刻家は、自分が刻んだ像が出来上るや、その前で礼拝したと云うことであるが、無作の作の妙境にはいったものである。彼は自分を通して現実化した超個の美神の前に拝跪（はいき）する。ある意味で云えば、彼はオートマトンであった。しかしそれと同時に彼は人間であった、個であった。それ故、彼が打ち下した一、一の鑿の跡は悉く個たる彼の意識から出て居る。が、その意識全体を無意識の意識で指導したものは、彼の個を超えたものである。彼が現実化しようと目ざした対象と彼とは正受して居る、胡来胡現、漢来漢現して居る。彼が鑿を下しつつあった一刻一刻がこの三昧の境地であったが、全体の作品が出来上って、それが彼の前に新たな対象として立ったとき、彼は始めて自己の個に復って、それに対した。超個が個か、個が超個か——無作の作、作の無作——無分別の分別、分別の無分別——彼は覚めたもののように自作の前に打ち伏した。ここに人間がある。草でもない木でもない、犬でも猫でも、蟻でも蜂でもない人間がある。

三昧に入ることが出来、三昧を出ることが出来る——これは神には不可能である。人間だけが享有し得られる特権である。この特権を自覚し得るだけでも、人間に生れた甲斐があると云える。人間の運命のいかに儚（はか）なきもの、いかに惨めなもの、如何に情なきものなるにも拘わらず、無功用的行為の妙処に徹し得た一時は、何ものをも償って余りあると云ってよい。一念の念仏に百千万億劫の罪業が亡びると云うのも、またこの意に外ならぬではないか。

道徳的と宗教的　道徳的行為にはいつも限られたものが附き纏う。十分の意味で、超個なるものを具現し得ない。これはどうしても宗教的生涯にはいらぬと不可能である。両者は矛盾しない。丁度、著衣喫飯（じゃくえきっぱん）が宗教的行為であると同時に、人間の生理的・生物的・社会的行為であるようなものである。矛盾または衝突は、著衣喫飯を先きにして、その中にある宗教的意味を埋却し去らんとするときに生ずる。著衣喫飯を著衣喫飯として、それ以上またはそれ以外を云わず、殊にその宗教的意味などと云うことにも説き及ぼさず、ただそれだけにして、饑（う）えて食を喫し、寒くして衣を重ねて行けば、それでまた大に可なるのである。ところが、宗教的意味なるものに一たびも逢著しない、または逢著し得ないものが、そこにある宗教的意味を否定せんとするときに、悲劇がおこる。

宗教的行為と道徳的行為なるものが区分せられて、その間に何等かの波瀾が起るとすれば、その波瀾のおこし主（ぬし）は、必ず道徳的行為の外に、または中に宗教的意味あることを会得せぬ人の側からである。個多の世界に宗教的意味あることを認め得た人々は、限られた道徳的世界にも入り得るのである。それでその世界の万象を宗教的認識の眼で見て行く。宗教と道徳との矛盾も自ら解消せられるのである。

道徳的超個は宗教的超個ほどに無限定的たるを得ないのである、いつも何かの限界を作ってその中に自らを見る。それ故、宗教的超個は道徳を摂し得るが、道徳的超個は自らを宗教の中に入れることによって、その真実性を全うし得る。これに反する場合には、道徳の永遠性・普遍性・真実性は成立しない。道徳は地方的・一時的・機会的・当座間に合せ的になり了するのである。時には非常な危険性さえも帯びて来る。

各種の経験に知的批判の必要なることは、これでもわかる。

獅子王嚬呻三昧　仏教では三昧に百千億無量の三昧があると云う、それはその通りである。吾等人間だけの行為でも一、一数え上げれば無量であろう。しかし一、一の数に刻まないで、いくらかの種類に分けて見るときは、個人的・社会的・人間的などと、僅かの部門に摂取せられ得るであろう。それは何れにしても、人間すべての行為を通じて根本的なものがある。それを獅子王嚬呻三昧または獅子王奮迅三昧と云う。この三昧が得られるとき、その人の行為は無功用的なものになる、無作の作であると云い得られるものになる。無功用とか、無功徳とか、無作とか、無為とか云うと、如何にも小乗的・羅漢的・出世間的・非社会的なもののように響き、この世における人間的な行動と没交渉とも考えられよう。が、獅子奮迅と云うと戦国の武人にも似つかわしい、所謂る攻撃的精神に充ちたものとなる。しかし仏者及び禅者の云う獅子奮迅三昧は形相の上で云うのでなくて、所謂る三昧であるから心の上の世界の事である。戦時でも平時でも、著衣喫飯のときでも、国家の大事を決するときでも、人間集団の生活の上に、利用厚生の方途を計画するときでも、悉くこの三昧の力で働くのである。そうすると、個の上に現われる行為は悉く無功徳、無功用等である。万人みな仰ぐことになる。百世を通じて動かぬ天地の大道となる。しかしこれは行為者その人の云うところでなくて、周囲の人または後代の人が評判するところにすぎぬのである。獅子奮迅三昧は、どこまでも三昧そのものである、正受である。

雲門に「如何なるかこれ清浄法身」と尋ねたら、

「花薬欄」

と答えたと云うは有名な話である。花薬欄とは何か。それは籬だときくが、実際は何でもよい。

「恁麼去時如何。」（そのときはどうなります。）（恁麼にし去る時、如何。）

これが引きつづいての質問である。花薬欄は知的である。それだけでは足りぬので、その了解を実行の方面に実現させなければならぬ。それが「恁麼にし去るとき」である。

雲門は答えて曰う、

「金毛獅子。」〔金毛の獅子。〕

この「獅子」は獅子奮迅三昧の獅子である。清浄法身が花薬欄では静寂無為は得られるが、それから大機大用は出ないかも知れぬ。大機大用はそこにないのでなくて、あるにはあるが、「それ！」と云って問者の認識を促がさぬと、彼は清浄の境に沈没し去って行く。ただの獅子でなく、金毛の獅子である故、奮迅の三昧もまた実に尋常一様ならぬもののあることは、道うまでもあるまい。

「百億毛頭獅子現、百億毛頭獅子吼」〔百億毛頭に獅子現じ、百億毛頭に獅子吼ゆ〕と云うと、如何にも凄まじい光景のようであるが、無功用の境地で見れば、何れも一捏を消せずであろう。

臨済の喝　臨済禅に四喝と云うことがある。それは次の如くである。

有る時の一喝は金剛王宝剣の如し。
有る時の一喝は踞地の金毛の獅子の如し。
有る時の一喝は探竿影草の如し。
有る時の一喝は一喝の用を作さず。

こう分けて見ると四つも五つも乃至十も二十もあるかのようだが、それは喝を受ける人の心にあるので、喝そのものから云えば、一喝の用を作さぬものばかりである。『臨済録』の序文の撰者である馬防(ばぼう)——いかめしい官位のある人であるが、禅にも一隻眼(いっせきげん)があったと見えて、序文の終りに、

「唯余一喝、尚要商量、具眼禅流、冀無賺挙」

〔唯(た)だ一喝を余して、尚(な)お商量(しょうりょう)を要す、具眼(ぐげん)の禅流(ぜんる)、冀(こいねが)わくは賺(あやま)って挙(こ)すること無かれ。〕

と云って居る。ここに余された一喝と云うも、畢竟じて一喝の用をなさぬ喝に外ならぬのである。とに角、こんな一拶(いっさつ)は彼によりて与えられた。

しかしその人から見ると、一喝の用をなさぬと云う、いかにもかっぱの屁のようなものが、金毛の獅子の如く、飛び懸って来るのである。獅子奮迅三昧の三昧は、三昧に踞地するものの方に見られるが、奮迅の獅子は、実に、その三昧より溢れ出るものに対して立つところの方に、感ぜられるのである。

金剛王宝剣もその通りである。これを揮(ふる)うものに在りては長空を斬るようなものであろうが、これを受ける方では、実にその個多性を寸断せられる思いがあろう。

宗教的行為にはいつも「用を作さぬ」ものがある。無作の作である。それがそれを受

け入れるものに取りて、却て掀天動地のはたらきと感ぜられる。出るところでは虚谷の声を伝えるようであるが、それの響くところでは実に百雷の一時に落つるが如き趣きがある。妙応無方にして朕跡を留めずと云うのは、無功用的宗教行為の出るところにつきて云われるのである。それ故に、これらは無功用行を説くときには、行者その人の心境を主にして居るものであることを忘れてはならぬ。

羚羊挂角　禅語に「羚羊挂角」(羚羊、角を挂く)と云うがある。羚羊はかもしかだとのことであるが、そのかもしかも自分は知らぬ。この動物は夜寝るとき角を樹の枝にひっかけると云うことである。それで没蹤跡、即ち無功用的行為をこれに譬えることになって居る。没蹤跡は痕を残さぬの義であるから、無目的的である。分別以上のところから出て来る行為が即ちそれである。獅子奮迅三昧は羚羊挂角である。獅子と羚羊とは妙な譬喩にとられるが、ここでは獅子が羊を食うと云うのでなく、また羊が樹の上にちゃんとして居て獅子をすっぽかすと云うのでもない。そんなことには何も関係して居ない。羚羊は羚羊で没蹤跡の無功用行を行じ、獅子は獅子で奮迅三昧の無功用行を行ずる。

次の話は獅子と羚羊ではなくて、猟犬と羚羊とである。これなら話は出来るであろう。雲居道膺はあるとき上堂して曰わく、

「丁度、誰か三貫銭を出して立派な猟犬一疋を買ったが、この犬と云う奴は他の動物の蹤跡をつけて歩いて、猟師の案内をする。ところが、羚羊は角を樹枝に引かけて居るので、その跡をつけるわけに行かぬ。それのみならず、どこにどうして居るかの気息さえ手掛りがないのである。」

こんなイソップ流の寓話みたいなものをやりだしたので、これを聞いて居た雲水坊さんの一人が尋ねた、

「羚羊挂角時如何。」〔羚羊(れいよう)、角(つの)を挂(か)くる時、如何(いかん)。〕

この話は、元来宗教的行為の端的は、無功用・無功徳・無目的論的・三昧的・不知不会的・我不識仏法的なところに在ることを示唆せんとするのである。好猟狗は分別的功徳や合目的論的計較を逐うに巧なだけで、それ以上へは少しも出られぬ。しかし本当に宗教的ならんとするには、個多の分別世界を超えたところを一たび認得しなければならぬ。超個界に一たび足を踏み入れることを羚羊の挂角に喩えたのである。それ故、這僧(この)の所問は超個界の消息は如何と云うと同じ趣旨である。宗教の無功用性はこの中から出てくる。道膺の説法の落ち著くところもまたここにある。それで彼は直ちに答えた、

「六六三十六。」

無功用的行為は数学で解けるのでもなく、また数学から出るのでもないが、道膺の答

は、数字であった。問僧は更に進んで、

「挂角後如何」〔角を挂くる後、如何〕

と尋ねた。無分別の分別がわからぬ間は、固より分別一辺である、それ以上へ踏み出るわけに行かぬ。これは吾等一般「常識」の経験である。そこでこの問僧は没蹤跡の消息が知りたいと云うのである。道膺の答は、しかしながら、前とかわらなかった。曰く、

「六六三十六。」

挂角の時も挂角後も六六三十六の乗法では、蹤跡の有無など問題でなくなると見ねばならぬ。それなら何故に無功用を説き無分別を云うのであろうか。ここが人間的認識に内在して居る矛盾である。「向わんと擬すれば即ち乖き、擬せざれば又争でか是れ道なることを知らんや」で、進むも退くも不可能な立場である。「将心用心豈非大錯。」〔心を将て心を用う、豈に大錯〈大きな過ち〉に非ずや。〕ここで始めて禅者の云い分に耳を傾けたくなると思う。彼は前後を云わぬ、然否を云わぬ、分析せぬ、分別せぬ、是不是せぬ、而して昨日も六六三十六、今日も六六三十六である。これが無蹤跡である、宗教的無功用の行為はここから出るのである。

問僧は道膺にこんな答を与えられて、とに角、礼拝した。すると和尚は「わかったか」と尋ねた。中々わかるものでないので、「不会」と素直に答えた。和尚曰わく、

「不見道、無蹤跡。」〔道うを見ずや、蹤跡無しと。〕

これは「云わぬことか、跡がないぞ」と云うくらいの意味である。無分別の分別は分別の跡を残さぬところを云うのである。行為の方面の語彙では、無作の作である。これを知的に云うと、無知の知、不会の会だから、当面の問僧の不会も、不会の会であると解してもよい。

しかしこの問僧は、分別上の不会を出ることが出来なかったので、雲居を去ってから趙州へ往って従諗和尚にこの話をしたら、趙州は、

「雲居師兄猶在」〔雲居師兄猶お在り〕

と云った。それは「彼奴もまだぼけては居ない」と云うほどの心持である。そうすると例の坊さんはまた、

「羚羊挂角時如何」〔羚羊、角を挂くる時、如何〕

と趙州に尋ねた。趙州は、

「九九八十一」

と答えた。更に、

「挂角後如何」〔角を挂くる後、如何〕

とつづけて尋ねると、趙州の答は、

「九九八十一」

であった。雲居は「六六三十六」、趙州は「九九八十一」、何れも数字で無功用的行為の発動原理が説き尽くされて居る。分別智で分別の境地を道取することは不可能でないが、一たび超個多の域にはいると、それではいけない。而して無功用行を獲得せんには、どうしても一たびは分別境を離れねばならぬ、離れてまた戻ってこねばならぬ。この往還的・円環的・回互的消息を把握して、それに表現性を与えんとするときには、六六でも九九でも八八でも乃至三八九でもよいが、——また必ずしも数字でなくてもよいが——そんなような無理会の文字を用いるより外ない。これが所謂「無孔の鉄鎚当面に擲つ」である。何も好んで無意義——分別智上では無意義——の言葉を須いるのではない。哲学的にこの思想的立場を論理づけることは別問題で、古来の禅者は所謂禅特有の表現法を創造したわけである。

「無処有月波澄、有処無風浪起。」（無の処、月ありて波澄み、有の処、風なくして浪起る。）

などは矛盾を極めた表現で、分別智上では話にならぬが、無分別の分別と云う場から見ると、如何にも麗わしく無功用行の心を表詮して居るのである。禅録にはこんな句は到るところに見られる。古禅者は文学者でもあったので、自分等の境地に文学的表現を与えんとして、その才能をこれに傾倒したものである。その一つに左記の如きがある。

竹影掃堦塵不動、　竹影堦を掃うて塵動かず、
月穿潭底水無痕。　月は潭底を穿って水に痕なし。

鏡花水月などもこの意に外ならぬ。禅意識は、東洋民族心理とでも云い得べき線路に沿うて、文学的表現の方向に進んだ。日本では、修禅の第一歩とし、それがため、多くの文学的美辞麗句を学得することになって居る。今後の発展は恐らく思想方面にあることを信ずる。当さに爾かあるべしと信ずる。

驢事未去馬事到来　雲居道膺のところから長慶へ行ったこの雲水の坊さんは、尋ねて曰く、

「羚羊挂角時如何。」〔羚羊、角を挂くる時、如何。〕

長慶答う、

「草裏漢。」〔草むらの中に居るものの義。〕〔草裏の漢。〕

僧また打ちつづけ問う、

「羚羊挂角後如何。」〔羚羊、角を挂くる後、如何。〕

「乱叫喚。」〔ただ無暗に叫びまわって居る。〕〔乱りに叫喚す。〕

こんな答はどんな意味にでもとれる。問うものの方に充てて解しもせられ、またその人の境地を他から見て評判する方にも取られよう。それは何れでもよいとして、肝腎なところは次の問答である。

ここに無功用的行為を客観的に見て、その人の日常底を写し出すものが窺われるからである。

雲水の僧更に問う、「畢竟如何。」〔畢竟如何。〕

長慶答う、「驢事未去馬事到来。」〔驢事未だ去らざるに馬事到来す。〕

この語はよく禅録に出てくるが、ここでは「次から次へと、毎日色々の用に追われて居るわい」との意に解してよろしい。朝起きて面を洗う間もなく、お客がくる。大事と見てもよし、何でもないと見てよし、とに角、その用がまとまると、また次のものが来る。郵便やさんは何かと諸方の書信を配達してくれる。新聞も見なくばなるまい。親類や友人間の用事もある。御役所の勤めもあろう。読書もしなければならぬ。庭の仕事もしておかないと、草ははえる、花は咲かぬ。これが驢事馬事である。毎日ひっきりなしに何か用事のあるのが吾等日常の生活である。水の流れる如くさっさと片付いて行くところに無功用的生涯がある。が、どこかにひっかかりが出来ると、そうさらりと行かぬ。からまる、つきまとう、ひっかかる、ころぶ——そこで物事は行悩んでしまう。十二時を使うかわりに、十二時に使いまわされる。

僧あり、趙州従諗に問う、

「十二時中如何用心。」〔十二時中、如何(いか)にか心を用いん。〕

従諗曰く、

「你被十二時使、老僧使得十二時。你問那箇時。」〔你(なんじ)は十二時に使わる、老僧(ろうそう)〈儂(わし)〉は十二時を使い得たり。你(なんじ)、那箇(なこ)〈いずれ〉の時をか問う。〕

「驢事未去、馬事到来」するに追いまわされて行く限り、自らは主人公でない。それでは「時」が外に在って、自分はいつもそれに対して居ることになる。「你、那箇の時を問う」で、何か自分に対して後から逼(せま)ってくるものを感ずる以上、自分はいつも一種の圧迫感を抱く、これが「時」である。無功用と云うことになれぬ。これに反して、十二時を使うものは、時計のダイアルをのみ見て居ることをせぬ。臨済は「随処作主、立処皆真」〔随処(ずいしょ)に主と作(な)れば、立処(りっしょ)皆な真なり〕と云うが、十二時を使い得るものは、真を体得したものでなくてはならぬ。無功用的行為――これを云い換えれば、「立処皆真」の行為である。こう云う方が禅的表現形式に習わぬ人々には了解し易いであろう。

真と云えば知的で、これをまこと（誠）と読めば倫理的・実践的になる。また更にこれを「不欺之力」〔欺(あざむ)かざるの力〕と云い換えれば、心理的・宗教的な響が出る。何れも禅経験の角度から見ると、それだけでは、「道うことは、也た太甚道う、祇一半を道い得たり」で、少し物足りない。随処に主となるものを攫みたい。禅はこれをどんな風に取り扱って居るか、左にその例を挙げる。

按剣者

曹山本寂のところへ僧あり来りて問う、

「国内按剣者誰。」(国内、剣を按ずる者は誰ぞ。)

これは軍人の話をするのでなく、「両頭を截断して一剣天に倚りて寒し」の剣を云うのである。文殊菩薩が持って居れば般若の智剣で、活人剣である、殺人刀ではないのである。而して活人剣は人を殺し尽くして、始めてその光芒瀰天なるを得るのである。しかし剣は誰れかの手に執らなければならぬ。人と剣と一にならなければならぬ。それで「誰ぞ」である。曹山曰わく、

「曹山。」

剣は曹山の手に按ぜられてある。曹山と剣とは一物である。曹山が剣そのものなのである。僧曰く、

「擬殺何人。」(誰を殺さんとするのか。)

「一切総殺。」(何でもかんでも皆殺しつくす。)

「忽逢本生父母又作麽生。」（ひょっと自分の生みの親に出逢ったら、どうしますか。）

「揀甚麽。」（そんな詮議立てをせぬ、一切みな殺しである。）

「争奈自己何。」（しかしあなた御自身はどう御処分なされますか。）

「誰奈我何。」（自分は誰も何とも仕様はない。）

「何不自殺。」（自分でお始末なさいませんか。）

「無下手処。」（手の著けようがないわい。）

〔「何人を殺さんと擬す。」

「一切総て殺す。」

「忽ち本生の父母に逢わば又た作麽生。」

「甚麽をか揀ばん。」

「自己を争奈何せん。」

「誰か我を奈何せん。」

「何ぞ自ら殺さざる。」

「手を下す処無し。」〕

如上、如何にも殺伐な話のように聞えるが、これは何を云って居るか、少し考えればわかると思う。個多は悉く切り倒されるが、切り倒しようのないものは、自分と云う個を通して働いて居る超個である。これには手を下しようがない。自ら殺すと云うわけには行かぬ。この個は超個の個で、絶対性をもって居る。絶対はいつも絶対で、自分を殺すことは絶対でなくなることである。それは必ずしも論理の上での不可能事でなくて、事実経験の上でそうなのである。「曹山」は、個多の一箇としては「一切総殺」(一切総て殺す)のうちに摂せられるが、超個の一表現としては「誰奈我何」(誰か我を奈何せん)で、如何なる個もこれを奈何ともすることが出来ぬ。「曹山」が自分を殺すことは、自分をまず二つの個にしなければならぬ。それは不可能である。自分は自分である限り自らより他のものになるわけに行かぬ。この個は個で而かも超個である、超個で而かも個である。これは般若の即非的弁証法論理である。

無功用的行為は、実にこの「無下手処」(手を下す処無し)というところから発生して来るのである。ここで始めて「随処作主」(随処に主と作る)が可能である。

無刃剣　曹山には今一つの剣の話がある。

問、「如何是無刃剣。」

答、「非淬錬所成。」(鍛錬で出来ぬもの。分別所成ではない。作の範疇にはいらぬ。)

問、「用者如何。」(体は上記の如しとして、その用はいかん。体用は印度伝来の仏教語彙である。）

答、「逢者皆喪。」（触れるものはみな斬られてしまう。）

問、「不逢者如何。」（触れないものはどうなる。）

答、「亦須落頭。」（触れる触れないは、分別上の論理である、何んでもかんでもみな斬る。一切総殺だ。）

問、「逢者皆喪則固是、不逢者為甚麼落頭。」（分別智の限界内ではこう問うより外ない。）

答、「不見道、能尽一切。」（一切総殺と云うことになって居るではないか。）

問、「尽後如何。」（何もかも殺し尽くしてからはどうなる。問はここまで問いつめられねばならぬ。今までのは分別智の論理であった。）

答、「方知有此剣。」（無刃の剣の有ることがこれで始めてわかるのだ。）

（問う、「如何なるか是れ無刃剣。」

答う、「淬錬の所成に非ず。」

問う、「用は如何。」

答う、「逢う者は皆な喪す。」

問う、「逢わざる者は如何。」

答う、「亦た須らく落頭すべし。」
問う、「逢う者は皆な喪すは則ち固より是、逢わざる者は甚麼と為てか落頭す。」
答う、「道うを見ずや、能く一切を尽くすと。」
問う、「尽くして後、如何。」
答う、「方に此の剣有るを知る。」」

この一聯の問答は禅的と云うより、むしろ哲学的と云うべきだが、曹洞家の商量にはこんなのが能く目につく。が、やはり禅的と云わねばならぬだろう。哲学者または印度式思惟では、「方知有此剣」〔方に此の剣有るを知る〕と云う結語は出ない。とに角、無刃の剣が揮われると、それが無功用の行為となって出るのである。無刃の剣は打消されない、それは儼然たる存在である。知らぬものは、仏教——禅教を空だとか無だとか云うが、それもよい、ただ空や無を分別の上から見てはならぬ。これは何れも無分別の分別での評判である。

盤山の宝積の示衆にこんなのが伝えられてある。如何にもこの間の消息を洩らして居る(以下意訳)。

「諸〻の禅人がたに申しますが、譬えて見ると、剣を空中に揮うようなものだ、とどくか、とどかぬかは問題でない。空に描かれる線には輪廓の迹がない。それから剣の刃も虧けはしないのである。こういう塩梅に（生活を規制して行けると）、心心無知である。（これは無意識と云うことでない、分別はある、ただ無分別の分別であることを記憶しなければならぬ。）それで全心即仏、全仏即人、――人と仏と無異である。道と云うものがここで始めて成り立つ。（個は個である、超個ではないが、超個は個で始めて用が可能になる。個は超個である、個だけでない、超個の個である。仏と人とは即非無異の論理である。）

諸〻の禅人たちに申しますが、学禅の要諦は、大地が山を擎げて居るようである、大地は山の孤にして峻なることを知らずに居る。また石の玉を含んで居るようなものである。石は玉の瑕なきを知らずに居る。こんな塩梅に生活して行ける人を出家と云うのである。」

宝積の示衆はよく無功用行の真相を示唆して居る。「擲剣揮空」（剣を擲ち空に揮う）と云ったり、「地擎山不知山之孤峻」（地、山を擎げて山の孤峻なる〈ひとり聳え立つ〉を知らず）と云ったり、また「石含玉不知玉之無瑕」（石、玉を含みて玉の瑕無きを知らず）と云ったりするところを見れば、無功用行とは何を云うのかわかる、また無知の知、無分別の分別が何を志向して居るかがわかる。全心（個）は仏（超個）であり、全仏（超個）は人（個）であるが、両者はただ無闇に渾融すべきでなく、各〻その領域に居て、而かも回互円融性を失なわぬのである。この種の円融性が行為となるとき、禅者はこれを無作の作と云う、また空輪無迹と云う、また向上一路、千聖不伝と云う、また木人方歌石女起舞（木人方に歌い、石女起ちて舞う）と云う。その外千百の言詮、指すところは何れもこの方向である。但〻知的表現では無分別の分別、無知の知である。

宝積は馬祖道一の弟子の一人であるが、馬祖自身は禅経験の端的に知的表現を与えんとして、一見矛盾を極めた云いあらわし方をやって居る。彼はある時は「即心即仏」と云い、ある時は「非心非仏」と云い、またある時は「不是心、不是仏、不是物」と云う。彼が苦心は聞く人をして何とかしてこの間の消息に徹せしめんとするに在るのである。南陽の忠国師はこれをきいて「猶較些子」（猶お些子に較れり）と云った。「まあそんなものかな」と云うほどの註釈である。これは誰がなんと云っても「猶較些子」で、それ以上は出られぬ。出られぬのが当り前なのである。知の方面でもその通りで、行の方面でもその通り、何とかかとか情を尽して云ったつもりでも、自らその境地を通過してこないものには、痛切に感じられぬものがあろう。

驢覰井　仏とか心とか物とか云うと、まだ印度式語彙の範囲内であるが、禅には全くシナ民族の心理的表現と云うべき文字が中々多い。而してそれが吾等日本人にとっては頗る示唆に富んで居るのである。

曹山本寂、強上座に問う、

「仏真法身猶若虚空、応物現形、如水中月、作麼生説箇応底道理。」

〔仏の真の法身は猶お虚空の若し、物に応じて形を現ず、水中の月の如し、作麼生か箇の応ずる底の道理を説く。〕

この意味は、仏教には三身と云うことがある、法身・報身・応身である。法身とは絶対的実在または窮極の実体とでも云うべきで、普通に万物の根源をなすと考えられるものである。報身とは菩薩が永い年月——あるいは無量劫の間——生れかわり死にかわって、種種の功徳を累ねた結果として、報酬として獲得する存在がそれである。応身とは、法身——もっと具体的にして、仏が吾等の心の要求に応じて現わすところの存在または形体である。たとえば吾等は物理的または道徳的因果律の束縛から離れたいと云う要求即ち祈願を持って居る。四大所生のこの色身は一定の時間をへて老衰し、壊滅し去るが、吾等はこの制約を超えて、不死のものを得たいと願う。また吾等は吾等自身の故でなくして——少なくとも意識的でなしに行じた所作の故でか知らぬが——思わぬ災害に悩むものである。善因善果、悪因悪果がどんな風に実際現在に生存して居る自分等の上に実現するものかわからぬ。この悩みに対して何とか安心を得たいと、吾等は願う。有限的存在の吾等がもつ是等の願いは、ただの願だけで報いられぬものであろうか。是等の願いに応じて何か現われてくるものはないであろうか。そんなものは何もないのだと云っても、是等の願いを打ち消すわけに行かぬのが吾等の心の本質である。吾等の心はどうしても報いられないものを願うと云うことそれ自体が、それに応じて現われるものがあると云うことなのではなかろうか。仏教では、吾等の持ち能う純真な願いはそのままに消えるものでなくて、必ずこれに応ずるものがあると教えるのである。求むるところあれば必ず応ずると云うのである。それがこの曹山の云う「応物現形」（物に応じて形を現ず）である。ここでは形と云うが、それは必ずしも空間的・時間的なものでなくてもよい。所謂る感応道交と云うものでよい。打てば響く、叩けば開かると云う塩梅に、至心回向の南無阿弥陀仏は必ず阿弥陀の方から本願回向となって体験せられる。自力の往相は他力の還相でなくてはならぬ。これが仏教の宗教哲学である。仏の真の法身は虚空のようだと云っても、なにも無いと云うことでなくて、吾等の願いに応じて必ず何かの形で現われて来る、それは必ず感じられるにきまって居る。基督教の神学者が神の実在を証拠立てるに用いる論理は、「応物現形」の上にも十分にあてはまるのである。

　曹山の強上座に尋ねた問いの背後には上記の如き思想がある。仏の真の法身が虚空のようでどうとりとめのないものだとすれば、こちらからの呼びかけ——それを物と云うが――それに応じて形をとって現われるとは、どんなことになるか。「作麼生説箇応底道理」〔作麼生か箇の応ずる底の道理を説く〕とは、それはどんな工合になるのかと云うことである。「道理」と云って理窟をこねまわすと云うのではない。それから「形を現わす」と云うのは、虚空と云うから形と云ったので、ただ応ずるの意にとってよい。こちらで何か感ずると云う心持である。これをもっと精しく論ずるのはこの書の目的でないから、それは止めて、強上座は曹山の問いに対して何と対えたか。上座云わく、

「如驢覰井。」〔驢の井を覰るが如し。〕

これは驢馬が井戸をのぞくようなものだと云うのである。覰は覻とも書いてあるが、禅録によく出る文字である。覰捕・覰破などとつづく。驢が井戸をのぞくまたはうかがうと云うは如何にもシナ的でまた禅的である。こんな文句の出て来るところに禅心理を特徴づけ得るのである。これは水が月影をやどすと云うと何もかわらぬ。が、表現に新鮮味があり、独創的なものがある。

「雁過長空影沈寒水、雁無遺蹤意、水無沈影心。」
〔雁長空を過ぎて影寒水に沈む、雁に蹤を遺すの意無く、水に影を沈むるの心無し。〕

これも「応物現形」の意である。驢の喩よりも、詩的である。曹山は強上座の表現に対して左の如く批評した。

「道則太甚道、祇道得八成。」
〔道うことは則ち太甚だ道うも、祇だ八成〈八割〉を道い得たるのみ。〕

「それもわるいことはないが、まだ十分でない」と云う心持である。それで強上座は

「和尚又如何」〔和尚、又た如何〕と問うた。曹山は、

「如井覰驢」〔井の驢を覰るが如し〕

と云った。さきの逆である。驢が主でなくて、井が主である。「驢覰井」は驢が生物である限りいくらか意味が通ずるが、「井覰驢」では全く意味をなさぬ。ところが、禅の目指すところは、この全く意味をなさぬところなのである。少しでも意味があれば、分別にわたる。無分別の分別には意味があってはならぬ。この点では、「驢覰井」よりは「井覰驢」の方がよいわけである。

しかし実際を云うと、何か言葉に出るとき、既に蹉過了也である。意識が何かの意味をもつとすれば、言葉はなくてはならぬ、而して言葉に出ると分別される、分別にわたると、本来の無分別が影をかくす。そうならぬようにと哲学者は色々と思索を深めて行く、禅者は禅者でまた色々とその表現を清新さして行く。「如井覰驢」と云うような表現及びその他多くの禅語は、実に古往今来の禅家者流の禅意識から迸出したものとして、後代の吾等の大なる尊重に値するものである。

しかし禅語を単なる無意味の文字を並べたものと見てはならぬ。義なきを義となすは、大乗仏教の各派を通ずる窮極の原理で、有相を執持する浄土系思想にも、これは奥深く秘めこまれてあるのである。禅はこれを表面に出して、赤裸裸の表現をするが、それは知的性格に富んだ禅としては自ら当さに然るべきであろう。これに反して、浄土系思想は情的性格を持って居るので、自ら形象に訴えんとするのである。形象のうらには無礙の一道が通じて居る。無礙の一道とは無義の義に外ならぬ。意味のないところに意味を見ることは、無分別の分別と云うことである。「如井覷驢」は全く無意味である、無分別である。が、禅者はそこに意味を読み、無分別を分別する、即ち意識する。禅成立の理由は実にこの無分別を意識するところに在るのである。無意識を意識しないと、無功用的行為の端的はわからぬ。

無手人行拳　また「十二時」に還るが、僧あり、龍牙の居遁に問う、

「十二時中如何著力。」〔十二時中如何にか力を著けん。〕

これは一日中どんな心得で行為すべきであろうと云う問いである。即ち宗教的または禅的行為の源泉を攫みたいと云うのである。倫理的行為の根源を問うのでない。それを今一つ深めた宗教的なるものを見抜きたいのである。箒で庭を掃く、シャベルで街道の

凸凹を平にする。病院を建てて実費または無料治療をやる——是等の行為は社会的・倫理的意味をもつと同時に、宗教的意味をもち得るのである。外面に現われた行動では、なにもかわらないが、その人の心に動くものには自ら倫理的と宗教的との区別が見られる。今、僧の龍牙に問うところのものは、行為の宗教的原理である。龍牙の遁は答う、

「如無手人欲行拳始得。」〔手無き人の拳を行ぜんと欲するが如くにして始めて得ん。〕

手がなければ拳がないわけである。拳なしに拳を行使することは不可能であろう。「空手にして鋤頭を把る」と同じい。これは常識論理の領域ではない、即ち無意味である。無意味なものに対しては、吾等はどの方面からしても、無関心である。即ち論理面は云うまでもなく、道徳面・哲学面・宗教面からも、吾等の関心事となり得ない。そんな事はこの現実の世界では行為の対象とも源流ともなり得ないわけだからである。然るに禅はいつもそのわけのわからぬところを狙って居る如く見えるのは、どんなわけであろうか。

序でにわけの分らぬことを、龍牙についてなお一つを挙げて見れば、ある僧が龍牙に、

「如何是祖師西来意」〔如何なるか是れ祖師西来意〕

と尋ねたら、和尚は、

「待石烏亀解語、即向汝道」〔石烏亀の語を解するを待ちて、即ち汝に向って道わん〕

と云った。石烏亀は字の如く石で出来た真黒の亀である。それが言葉を解するわけがない、生きて居る亀でもそれは不可能である。龍牙の答話を文字通りにとって居る間は、いつまで待っても弥勒の世までも、祖師西来意を和尚から聞かされることはないのである。これは祖師――達摩――の西来には意志なしとの義か、あっても説くことが出来ぬと云うのか、説いても聞いてもわからぬと云うのか、また始めから何が何やらさっぱりわからぬと云うのか。とに角、無意味は無意味と云わなければならぬ。ところが、問僧は更に進んで、

「石烏亀語也」〔石烏亀語れり〕

と云った。石亀がしゃべり出したと云うのである。彼は石亀の言語をきいたと云うのである。それで和尚に西来意を語れと云うのである。しかし考えて見ると、この僧の云いぐさもおかしい。石亀の言葉がわかる位なら、何も始から西来の意旨などをきくに及ばぬのだ。彼は明かに龍牙の言葉の表面にのみ取り付いて居るものと見なければならぬ。然らざれば、そんな愚問を繰り返すわけがない。普通なら頭から一棒をくらわしておいてよいのである。しかし龍牙は老婆親切に、

「向汝道什麼」〔汝に向って什麼と道いしぞ〕

と云った。「さっきわしはお前に何と云ったな。よく気を付けよ、この大馬鹿ものめ」

と云うくらいの言葉である。即ち石烏亀がしゃべり出したと云うなら、達摩が西からわざわざ何しに来たかも、とくにわかって居なくてはならぬ。然らざれば石烏亀の解語など云われるものでない。それに今「語也」〔語れり〕と云うは、この僧の徹底して無眼子(むがんす)であることを証拠するのみならず、また彼が自らを欺瞞して居るものと断じなければならぬのである。龍牙の答話はまどろしいと評し得られる。

それはとに角として、ここにもまた無意味の意味が話されて居る。無手の人が拳を揮って、相手をかまわずに、張り倒して居ると云うことになる。しかしこのわからぬところから無功用的行為が出る、而してそれを認識するところに禅があると、禅者は云うのである。

道徳でわからぬもの　この無義の義を他の方角から眺めると、こんなことが云われるのである。僧あり、曹山に問う、

「学人十二時中如何保任。」〔学人(がくにん)十二時中、如何(いか)にか保任(ほにん)〈受け持つ〉せん。〕

これは龍牙に対しての問いと同じことである、「保任」も「著力(ちゃくりき)」も大した違いはない。曹山の答は左の如くであった。

「如経蠱毒之郷水也不得霑著一滴。」〔蠱毒(こどく)の郷を経るが如(ごと)し、水も也(ま)た一滴をも霑著(てんじゃく)す

るを得ざれ。」

シナではよく蠱毒と云うが、これは一種の呪咀である。これが懸って居るところでは、その水に一寸触れても、呪の力がそれから伝って来て、当人は大変な目に逢うと云うことである。それでそんな場所を通過しなければならぬなら、そこの水の一滴にも手を濡らしてはならぬ。そのような心懸で十二時中わが心を物に囚えられぬようにしなくてはならぬ、と云うのが曹山の答である。

これは何を云うのかと尋ねるなら、こう答えてよい。無功用的行為には何等のひっかかりがあってはならぬ、自由不羈でなければならぬ。無手の人の拳を行ずる如く、自由自在でなければならぬ。何か一塵の所有性があったり、一滴の我執が残って居ると、吾等の行為は道徳的であっても、宗教的・禅的ではあり得ないのである。

道徳的であれば、それでよいではないか、人間は道徳的存在でつきて居る、それ以外に宗教だとか、禅だとか云うのは、いらぬ話だと、こう云うものもあろう。実際世間はこんな人々で一杯だ。これをどうするかと云うに、それは中々の問題である。なぜかと云うに、盲者はどうしても全象をつかめないからである。また五、六歳の児供に恋愛を説いても何もわからぬ。精神分析学ではリビドと云うものを赤ん坊にも認めんとするのであるが、それは赤ん坊にも、乃至五、六歳・十一、二歳の児供にあるとしても意識的存在ではない。意識的に認められて始めて宗教的とか禅生涯とか云うことが出来るので、それがなければそんな人に対しては話の仕様がない。盲者の眼が明かぬうちは、光の世界は彼等にとって没交渉である。それと同じように、道徳的世界以外または以上に出ない人、あるいは出られない人、あるいは出ることを拒む人は、何とも手のつけようがない、しばらくの間は。何かの機会があると、今までこれだけだと思った世界の外に、まだ何やらあるように思われて来る。そうなると、死ぬるも死なれぬ病気に罹ったと同じで、悩みぬかねばならぬのである。宗教の世界(禅の世界と云ってよい)が、それから開ける。それまでは、彼等は道徳の世界に閉じ籠ったままで居るより外ない。真宗の人々が疑城胎宮などと云って、自力の信者は五百劫もそこから出られぬと云うが、その通りである。年とると若いものの心情がわかる、人生全部を見透すことが出来る。若い人にはそれが出来ぬ、まだ自らその境地に入らぬからである。しかしこれは必ずしも年齢即ち時間の問題ではない。宗教の世界にはいることは、宗教意識のあるところ悉く可能である。

内面的自覚　行為そのものから見れば、それが道徳的であろうが、宗教的または禅的であろうが、構わぬのではないか、利用厚生的なものは、事実の上で、客観的に、利用厚生なのだから、それの背後にある人格が道徳的または禅的などであろうと、なかろうと、どちらでもよいではないかと——こういう風に考える人々も固よりある。それも一理ではあるが、今ここに論ぜんとするのは客観的事実としての行為でなくて、その行為の由りて出づるところについて、その人を評価せんとするのである。人真似でも何でも孝行は孝行だ、猿の所作でも人間並の役に立てば、それでよいと云うのではない。それは今の関心事ではないのである。蟻群団でも蜂群団でも、集団生活としては、随分完全な形式を保持して居るとの事であるが、彼等各自の内面的生活に至りては、別に取り立てて何と評価すべきものはないらしい。彼等には全体的生活はある、が、個的・内的生活はない、而してこの後者の在るところに人間存在の意味があるとすると、人間の行為は、客観的評価だけですむものではあるまい。吾等は各自にその行為の出処について、何かの反省があり、意識があり、自覚があって然るべきであろう。禅者の目のつけどころは実にここに在るのである。ただ無闇に無意味の文字を並べてそれで能事(のうじ)畢矣(おわれり)とするのではない。

また十二時の一話を挙げると、僧あり、臥龍(がりょう)禅師に問う、

「十二時中如何用心。」〔十二時中、如何(いか)にか用心せん。〕

禅師答う、

「猢猻喫毛虫。」(猢猻、毛虫を喫す。)

猢猻は猿である。猿が毛虫を喫するとは何の義か、毛虫はけむしでもよいが、シナではなにか別物かも知れぬ。とに角、毛だらけのむしゃくしゃしたものと見てよかろう。猿がそんな歯も立てられないむしゃくしゃしたものを食べるように、十二時を用心するとは何の意味なのか。驢が井を覰るようなものであろう。意味のないところに意味を見よと云うのである。無功用の行為は、客観的に何とかかとか評判せられても、当事者はそんなことに拘らず、自らの内的生活に、それがどんな意味——無意味の意味——をもつかを検する、ここに禅境のひらかれ行く路があるのである。

老僧自亦不会　馬祖道一の弟子に大珠慧海と云うがあった、その人の著作に『頓悟要門論』がある。今から千年以上前のものであるが、その所述にはいつも新しいものがある。無功用的行為とは、どんなものかを窺うべき問答をここに引用すると、源律師と云うがあって、大珠に尋ねた、

「和尚修道、還用功否。」(和尚、道を修す、還って功を用いるや否や。)

問者は律師と云うからには、行為の道徳性・規範性など云う方面に対しては、大なる関心を持って居たに相違ない。「功を用いる」とは、どういう功夫をするとか、戒律など

云うものがあるなら、それはどんなものかなどと尋ねるのである。すると大珠は、

「用功」〔功を用う〕

と答えた。これは「功夫をやる」と云うことである。

「如何用功。」（それはどんな功夫でしょうか。）〔如何にか功を用う。〕

と尋ね返えすと、大珠の答は、

「飢来喫飯、困来即眠」〔飢え来たれば飯を喫し、困じ来たれば即ち眠る〕

と云うのである。これでは何等功夫と云うべきものはない。功夫と云えば、飢えても食べぬとか、寒くても火に近寄らぬとか云うように、何か制欲的・禁遏的・消極的・抑圧的なものがないと、用功にならぬと思うのが、吾等の道徳的生活である。それに飢えて食い、困じて眠るでは、「自然主義」そのままである。律師でなくとも、こんな人を馬鹿にしたような返事では満足出来ぬのが、当り前であろう。それで律師反問して曰わく、

「一切人総如是、同師用功否」〔一切の人総て是の如し、師の功を用うるに同じや否や〕

と。これは今、大珠底の用功なら誰もかもやって居るが、その誰もかもは、それで道徳修行に精進すると云うことになるであろうかと云うのである。大珠の答は意外にも、

「不同」〔同じからず〕

であった。ここに行為の価値は単なる客観性で決すべきでないことがわかる。あるいは

そう決してもよいが、価値の全部はそれできまったと云うことでなしに、何かまだ残されて居るものがあるのである。それで「不同」である。行為の客観性だけなら、不同でない、大珠も大衆も、あるいは猫も犬も馬も牛も、みな同じく用功で、仏法修行にいそしんで居るわけである。

「何故不同。」〔何故に同じからざる。〕

律師も吾等も、その「何故？」をききたい。大珠はこう不同の理由を説明した、

「他喫飯時、不肯喫飯、百種須索、睡時不肯睡、千般計校、所以不同也。」〔他れ飯を喫する時、飯を喫するを肯わず、百種に須索す〈求む〉、睡る時、睡るを肯わず、千般に計校す〈計らう〉、所以に同じからざるなり。〕

これを解するには、更に次の問答を見るとよい。今度は唯識を研究して居る道光座主と云うのが尋ねた、

「禅師用何心修道。」〔禅師、何の心をか用いて道を修す。〕

これは唯識の学者だけに何の心と云う。が、元来心と云うことがおかしいのである。果然、大珠は云う、

「老僧無心可用、無道可修」〔老僧〈儂〉、心の用う可き無く、道の修す可き無し〕

と。これは分別識の中に彷徨して居るものには、わかるわけがないのだから、唯識学者

の道光も所詮次の如く論議せざるを得ないのである。

「既無心可用、無道可修、云何毎日聚衆、勧人学禅修道。」

〔既に心の用う可き無く、道の修す可き無くんば、云何ぞ毎日衆を聚め、人に勧めて禅を学び道を修せしむ。〕

こういう風に考えるのが常識論理なのである。而してそれにも無理はない、あるいはそう考えてよいのである。しかしこの上にまた風に別調に吹かれる底の消息がある。それで大珠は曰う、

「老僧尚無卓錐之地、什麼処聚衆来、老僧無舌、何曾勧人来。」

〔老僧、尚お錐を卓つるの地無し、什麼の処に衆を聚め来たらん、老僧に舌無し、何ぞ曽て人に勧め来たらん。〕

大珠が「心なし道なし」と云うには、まだ驚かなかったと思われる唯識学者も、目の前に寸土なく、大珠に舌なしと自ら告白するのを聞いては、その心甚だ平なるを得ぬ。それで、

「禅師対面妄語」〔禅師、対面して妄語す〕

と云った。これは「でたらめを云うにも程がある」と云う心持である。いくら禅坊さんでも自ら饒舌を弄して居ながら、舌なしと云い、大地を踏まえて居ながら、塵一なめも

ないと云うのは、妄語の骨頂でなくてはならぬ。しかし大珠には大珠の立場がある。曰わく、

「老僧尚無舌勧人、焉解妄語。」（老僧、尚お舌の人に勧むる無し、焉くんぞ妄語を解せんや。）

人に勧めて禅の道のと云うべき舌のないものが、妄語など云い得べき筋合いではあるまい。舌がなければ、善も云わず悪も云わずである。手がなければ、拳を行ぜず、また月を指さずである。禅はどうしても一たびこの境地を通過して来なければならぬ。が、わからぬものには中々わからぬ。道徳界以上に出られぬものは、宗教を語る資格においてけだし闕如たるものがあると云わねばならぬ。是において道光も兜を脱がざるを得ぬ。

「某甲却不会禅師語論也。」（某甲却て禅師の語論を会せざるなり。）

上記の論理ではどうしてもその筋をたどって行くわけに行かぬと云うのが、この語の意味である。大珠は好加減に座主を扱って居るのでなくて、実に自分の立場を赤裸裸に表現して、少しも隠くすところもなければ、相手を煙に巻くのでもない。しかしわからぬものにはわからぬ、而してそのわからぬと云うところが、実に上来の問題の核心に触れて居るのである。ただしただのわからぬではいけない、その裏に了了として常に知るものがなくてはならぬ。了了として常に知って居て、而して何も不知、何も不会でなくて

はならぬ。禅は実にここに在り、無功用行は実にこの無意識の真只中から働き出るのである。大珠は、それ故に、最後に、

「老僧自亦不会」〔老僧(ろうそう)自らも亦(ま)た会(え)せず〕

と云った。大珠の問答は始めから矛盾に充ちて居る如くで、而かもその間に少しも矛盾して居ないところがある。矛盾は表現の言語や文字の上の論理に在るので、大珠の心境はいつも矛盾も否定も肯定もないところに出入して居るのである。これを認識することによりて、「飢来喫飯、困来即眠」〔飢(う)え来たれば飯を喫(きっ)し、困(こん)じ来たれば即(すなわ)ち眠〕って、而してそこに功の用いるべきものがある。即ち無功用の功用なるものがあるのである。

能く知るもの　これはどうして可能か。これには、何と云っても、畢竟(ひっきょう)のところに一種の認識を持たないといけない。而してこの認識は分別意識の所摂ではないのであるから、随って道徳界のみに居るものに取りては、何としても矛盾としか受けとれないのである。何遍繰り返しても同じことのようであるが、了了として常に知るものが根源的主体なのである。而してこの知ると云うことが、分別の知でなくて、無分別の分別なのである。また話がもとへ戻ってくるようであるが、しかし戻ってくるのが本当なのであろう。すべての分別は無分別を体として可能であるから、分別で割り切れないときは、自

ら無分別の領域へ這入って来て、而してそこで無分別の分別と云うものになることによって、矛盾がそのままに受取られる。即ち大珠の云うような真如に変易ありと云ってもよく、真如は不変易だと云ってもよいのである。分別の論理に囚えられて居る限り、こんな矛盾では真如を解するわけに行かぬ。そこで三蔵研究の法師は大珠を難ぜざるを得ない、曰わく、

「禅師はさきに真如には変易があると説かれましたが、今は何として不変易だと申されますか。変易と不変易と、何れが的当なのでありますか。」

これに対して大珠の答は左の如くであった。

「若し了了として見性せば、摩尼珠の色を現ずるが如くで、変と云ってもよし、不変と云ってもよい。見性せざる人にとりては、真如変と云うと、変を執じてしまう。それから真如不変だと云うと、不変を執じて動きがとれぬのである。」

「了了として見性する」と云うことは、「了了として常に知る」ものを見るの義である。性なるものが別個の存在としてあるのでない。見即是性、性即是見である。見性は了性である、了も見も同じい。大珠の見性と云うは、無分別の分別において了知するの義である。この了知が無功用的行為の発源体なのである。ある道家の人が大珠に「自然を超えたものが何かあるだろうか」と尋ねた。道家では自然が至上原理であって、これを過

したものはないのである。それで禅者の大珠に対して一種の挑戦をやったわけである。大珠は自然を超えたものがあると云った、即ち、

「能知自然者」〔能く自然を知る者〕

がそれだと。この知が衆妙の門である。この知は見性の見である。無功用はこの知で可能なのである。

知る者は超えるもの　ここに自然と云うのは、今日一般に使われて居る自然ではない。今日云う自然は natura（生れる）と云う羅甸（ラテン）語から出た欧洲語の翻訳で、普通物理的世界の義である。東洋で昔から云う自然は「自ら然るもの」で、人為・工作・技巧などに対する言葉、特に老荘家によりて用いられ、尊重せられて居る。大珠は道家の人の間に対（こた）えるのであるから、自然は固より道家の慣用法に従って居る。而して彼はこの自然を知るものが、自然を超えたもの、自然よりも価値あるものだと云うのである。しかしこの知は般若的知——無知の知であって、分別意識上のものでないことは云うまでもない。禅は実にこの知で立って居るのである。これがわからぬと、禅一切は如何にして分別智・世間智・道徳界の外に在りて、別箇の消息を伝えて居るかがわからぬ。

この知が仏書・禅書などには色々の名目で説かれてある。一寸見ると何が何やら頗る

混雑して居るが、少し筋を立てて行くと分らぬこともない。ここではその全部にわたりて説明する余裕がないから、その一部につきて少し述べる。

仏典には法身と云うことが屢々物語られる。普通には法身を客観的に分別知の対象として考えて居る。而して法身は分別知を超えて居ると云う。それで法身は何だかわからぬ不思議な実在となって、絶えず一種の脅迫性を以て分別知に臨んでいる。あるいはまた法身を一切分別の諸法の上に分散または融解または覆被させて、それで法身を分別知的に処分せんとする。しかしそれでは法身は分別知を超えたものでなくて、いつもその対象として残って居るわけである。どうしてもそこに割り切れないものがあって、それが悩みの種子となる。畢竟は、分別を土台として出発するところに過があると、予は信ずる。

禅では無分別の分別から出発する。分別は分別として成立するものでなく、その下に無分別がある、即ち無分別の分別で分別が始めてその全機能を発揮し得るのである。分別は独立するものでない、分別は元来無分別の分別なのであるが、吾等はいつも分別だけを離さんとする。これがまた分別知の性格ではあるが、その行き詰りは既述の如くである。禅者の主張は、それ故に、分別知はその中に無分別を蔵することによりて可能なる所以を明かにせんとする。これが了了自知の見性経験である。禅はこの経験から分別の中へ割って出る。見性も了性も了知もみな同義である。何れも無分別の分別である。禅経験とはこれを云う。

法身は、無分別の分別に体を与えたものである。この体を相と云ってもよいが、それは何れも分別知の上に持ち出しての話である。昔からの考え方に対しての譲歩でもある、あるいはただの延長だと云ってもよい。実際は法身は無知の知そのものである。またこれを心とも云う。心と云うと何か心理学的存在のように思われるが、これは分別知の性格なので是非もない。無分別の分別に体験を有するものは、心と云っても法身と云っても仏と云っても、それはどんなものを指して居るのかを心得て居る。歴史的には、これらの言葉が何んな意味に用いられていても、またどう解釈してどう受取られて居ても、禅経験そのものから見ると、何れも無分別の分別、無知の知、無功用の功用、無心の心を云い顕わさんとしているものなることがわかるのである。

例えば大珠が会は無心だと云う場合に、この二つをどういう関係に見ると、そんなことになるのかと尋ねて見る。会は知である、この知は無分別の分別を指す。すると今知は心であると云ったのに、知が無心だとなると、どうこれを解してよいか。大珠の言葉は次の如くである。

「汝若未得如是之時、努力、努力。勤加用功、功成自会。所以会者一切処無心。即是会。言無心者、無仮不真也。仮者愛憎心是也。真者無愛憎心是也。但無憎悪心即是二性空。二性空者自然解脱也。」

〔汝じ若し未だ是の如くなるを得ざるの時、努力せよ、努力せよ。勤めて加えて功を用いよ、功成れば自ら会す。所以に会は一切処に無心。即ち是れ会なり。無心と言うは、仮無く真ならざるなり。仮とは愛憎心、是れなり。真とは愛憎心無き、是れなり。但だ憎悪心無くんば即ち是れ二性空なり。二性空なれば、自然に解脱す。」

こんな意味は、色々の表現法で禅録の到るところに述べられてある。つまり分別知を離れるとき自ら解脱の途がひらけると云うのである。解脱の途とは無分別の分別である。分別の二途に迷うて居るうちは、無分別が会せられぬので、愛憎の二心に悩む、真仮の岐路に彷徨する。上文に「功を用いる」とか、「努力せよ」とか云うのは、この二途に迷うてどうも落付きどころがわからぬので、「どうしたらよいか」と功夫をするのである。分別の行先を窮めんとするのである。この努力が成熟すると自然に会がある、知がある、無分別の分別に徹底する。すると心の無心、無心の心がわかる。わかると云うことが心無心、無心心なのに外ならぬ。そこには分別だけの分別はない。仮もなく真もない、愛もなく憎もない、また無愛も無憎もない。すべて対立の世界——ただの対立の世界は一掃せられる。それが二性空である。二性空とは単に対立を否定したのでなく、対立をそのままにして、そこに別個の世界があるとの義である。別個とは対立と別だと云うのでなく、無分別の分別の義で、無対立の対立を云うのである。これを大珠はここで無心と云う、この無心は上記の心と同一義である。般若的即非の論理はいつもこんな風に展開して行くのである。

法身と心と知(即ち無得無証)との関係も如上の所述で納得し能うと思う。法身は分別知の対象でないが、分別知でのみ事物を判断して行こうとするものは、そんな錯覚を抱き易いのである。法身は知を客体化したので、知の何たるかがはっきり攫まれると、何を指して法身と云うのであるかがまたわかる。大乗経典では時に法身を五種類にわける。一、実相法身。二、功徳法身。三、法性法身。四、応化法身。五、虚空法身。こんな分類は頗る非科学的ではあるが、法身(即ち心——この場合は何れでもよいが)とその働きまたは性格が今までどんな方面から見られて居たかを知るには便利である。

大珠に従えば、実相法身とは、心不壊と知るのがそれだと云う。不壊の心と云うものが別にあるのでなく、無分別の分別はただの分別の基体をなすものであるとの心持なのである。知を客体化したのが法身だと云ったのはこの意に外ならぬ。次ぎに功徳法身とは「心含万像」(心、万像を含む)と知るのが、それだと云うが、ここにも無分別の分別がある。無分別をその分別の面から見れば、千差の諸法——万像——を含むと云い得られよう。含むは空間的に解すべきでなくて、時間的に、今時が無量劫の過去と未来とを含むと云う義に見なくてはならぬ。次ぎに法性法身、これは心無心と知ることである。心が無心であるとは、分別が無分別であると云うのである。即ち無分別の分別、分別(心)の無分別(無心)である。これが法性の義である。法と云う客体に何か分別的に不変性があると考えるのを、法性と云うのではない。無分別の立場からは、法性も法身もない、二性空であるが、この空は相対空でなくて、絶対空であるから、了了常知底である。これを分別知と妥協の途を拓いて、仮りに法性と云うにすぎぬ。第四の応化法身は、根に随いて応説するの義だと、大珠は説明するが、普通に云う三身の中の応身をこれに充てたのである。しかしここに根とあるは機根の義でなくて、五根などと云うときの根であろう。応身の場合には、仏化のはたらきは衆生の機根に応ずると云うことになって居るが、今の場合では、無分別智が耳根に在りては聞分別となり、眼根にありては見分別になるなどの義であろう。最後に、虚空法身とは、心、形なくして不可得なりと知る、これがそうだと大珠は云う。実相法身では「心不壊」と云い、法性法身とは「心無心」と云い、今は「心不可得」と云う、何れも同一物の上を、分別知の側から見て、様々に性格づけるのである。心無形とは、心と云うと普通に客観的・分別的に何か一箇特殊の対象がある如く考えるので、その然らざるを述べんため、爾か云うのである。

不可得は分別上のことである。無分別の分別はいつも分別的には不可得なること云うまでもない。

大珠は最後に「此義を了ずれば即ち証なきを知る。得なく証なき即ち是れ仏法を証するなり」と云う。この無証——不可得——は無分別の分別の義に外ならぬ。「見即是性」で、見の外に性なく、性の外に見がなければ、無得無証である。これが無分別の分別、心の無心である。仏法を証するとは、証することなき証である。無功用的行為はこの証なき証の中から出る。

証も見も知も悟も了も——みな同一の禅経験を指すものである。是(これ)は普通に云うところの経験、または意識、または認識、または自覚などと同一視すべきでないことは言を俟たぬであろう。禅経験は是等の言葉で云い顕わされて居るところより深いと云ってよかろう。それは普通に云う意識は仏教語彙での見聞覚知(けんもんかくち)の世界に属するもので、分別である。能所(のうしょ)相対の上において始めて云えるのである。禅経験は固より見聞覚知を離れたものではないが、見聞覚知そのものではない。見聞覚知に即して、見聞覚知ならざるものを見るところに可能である。それ故に無分別の分別と云う、または心無心と云う、または無覚の覚——妙覚・等覚——とも云う。

能所の分別　認識経験の一般性は能所相分れることである。これがなければ、見るものと見られるものとがないので経験は可能でない。それで普通の見聞覚知では、分別心をこちらに置き、それに対するものを向うにおく。神を経験すると云う場合にも、こちらの覚知分別心に対して、独一主宰の神または最高の実在を向う側に備えつける。心はこちらから動き出る、神は向うから進んで来る、その出合がしらで、認識経験がある――とまずこんな風に分別意識上の覚知現象を叙述する。しかしこれではいつも分別の世界の中に起臥しなければならぬので、向うの神(実在)もわからず、こちらの心もわからずにすんでしまう。哲学者もこれでは満足出来ぬ、まして宗教を求むるものに在りては、そんな現象だけを覚知するに止まって居ることが出来ぬ。どうしてもこのアポリアを突破する途を見出さなくてはならぬ。人間は固よりそんな風に出来上って居るので、それは要らぬ話だと云うわけには行かない。即ち無分別の分別に徹見しなければならぬ。既に分別意識では物足らぬと云うように人間が出来て居るとすれば、どうかして物足る途を探さねばならぬ、そうしてその途がどこかにあるに定まって居る。求むれば必ず応ずと云うは仏教でも基督教でもどの宗教でも皆そう信じて疑わぬのである。単に普通の意味の信ずるだけでなく、事実がそうなのである。宗教で云う信は無分別の分別に徹したと云う意味である。分別意識上の対象的知ではない。それ故に、神の経験、実在の把握と云うことは見聞覚知上の現象ではないのである。そこに徘徊して居る限りは禅経験は可能でない。

本当の見神経験または見仏経験は禅経験における見性と同じく、見即是性、性即是見で、神または仏を見るものが、即ち神(仏)自らでなくてはならぬ。神(仏)は神(仏)自身を見て居ると云うことでなくてはならぬ。而してそこに一種の覚知がある、唯々見て居ると云うことだけでなく、見て居ると知るものがある、固より此知と彼見とは一物であるが、人間知識の制約として二つである如き言葉遣いをする。それが無分別の分別である。二性空と云うとき既に二なるものをそこにおいて、それを空と云わなければならぬのである。事実の上からは、二性は二でなく、空は空でないのである。了了として常に知るであれば、知そのものもなく了了もまたないわけだが、吾等は人間論理の条件で物云うことになって居る。而してそこに大珠の「自然を知るもの」の妙境がある。人間はこれで生甲斐があると云うのである。

一方に心、意識・認識者・能知者と云うような分別性のものをおき、他の一方に実在(この内に神も仏も入れておく)を据えつけて、それで人間の経験を説明せんとするのは、分別意識の限りでは妥当であろう。が、後にわからぬ心があり、向うにわからぬ実在があって、それが接触のところに、何かわかったようなものを説き立てんとしても、それは窮極底ではあり得ない。科学は分別意識上の仕事である故、その方面においての活躍は十分にうけがわれる。但〻分別意識の前後を包んで居る両個の「不可解」を何とするか。それはわからぬと云って、そっちのけにするのは分別意識の上では、誠にそうでもあろうが、人間にはどうもそれではいけないものがある。分別意識は人間の意識の全部でない。既に分別と云うとき、そこに分別を生ぜしむるものがある。それは分別であってはならぬ。分別はいつまでも分別して行って極まるところのないのが分別である。いつまでも分別して行って極まるところのないのが分別性そのものの性格である。認識現象には能所をそのままにして、能所ならぬものがなくてはならぬ。それを単なる論理の要請としないで、経験の事実の中にそれが見られなければならぬ。禅はここに立って居るのである。この立場で云うと、認識現象の前に立つものと後に在るものとは、分別知の上でこそ両「不可解」ではあるが、無分別の分別では、決して不可解ではないのである。禅経験では両「不可解」は分別認識の上に解消するものなのである。分別以上または以外に出られぬ限りは、解消の事実経験は不可能である。分別はいつも百尺竿頭に立って左顧右眄して居て埒があかぬ。これから今一歩を進めることによりて無分別の分別が経験せられる。これから大機大用が出て、無功用行が可能になる——と禅者は云うのである。

分別意識の竿頭に立って居る限り、前に無限の「不可解」があり、後に無底の「不可解」があって、自分の脚頭はいつも一種の酸痛を覚えるのである。それは分別の竿頭を最後の立場の如く心得るからの事で、前後左右から不可解の荒波が狂い寄るのである。禅経験は一躍してこの「不可解」――それは分別の故に不可解なのである――そこへ飛び込めと教える。分別から見て居た「不可解」へ飛び込むのであるから、「不可解」は自ら消え去る。それと同時に当面の人は無分別の分別を体得する。而してこの体得の故に、分別の竿頭は膠著したものでなくなる、分別が無分別の自由性と創造性をもつことになる。分別は分別の上に立たなければならぬと云う理由が消失すれば、無限の分別苦に悩むことはなくなる。さきの「不可解」なるものと共に起臥することになれば、時には分別の十字街頭(じゅうじがいとう)に出て、左転右転することも可なるべく、また無分別の孤峰頂上(こほうちょうじょう)に立って悠遠の中に没入するもまた可なりであろう。

この境地に入ってくると、両個の「不可解」は、二性空となって、不一不二(ふいつふに)の無分別である。唯一箇の無分別と云ってもよいが、この一は数字でないから、分別の無分別、無分別の分別である。両「不可解」の交加点と考えられた認識現象は、そのままで、不可分の「不可解」が自己分裂したものと見られるであろう。即ち無分別の分別の端的である。ここから出発して行くと、分別意識は無限無極の分別性をもちながら、無分別をそのままの中に抱いて居るので、無限の限定、無極の極限である。矛盾の自己同一性である。ここで禅経験なるものが語られ得るのである。経文に云う「仏真法身は猶お虚空のようである、物に応じて形を現わす、水中の月のようである」の意味が通ずると思う。法身——虚空——不可解の場から見ないで、物に応じて形を現わす場から見ると、「万法同時」である。而して「一念に一切法を知る」である。なお詳しく云えば、「現前に心通ずれば、前後事を生ず、なお前仏後仏に対見するが如し、万物同時なり」である。現前の一念と云うとき、そこに前事(念)あり後事(念)あり、而かもその一念の中に、一時に、同時に、過去と未来の万物(万仏)と相対相見するわけなのである。「現前の一念」は見性経験を云うのである。禅はこの場を最後として、そこからすべての思想と行動とを展開させんとするのである。

エクハルトの眼　エクハルトの一隻眼は内と外とを一目に見ると云う。内とは心であり外とは万物である、あるいは内とは神であり外とは自己である。上来所用の語彙で云えば、内とは無分別であり、無心であり、外とは分別で心である。内外を一目に見る一隻眼は無分別の分別、無心の心である。此処で知の眼は内外・有無・肯定否定の両界を一時に照破する。エクハルトの眼は知に外ならぬからである。分別事上の経験では心理学的自覚はあろう、論理学的要請を云うことは出来ようが、禅経験的知は成り立たぬ。見聞覚知的には同一事象でも、一方には分別だけしかなくて、他方に始めて無分別の分別があると云うことは、見性経験を通過したか否やによるものである。

エクハルトの眼は本当の意味での自己である。分別意識の上の自己でなくて、無分別の分別の上に成り立つ自己である。この個は千差の諸法の一ではあるが、単なる個ではない。一方に千差があり、他方に超個がある——云わば両重性を持った個である。こんな個であって始めて自己なるものを云うことが出来る。ただの分別意識上の自己は自己ではあるが、そうしてこの自己の故に、エクハルトの眼もあり、見聞覚知も可能なのではあるが、これだけでは無功用の行為は出て来ぬ。この自己の個多性を捨てよと云うのでなく、それはそれにして、その反面あるいは全面にわたりて超個性なるものがあると云いたいのである。超個性もそれだけでは何にもならぬ、何の働きも出ない。これと彼と相依り相助けなくてはならぬ。即ちエクハルトの眼が出来なければならぬ。上来既述の知がなければならぬ。今のように話すると、分別意識的に解せられる恐れが十分あるが、それは、くれぐれも云ったように、見性経験を通して来てからの話だと心得ておかなくてはならぬ。

「不可解」が「不可解」を見るとか、無分別が無分別を分別するとか、如何にも奇怪に聞える。その通りである。分別意識の一辺に立っている限りは。しかしこの見のところ、この分別のところが、エクハルトの眼であると云うことがわかれば、そこで一切法を立することが出来る。見るものが即ち見られるものであると云うことは、ただの不二(ふに)と云うことでなく、その間に眼を媒介として居ることを忘れてはならぬ。しかしその眼は、見るものと見られるものとの間に、別個の存在として在るのでは、固よりない。見るものとか、見られるものとか云うとき、論理の順序としては、既にそこに眼はあるのだが、その眼は時間的に始めからそこにあるのでなく、見られるものが見るもの、見るものが見られるものと云うとき、立地に成立する眼である。何れも話の上での事であるが、こう云う風に話すると、禅経験の事実が呑み込めるのである。

見るものと見られるものと倶に無分別の「不可解」底であるが、眼が点出せられると、分別意識的にいくらか解せられ、分別し得るように思われる。しかしこの眼が分別意識の上に膠著すると、見るものと見られるものとは、分離して、自己同一性を失却する。これを魔界に堕すると云う。魔界に堕することは悪い事ではないが、一辺に膠著するの事実は過失たるを免かれぬ。それで「一念暫(たちま)ちに起れば、便(すなわ)ち魔界に堕つる」と云うのである。これは一念の上に停頓して、この一念が仏界から魔界に、魔界から仏界に通ずることを忘れるからである。エクハルトの眼が外を見て内を見ず、内を見て外を見ぬと、その眼は千差の個多の世界に閉じられてしまう。霊眼のはたらきが喪失する。つまり眼でなくなる。分別界に釘付けにせられては肉眼でしかない。仏魔・有無・是非・能所などの両界を一眸の下に収め能わぬは勿論である。

仏魔一念　僧あり、雲巌の曇晟に問う、「一念瞥ちに起れば、便ち魔界に落つるとき如何」。曇晟答う、「汝、什麽に因りてか仏界より来る」。

これは云うまでもなく、仏界より来るにも一念、魔界へ往くにも一念に因るのである。既に一念で仏界と魔界とを分別したとすれば、何れへ来往せんもその人の分別の動き次第である。分別性に滞れば魔界に去り、無分別の分別を見れば、その一念は仏界に入る。エクハルトの眼は曇晟の一念である。問僧は一念の起滅につきて、何等の了知をもって居なかったので、対える術を知らなかった。曇晟は「わかったか」と念を押したら、「わからぬ」と答えた。そこで晟は告げて曰う、

「体不得と道うなかれ、設使い体得するも、也たただ左之右之である。」

この意味は、不会だと云うな、不会の方が最も親しいのだ。わかったと云っても、そう云うとき既に的をはずれて居る。一念瞥起の端的に仏魔両界の底を徹して見るのである

が、さて「見た」と云えば、その見はもはや見ではないのであると——こう云わなくてはならぬと云うのが曇晟の所見なのである。

「不可解」と「不可解」とが相交加する、その尖端の一点において、超分別的覚知があるとき、上は有頂天より下は奈落の底までを、一踏に踏翻して、「独坐大雄峰」の消息を攫むことになるのである。而してこの経験は言語道断なので、何と問われても不会、何と詰られても不識なのである。

道吾の円智がその師の居処であった薬山を下りて来て、五峰に著いたとき、五峰は彼の師匠である薬山和尚を識って居るかと彼(円智)に尋ねた。これはいらざる問で、問うに及ばぬところのものなのである。薬山から来た彼が薬山を知らぬ理窟がないではないか。それにも拘わらず、五峰がこんなことを問うのは、けだし円智がもって居る禅経験の真実性について一劄を試みんとするのである。円智は五峰の何を志向しているかをよく知って居るので、

「不識」(識らず)

と答えた。「知らない」とぶっきらぼうな返事である。識らざるもっとも親しで、向上の機微は言語文字の表詮の限りではない。道吾円智の答以上には何人も出るわけに行かぬ。智不到の処道著は可能でない、道著すれば頭角生ずで、禍は次から次へと相続いて

起り来るのである。分別にはきりをつけるわけに行かぬ。しかし五峰はそれだけでは満足せぬのである。敵の止めを刺さぬと承知しないので、

「為甚麼不識。」〔甚麼と為てか識らざる。〕

「何で知らぬのだ」と更に一矢を放った。が、円智はどこどこまでも、

「不識、不識」〔識らず、識らず〕

で押し通した。けだしそれより外に何とも返事のしようがないからである。両「不可解」交加の尖端に立つものは、いつもこんな返事をする。達摩の「不識」もまたこれを出ない。ただし不可知識の不識は分別意識上の事で、今のとは絶対に没交渉であるは言を俟たぬ。

一寸ここで一言しておきたいのは、さきから「不可解」を両つにして話したが、それはこれを見ると云う眼を中心にしておいたからの事で、「不可解」そのものから云うと、二つも一つもないのである。「そのもの」と云うも既に白雲千里であるが、これもさきの「不識」のようである。不識は識に対して居るので、不識の裡には既に識があるわけである。雲巌の曇晟が体不得も体得も、不会も会も、道不得も道得も、総て是れ多少の人を賺殺するものに外ならぬとの意を述べて居るが、その通りである。然かも人間はい

つも「言なかるべからず」で何か云う。こんな行詰りを打開するのは禅者の手法に限ると云ってよい。

太原の孚上座が入禅の径路はどこかで話したように思うが、この人は遂に雪峰義存の下で一生を畢えた。あるとき玄沙が上座の所得底を検討したいものと思って、雪峰の了解を得て、上座に会いに出かけた。孚上座は丁度風呂場の用意せんとして、井水を揚げて居た。玄沙まず口を開いて云う、

「相看上座。」（始めて御目に懸ります、とでも云う意味である。）〔上座に相看す。〕

「已相見了。」（もうとっくに御目にかかって居るわい。）〔已に相見し了れり。〕

「什麼劫中曽相見。」（天地開闢以前、何時頃お会い申したかいな。）〔什麼の劫中にか曽て相見せる。〕

こんなかまをかけても孚上座はその手に乗らなかった。彼は始めから玄沙の只者でないことを知って居た、また何のために風呂場まで自分を探し出しに来たかをも知って居た。これは丁度吾等が論理とか思惟とか概念とか何とかかとか云って、分別の一路をたどって、どこかへ落著かんと喘ぐようなものである。孚上座も過去では色々と概念と論理とで実在または法身と云うようなものを突きとめんとしたのである。今はもはやそこには居なかった。それで曰く、

「瞌睡作麼。」（もう寝言は止めようじゃないか、とでも訳しておこう。）〔瞌睡して作麼ん。〕

これでは何の事かさっぱりわからぬと云う人もあろう。当さに然るべきである。少し理窟めいたことを云っても、結局は矛盾だらけでわからぬと云うことになれば、どちらが利巧なあるいは適切な手段か、決著不能であろう。この点を今少しく述べて見る。

太原の孚上座のところへ鼓山の晏和尚と云うが、たずねて来た、而して尋ねた、

「父母未生時、鼻孔在什麼処。」〔父母未生の時、鼻孔、什麼の処にか在る。〕

潙山が香厳智閑にたずねた語に、父母未生以前の本来の面目と云うことがあるが、それである。まだ生れ出ない前の汝のお鼻はどんな形をしているかと云うので、頗る突飛な質問である。禅問答はこんな事項を取り扱うになれて居るので、禅者は驚かぬが、一般には極めて理不尽な問い掛けである。つまり分別意識発動以前の認識とは何かと尋ねたものと見てよい。エクハルトの眼がまだ開かぬさきは、内外両箇の「不可解」はどこへ行ったかと云うのである。孚上座は直ちにそれに対して返答を与えないで、

「老兄先道」（君から云って見給え）〔老兄先ず道え〕

と云った。これは返答のように見えないで、「どうぞお先きに」と何心なく会釈したもの、あるいは却って問者の見処を試みたものと考えられよう。ところがそうでない。孚

上座は父母未生前の消息について一線道を開いて居るのである。晏和尚は素直に、

「如今生也。汝道在什麼処」〔如今生ぜり。汝じ道え、什麼の処にか在る〕

と云った。これは「たったただ今生れたところだ。どこにいるか君云って見給え」と云うことである。孚上座は「不肯」〔肯わず〕で首を揮った。晏和尚の見処必ずしも未到ではない、それはそれで可なりであるが、孚上座を首肯させるには、今一段の工夫があってよかった。晏は已むを得ず、孚上座に向ってその意見をきいた。上座は今度も直答を与えないで、全く余所事のようなことを云った、

「将手中扇子来。」〔手中の扇子を将ち来たれ。〕

これは「君の手にあるその扇子を借してくれ給え」と云うのである。如何にも妙な挨拶である。晏和尚は今度もしくじった。請われるままに扇子をわたして、それからまた前問を繰り返した。上座は何も云わずに、その扇子を下に置いた。晏はどうしてよいのか全く手の著けようがないので、茫然として居た。「乃殴之一拳」〔乃ち之を殴つこと一拳〕で、上座はこうなっては、もう仕方がないと思って、一拳を与えたのである。晏は唯々概念の上でのみ未生前の問題を取り扱って居たので、「如今生也」〔如今生ぜり〕もそれ以上には出て居ない。

前にも云ったように、こんな問題は分別知以上のところで処理せられねばならぬので

あるから、禅者のようにやるのが捷径だとも云える。固よりこれとても決して十全なものではない。ある意味では分別知の領域を出ないとも云える。それから俊秀な哲学者の手にかかると、いくらか紆余曲折はまぬかれぬにしても、解決の方向は示されぬでもあるまい。要は各自の体験と云うことに帰するより外ない。但〻上記のような哲学的・宗教的・超論理的問題の解決の方法及びその表詮が、禅と云う如何にもユニークな形式をとったと云うことが、東西の思想史上に特筆すべきであると、自分は信ずるのである。

宇宙霊　禅者がその特有の表現形式で宗教体験を表象化するようになった事由は、固よりシナ民族の心理的独自性によるものであるが、これにはまたより深き宇宙霊とも云うべきものの働きが出ていると考えたい。

宇宙霊と云うような言葉は該当性をもっているかどうか、わからぬが、とに角われら人間の見るところでは、宇宙は生きて居る、じっとしていつも寂然不動の静者態を持続してはいない。生きていると云うのは、個多の上では生死するが、その生死を生死して、而かもその中に不生なるもの、即ち不生の生、または無生の生なるものがある。これを宇宙霊と云っておく。人によりては色々の名をつけるであろうが、自分はここでは仮りに宇宙霊にしておく。この霊は個多に生死して生きて居る。生きると云うことの最も単純なる原型は動くことである、物理性である、電子の旋回である、原子の抱合と反撥である。電気の陰陽性、等等である。即ち生は力である。最も原始的な意味での力である。概念的に第二次的に発展して来た力ではない。単に動くと云う意味の力である。

この限定をつけておいて、霊は力なりと云ってよい。この物理的・機械的・化学的力が躍進して、生命と云うものになると、霊の姿がより鮮かに現われる、而してより深き意味をもって来る。一切の生物はこの点で物理的・化学的なるものよりも、より霊的であると云える。しかし彼等は生死し繁殖して行くより外を知らぬ、彼等には自覚の生活がない。心理学的自覚の影の如きものはいくらかあらんも、霊的・宗教的自覚はない、無分別即分別性の自覚はない。これは人間にいたりて始めて顕われる。人間は、ある意味では、宇宙霊そのものであるとも云い得られる。しかしさきにも云ったように、霊の特質は動いて止まぬところに在るのであるから、霊は永遠に無限の可能性と云わなければならぬ。而してこの可能性の故に、人間をそのままで霊と同一視するわけに行かぬ。霊は個多の人間を通して、その中に包蔵して居る可能性を無窮に顕現さして行く。可能性は無限であるから顕現も無限で無窮である。人間は人間として、その無限の可能性を抱いて居る。抱いて居るところは、全人は全霊で、その可能性はそのまま現成底(げんじょうてい)を出ないと云える。なぜかと云うに、霊の可能性は時間に制抑せられるものでないからである。

可能性と云えば、固よりその中に時間的に顕現するとの意味を含むが、それは分別意識の上で見ての話である。無分別の分別の体験の端的では、可能性は不可得である。可能性は、即時に、その場で、顕現の全部だからである。ここに禅者独得の表現形式の基礎が出来上るのである。禅が印度的・概念的・抽象的・文字的表現形式を捨てて、大機大用または全体作用なるものを発揮するようになったとき、人間的な間接的な要媒介的な趣向から解放されたと云ってよい。即ち霊はそのはたらき(用)を自覚のままで表現することになったのである。言語文字は元来人間的なもので、これにはいつも分別性が附著している。つまり人間論理の分別性が言語文字を按出したのである。

言語文字の発明は人間の思惟に云い知れぬ貢献をなして居るのは疑を容れぬ事実である。丁度0の発明が数学の進歩を促がしたように、また地図の作成や天体の写真が人間をしてその環境を攫むに容易ならしめたように。しかしそれだと云って、吾等は数字を実際の個多だとは受取らぬ。また地図がそのままで地球だとか、星図がそのままで天の体系だと云うものはあり得ない。が、言語文字になると、そのものを経験の事実自体として受け入れたがるのが、吾等人間の分別知である。禅が全体作用と云うことを持ち出したのは、実にこの分別知の錯誤の上に、禅が加えた一大鉄鎚であることには疑がない。言語文字は閑葛藤である、また参天の荊棘林である。これを突破して霊のはたらき自体に自覚せんは容易でない。それで禅は不立文字でまた直示単伝と云うのである。言語文字は云うまでもなく、思惟の符牒で、数学の数字及び符号と同じである。禅は概念を通して経験を云為しようとはしないで、経験に即せんことを企図する、経験そのままを単伝せんことを企図する。禅は霊をしてその自覚のままを赤裸裸に表現せしめんと努めるのである。それ故、自ら言語文字即ち概念を媒介として霊の自覚を浮き上らせんとするものと、自らその選を異にせざるを得ぬのである。大機大用の意味を此処に汲みとらなければならぬ。従って禅者が言語を用いる場合でも、その言語は概念性を持たないで、一種の叫びまたは間投詞である。あるいは情性を帯びた批判に過ぎない。そこに禅の性格の本質的なものが現われると云える。

反射的以上のもの　臨済の一喝――一喝の用をなさぬ一喝――は言語ではない。ある意味では、猫のニャン、牛のモーであるが、臨済のは霊の自覚が出すところのものである。単なる本能的・動物的無自覚性の発声ではない。猫の尾を踏むとニャンと云う、人間の頭を叩くと「痛い」と云う。何れも反射神経的作為であるが、ニャンはまだ霊の自覚を通過して来ない、普通人の「痛い」もニャンと相去ること幾許もない。但〻霊のはたらきの上に無分別の分別を体得して来たものにのみ、「痛い」が反射的叫び以上の意味を持って来る。禅の覘(ねら)いどころは此処に在る。禅経験は、それ故に、冷暖自知(れいだんじち)以上のものである。感覚の直接性の上に霊としての自覚が加わらなくてはならぬ。生れぬさきの烏の声がきこえて、始めて猫のニャンに霊的意味が出るのである。前記、太原の孚(ふ)上座が偶々(たまたま)庫の前に立って居るとき、一僧あり、来り問うて曰わく、

「如何是触目菩提。」(如何(いか)なるか是れ触目菩提(そくもくぼだい)。)

これは、「何でも目に触れるものは悉く仏の道(ボードヒイ)(菩提)だと云われて居ますが、この意義を御話し下さい」との心である。あるものは、これで仏教は汎神論だなどと下らぬ評論をするが、それはとに角として、僧は触目菩提の義を尋ねた。その時両人の傍に居た犬の子を、孚上座は足で一寸蹴った。犬はワンと云って飛んで行った。僧は固より何のために孚上座がそんないたずらをやったのか分らぬので、だまって居た。上座便ち曰わく、

「小狗子不消一踏」(小狗子(しょうくす)、一踏(いっとう)を消(しょう)せず)

と。これは「何だたわいもない小犬めが」と云うほどの心である。僧はこれでもわからぬ。いくら小犬扱いをせられてもそれは止むを得ぬのである。まだ霊のはたらきについて無分別の分別的自覚がないからである。それで犬のワンはワン以上に出ない。鳴かぬ犬の声をまだ聞いて居ないうちは、朝から晩まで、此方(こっち)でもワンワン彼方(あっち)でもワンワン

云っていても、触目菩提についてはわかりようがないのである。孚上座は犬のワンを通して、問僧の霊的自覚を喚びさまさんとした。が、機未だ熟しなかったので、僧は小犬扱いを受けただけで、それ以上の境地は窺われなかった。論理的(?)に無分別の分別などと云っては見るが、結局はそれも一踏を消せずである。

霊は力であり、またはたらくが、自覚がないと霊ではない。自覚は霊が個多であるとき喚びさまされる。而してそれは人間でなくてはならぬ。宇宙霊と云うものも人間がないとその霊たる所以を表現し能わぬ。人間のないところに霊はあると考えられぬ。事実、あっても、それは無と同じい、霊の用をなさぬからである。臨済の一喝または徳山の棒で霊はその用を成ずる、即ち宇宙霊はこの用を通してその存在が知られる。知られると云うは人間に知られると云う意味である。しかし実際は外に知らせるものはないのである。なぜかと云えば、無分別の分別は人間の霊的自覚においてのみ可能であって、この可能が現実化即ち体験せられるとき、乾坤ただ一人だからである。この意味で唯心論も本当である、また神人同体説も本当である。

今、徳山の棒を臨済の喝と一緒に引合いに出したが、この徳山の棒頭に宇宙霊のはたらきを看取しなければならぬ。徳山はいつも「道得也三十棒、道不得也三十棒」(道い得るも也た三十棒、道い得ざるも也た三十棒)と云ったと伝えられている。道得が肯定で道不得が否定、肯定しても過有り、否定してもまた乖くとせば、何として可なるであろうか。これが分別知の境地に居るあいだは、いつも悩みの種子である。が、霊は畢竟ずるに分別知の論理では捉えられぬ、その両辺を一棒に打破しなくてはならぬ。而してこの打破の時節に即して徳山手中の一棒が大空に揮われてあるのを見る。これを八角の磨盤空裡に走るとも云うのである。これを見るのはエクハルトの眼でなければならぬ。しかしこの眼が一寸でも見据えられたら、徳山の棒は雨の注ぐが如くに汝の頭上に加わって来るに相違ない。宇宙霊の用は徳山の棒頭に看取せられねばならぬが、さて瞬時でも「看取」がその影を留めたら、霊はもはやそこには居ないのである。霊の自覚は無分別の分別だと云うと論理のように聞えるが、畢竟ずるに、これは無功用の功用、無作の作、江月照松風吹、永夜清霄何所為〔江月照し松風吹く、永夜の清霄何の所為〕ぞ、でなくてはならぬ。覚は用である。

用は知なり知は用なり　宇宙霊はそれ自身には有耶無耶で、寧ろ無と云うべきだが、その用によりて知られる。個多即ち人間の自覚の上に、その用が認識せられて、始めて霊は霊である。が、人間の自覚――心理学的でなく、霊的・宗教的自覚――も背後に霊をもたないと、単なる感性的なものとなるにすぎない。単なる冷暖自知では禅経験ではない。冷暖自知、または見聞覚知、または心理学的自覚、または生物学的感性を通してではあるが、その上に今一つ霊的とここで名づけたものが加わらぬといけないのである。それ故、霊は霊としては無であり、自覚は自覚として意味をなさぬが、彼此相依って始めて、禅経験が成立する。ここで無分別の分別、分別の無分別が云われるのである。「二は一に由りて有り、一もまた守る莫れ」の義をこれで読むべきである。霊的なものが一かどうかはわからぬが、個多とか万法とかを云うとすれば、「一」と云うより外なかろう。0ではなく、また数学上の一ではないが、「何か」で、在る以上は、「一」と云うが、分別知で云い得る限りであろう。しかし禅には禅の独自性があって、この間の消息をそれ自らの方式で表詮する。二、三の例を挙げて見る。

　宇宙霊と仮りに名づけておいたもの、これを仏教で法身と云う場合がある。それは三身——法身・報身・応身の一つである。絶対の存在を人格的に表象したのだと見てよい。これが禅問答の主題になることがある。雲門文偃がある僧と法身について問答したとき、雲門は問うた、「あなたは法身をどんな塩梅に会得して居られるのか」と。すると僧は「与麼、与麼」と答えた。与麼とは「そうそう」と云うような意味の言葉で、存在または事実をそのままで肯うのである。この場合では、僧は「法身はこの身このままだ」と云うつもりなのであろう。「不可解」の宇宙霊は不可解そのままだとこう解せられて居ると見てもよい。雲門はそれでは法身を引き出せぬと云うので、更に問う、「這箇是長連牀上学得底。我且問你、法身還解喫飯麼。」（這箇〈これ〉はこれ長連牀〈修行僧が起居坐禅する場〉上の学得底〈学び得たもの〉なり、我且らく你に問わん、法身還って飯を喫することを解すや。）

そんな解答はねむりねむり坐禅した揚句、ふと考え出したものに過ぎない。抽象的で、日常に縁のない夢幻的肯定である。そんな法身では無も同様だと、こう云ってから雲門は改めて問いかけた、「法身と云うものは御飯をたべるのかいな」と、如何にも突飛と云えば突飛な問いである。宇宙の最高原理とか、宇宙霊とか云えば、如何にも尊貴性なもので、吾等の如く御飯をいただくような生物あるいは動物性を持って居ないと考えたいのである。雲門の問いは、甚だ宇宙霊の威厳を冒瀆するものと見做さなければならぬ。僧は何とも返事につまったので、だまってしまった。

しかしながら霊が霊たる所以は、所謂る「霊的」なるものとして、すましして居てはならぬところに在るのである。それではエクハルトの眼にも映ってこない。また吾等の目で見取ることも出来ぬ。霊は肉とならなければならぬ。肉がそのままで霊だとは云えぬが、肉になって吾等の上に出て来ない霊は無である、吾等に対して意味をもたぬ。宇宙霊も雪隠の御厄介にならねばならぬ、而してそのなるところに霊はその意義を完成する。

法身はたしかに「解喫飯」〔飯を喫することを解〕するに相違ない。崇高(サブライム)から卑俗へと云えば、何だか一笑(リディキュル)を値いするやに思われんも、それは分別世界のことである。それかと云って、尊卑貴賤一切平等とは云えぬ。尊貴は尊貴として、卑賤は卑賤として、而(し)かも何れも宇宙霊を分現あるいは表象しているところに、丈六(じょうろく)の金身仏(こんじんぶつ)も一茎草(いっきょうそう)となり、一茎草もまた丈六の金身仏となって、少しも凝滞を感ぜぬのである。但ゝ吾等の注意すべきは宇宙霊と己霊との即非的関係において、正しき領解を持つことであろう。

「法身」 法身を三身の一とも見ず、また宇宙霊とも、己霊とも見ないで、絶対的実在と云う面から見ることがある。しかしこんな塩梅にきちんと限定して話することは、禅者の得意とするところでない。わかったようなわからないようなところ——ここに人間生活の実際があって、摩訶不可思議または不思量底(ふしりょうてい)の思量と云うことになるのである。が、思想はいつまでも明晰できちんとせんことを意図する。そうするのが分別思想のレーゾン・デートルだからである。とに角、禅者は法身と云う言葉を独得の意味に用いて、法身辺(ほっしんへん)の事(じ)、法身向上(ほっしんこうじょう)の事(じ)などと分ける。

疎山匡(そざんきょう)(光)仁(にん)は洞山良价(とうざんりょうかい)の弟子で、あるときの上堂に次のように云って居る、

「病僧咸通年已前、会得法身辺事、咸通年已後、会得法身向上事。」〔老僧——自分は

咸通年已前に法身辺の事を会得し、咸通年已後に法身向上の事を会得した。)〔病僧、咸通年已前、法身辺の事を会得し、咸通年已後、法身向上の事を会得せり。」

こんなことを云い出したのは疎山あたりからかも知れぬ。法身向上事をまた透法身句とも云うようである。それから学禅の方法が次第に進歩してきて、法身(または理致とも云う)を初入とし、それから機関、それから向上と云う順序が出来た。日本江戸中期からは、白隠禅師などの手を経て、法身・言詮・難透・向上など云うようにもなった。何れにしても禅経験完成の上では、大にわけて二段階をおくことが適当だと考えられる。古人の経験の跡を検討すると、こう云う風に見て行かれる。初入の経験と向上の一路との間に、客観的に見た理の上に、何等の相異を見ないまでも、これを個多の心理の上に体得する点において、進展と云うべきものを跡づけられ得るのである。心理の上と云わずに、あるいは無分別の分別の上に、従来の体得底が一段の光を添えて来ると云った方がよいかも知れぬ。何れにしても、疎山の上堂には法身辺事と法身向上事とが区別せられて居る。この時、雲門出でて問う、

問、「如何是法身辺事。」

答、「枯椿。」

問、「如何是法身向上事。」

答、「非枯椿。」

（枯椿とはかれぐい、くいは木の切れっぱしで何ほどの事もないもの、それに枯れて朽ちて居ればなお更だ。）

〔問う、「如何なるか是れ法身辺の事。」

答う、「枯椿。」

問う、「如何なるか是れ法身向上の事。」

答う、「非枯椿。」〕

雲門はこれだけで満足せず、更に進んで左の如く問いかけた。

問、「還許学人説道理也無。」

答、「許。」

問、「枯椿豈不是明法身辺事。」

答、「是。」

問、「非枯椿豈不是明法身向上事。」

答、「是。」

〔問う、「還って学人の道理を説くを許すや也た無しや。」

答う、「許す。」

問う、「枯椿、豈に是れ法身辺の事を明らむるにあらずや。」
答う、「是。」
問う、「非枯椿、豈に是れ法身向上の事を明らむるにあらずや。」
答う、「是。」〕

雲門はこんな風にして一歩一歩問題の中心に触れんことを期した。疎山はまた一、一の問いに孰れも肯定の態度をとった。ここで雲門は方向を転換して次の如く尋ねた、

問、「祇如法身、還該一切也無。」
答、「法身周遍、豈得不該。」
〔問う、「祇だ法身の如きは、還って一切を該ぬるや也た無しや。」
答う、「法身周遍〈遍満〉、豈に該ねざるを得んや。」〕

雲門は法身に関する疎山の所見を確めておいて、今度は個多の面から、それと法身と如何なる関係を持つかを見んとする。便ち雲門は傍に在った浄瓶を指して、

問、「祇如浄瓶還談法身麼。」〔問う、「祇だ浄瓶〈手洗い用の水を入れる瓶〉の如きは還って法身を談ずるや。」〕

浄瓶が法身に摂せられることは、普通の考で肯われるところであるが、浄瓶と限定せられる個多が、そのままで、法身を該ぬることは、ある意味では肯われるが、ある意味で

は肯われぬ。雲門はこの点につきて疎山の所見如何を知らんとするのである。

答、「闍黎莫向浄瓶辺覓。」（答う、「闍黎、浄瓶辺に向って覓むること莫かれ。」）

法身即是浄瓶、浄瓶即是法身と云うような塩梅に、両者を全面的に同一視するわけには行かぬ。法身は法身として枯椿や浄瓶などの個多と相対して居る。枯椿や浄瓶もそれぞれの個多としては法身と相容れぬ存在である。が、この対比、この矛盾をそのままにして、法身を枯椿等の上に見、また枯椿等を法身の中に見るのである。何れは何れもによりて、その存在が可能なのである。しかしながら法身は枯椿または浄瓶の辺において求むべきではないのである。即ち法身は、個多が個多と見られるとき、そこに見られるものであるが、法身は個多ではないのであるから、独自の存在として受取ってはならぬ。そう受取ると、法身も亡くなり、個多の世界も亡くなる。亡くなると云うよりは、むしろ吾等の世界と認めて居るものが、世界でなくなる。認識がなければその対象もないわけである。

疎山が雲門に対しての答は如上の所述を通して解すべきである。浄瓶はそのままで浄瓶でない。枯椿もそうである。何れも一たびその否定を通過して来なければならぬ。枯椿（浄瓶）は枯椿（浄瓶）に非ず、是れを枯椿（浄瓶）と名づくで、般若的即非の論理がないと、法身辺事と法身向上事とは呑み込めないのである。しかし論理があってそれから経験があるのでない、経験の可能を論理づけるまでである。

「一人」　禅では、法身の人格化は、浄土系における如き具体性を帯びて居ない。それは、普通に、人の心のはたらきを智情意にわけて居るが、その区分法をこれに応用すれば、浄土系は強く情性に傾き罪業意識が旺(さか)んである。禅は大に知性である。而して意的修行をはげむ。それ故、法身は那箇である。また単に一人である。時には坐具(ざぐ)でもあり、払子(ほっす)でもあり、枯椿、乾屎橛(かんしけつ)でさえもある。しかし浄土系思想も窮極の処に到ると禅思想に接するところ甚だ密であり、禅の一人もまた仏格化すべき傾向を多分に持って居る。但ゝ禅は、歴史的に、印度式の静観性とシナ式の力用性とを、いつも包蔵して居るので、時によりそれが強く外に現われて来る。

次ぎに引くところの問答は法身の一人と現身の一人とがどんな関係ではたらいて居るかを示唆するものである。これでまた、上来くどくどしく説いて来た宇宙霊と己霊、無分別と分別、唯一と個多など云う思想が、禅ではどんな風に受取られて居るかを見るに役立つであろう。

雲巌曇晟が茶を煎じて居たとき同侶の道吾が、

問、「煎与阿誰。」(誰に煎(に)てやるつもりなのだい。)

答、「有一人要。」（一人欲しいと云うものがあるのだよ。）

問、「何不教伊自煎。」（自分で煎さしたらよいではないか。）

答、「幸有某甲在。」（わしがここに居るのでな。）

（問う、「煎て阿誰にか与う。」

答う、「一人の要する有り。」

問う、「何ぞ伊をして自ら煎せしめざる。」

答う、「幸いに某甲の在る有り。」）

一寸見ると、何でもない日常の談話のようである。そしてその言葉遣いもまた何等幽玄なものを示唆するのでもないようである。「その御茶誰れにやるのかい」。「これが欲しいと云うものがあってな」。「その人自身でわかすわけに行かぬのかい」。「丁度わしがここにいるからなあ」。一問一答これだけであるが、その中に含まれて居るものを、もっと分別知の上で評判するとこうである。「有一人要」（一人の要する有り）と云うこの一人は、自分では茶を沸かすわけに行かぬのだ、また一人だけでは茶を要することもないのだ。「幸有某甲在」（幸いに某甲の在る有り）と云う某甲があるので、その手を通して茶が煮られる、而してさきに茶を要すると云った一人もまたこの某甲を通して要意識がはたらくのである。一人と某甲とは分別性の個多の世界に居るのでない。が、要と云うはたらき、煮ると云うはたらきは、某甲のいる分別または個多の世界でなくては現実化せぬ。要るも煮るも現実の個多の世界で始めて云えることだが、そのうらに一人がなくては現実も現実でない、個多もその個多性を維持できぬ。一人は自分だけでは煮ることをしない、あるいは出来ないと云ってもよい、どうしても某甲でないといけない。某甲も某甲だけでは要も煎もないのである。それだと云って、一人が某甲を包んで居るでもない、またその上に居るでもない。某甲も一人を自分の中に入れて居るでもなく、自分が即ちそれだと云うでもない。一人と某甲とは両両相対して居て、而かも回互性・自己同一性を失わぬのである。

玄沙師備の僧堂で一日普請があった。僧堂のものがみな出て柴運びをやったのである。そのとき玄沙は云わく、

「汝諸人尽承吾力。」〔汝ら諸人、尽く吾の力を承く。〕

「お前達みんなわしの力ではたらいて居るのだ」。お師匠さんがこう云うと、弟子の一人そこに働いて居たのが、質問した、

「既承師力、何用普請。」〔既に師の力を承くるに、何ぞ普請〈労働〉を用いん。〕

「あなたのお力だと仰しゃれば、何で自分共がみなこんなに働かなければならぬでしょうか」。もっともな質疑である、分別知の外に一歩も出ないものには。玄沙の提示はも

ともとこんな質問を出させようとしたのである。果然わなに引っかかったので、玄沙叱して曰う、

「不普請争得柴帰。」〔普請せずんば争か柴を得て帰らん。〕

「みんなが出てはたらかなんだら、だれが薪かついでくるかい、このわからずめが」と云うほどの語気である。師の力だけではいけない、またなくてもいけない。が、現実の上で個多の世界があると見る限り、普請の人々が居なくてはならぬ。先きに云った一人と某甲は、やがてまたここでの師と普請の大衆に充てて考えることが出来る。大衆の普請は師の力で可能であり、師の力は大衆の普請でないとその用を致さぬのである。師の力と普請、普請と師の力——別別に考えなくてはならぬが、その円環性はエクハルトの眼で見なくてはならぬ。ここで禅経験が話しせられるのである。経験そのものと云うよりは、あるいはその経験の表現方法と云った方がよかろう。序にその例を一つ挙げる。雪峰義存の僧堂で大衆の普請があった。雪峰も一緒に山で働いて居たが、一疋の猿がひょこんと路傍に現われた。そこで雪峰はこんなことを云った、

「人人尽有一面古鏡、這箇獼猴亦有一面古鏡。」

〔人人に尽く一面の古鏡有り、這箇の獼猴も亦た一面の古鏡有り。〕

因に、唐から五代へかけての禅僧は、上下を通じて、堂内は云うに及ばず、戸外の作

業にいそしんだものである。これが禅堂生活の特色で、シナでなければ、こんな宗旨は発達しなかったと思う。仏教がシナを通過して、而る後日本にはいったことは誠に好都合であったと云わなくてはならぬ。今日衰えたとは云え、禅風の跡の偲ばれるのは、日本だけであろう。先生も弟子も一緒になって、薪を伐り、柴を担い、枯草を運び、米を搗き、庭を掃き、板の間を拭くなど云う事は、禅寺でなければ見られぬ光景である。それで禅匠はまたあらゆる生活の面に即して弟子のために禅理の挙揚をわすれず、弟子もまた日常の生活と学禅とを分離せぬように努めた。

雪峰は猿を見て直ちに大衆の警発にとりかかった。ところが、大衆と一緒に労務に従事して居るものは、いつも無眼子だと云うわけでなく、その中には中々のやりてが隠れて居ることがある。今度も三聖慧然と云って臨済下の傑物が居た。雪峰の提示に対してこう云った、

「曠劫無名、何以彰為古鏡。」(曠劫、名なし、何を以て彰わして古鏡となす。)

これは文字通りの意味である。古鏡と限定せらるべきものではあるまい、時と空とを超越した絶対者は宇宙霊とか、法身とか云っても、既に限定を加えたものとなってしまう。人人の古鏡とか、獼猴の古鏡とか、己霊の古鏡とか、個多の古鏡とか云う名をつけたら、無名は亡くなる、無分別は消えて行く。彰わすことは分別である、分別の中に無

分別はない、無分別は分別にあらずである。

「敢て問う、和尚は何を以て無分別を分別し、無名に名を附せんとするか」と、これが三聖の挑戦である。これが吾等の間で世間並みに哲学か論理の話をするのなら、「さあ、それは」から始めて、東西古今の思想史をひっくり返さなければならず、而してそれで片付くかどうかも頗る怪しいのである。が、相手もまた名うての禅匠である。単刀直入で論議はせぬ、直ちに、各自の経験事実に逼って来る。曰わく、

「瑕生也。」（瑕(きず)生ぜり。）

「そりゃ瑕(きず)がついた」とは、曠劫無名で、自性清浄(じしょうしょうじょう)、本来無一物(ほんらいいむいちもつ)の古鏡面に曇りが出来たとの意である。何を以てと反省するとき、無分別は分別せられ、分別は無分別の曇りである、瑕である。が、無分別のままの無分別は何にもならぬ。師の力だけでは柴は搬ばれぬ、一人だけでは茶は要らぬ、煮られぬ。が、茶を煮始めればうまく行くこともあり、行かぬこともある、一人が二人になり三人になり千万人になれば、茶も十分に行きわたるまい、それから面倒は生ずる。古鏡は瑕だらけとなる。しかしそれで古鏡はその古鏡たる所以を失わぬ。古鏡に瑕が出るだけ古鏡の本来性即ち明照さは輝き出るわけである。師の力の場合でも同じである、普請するものが多ければ多いほど、搬ばれる柴が重ければ重いほど、師の力のほどが窺われるではないか。「瑕生也」（瑕(きず)生ぜり）は古鏡の

無名性を妨げぬ。瑕は大いに生ずべきである。が、その瑕を見て、それに気をとられて居れば、古鏡は全くその光を失う、分別は無分別を離れての分別でない、無分別の分別でなくてはならぬ。しかしこんなことを云うのは、俗人仲間の自分等で、禅匠の間では、大分容子が違う。三聖曰わく、

「這老漢著甚麼死急、話頭也不識。」
（這の老漢、甚麼の死急をか著けて、話頭も也た識らず。）

「なんだ、そんなにうろたえんでもよいではないか。和尚さんは話の筋さえも分らんのか」と云うことにしておく。とに角、「瑕生也」などと、眉毛に火でもついたように、騒がんでもよいではないか。無分別の分別、古鏡の瑕または曇り、そんなものは、あるにまかせておいてよい、元来そうあるべきわけなのだ。瑕が出来なかったら古鏡の光りは始めからないわけだ。瑕はいくらでも出来るがよい、出来るほど鏡は光る、こういうところを睨んだのが、三聖の逆襲ぶりである。禅の一問一答は撃剣のようだと見てもよいが、また尋常一様の話草と見てもよい。それで雪峰は、

「老僧住持事繁。」（老僧、住持事繁し。）

雪峰は常の説話底に返った。何も六ケ敷いことはない。「ああ、そうだったかいな、近頃物忘れをしてな」と、それでよいのである。如何にもその通りである。禅的解釈も哲

学的推理も何もいらぬ。如何にもあっさりと無功用行で始末がついたと云っておけばよい。事の起りは哲学的・宗教的な問題のようで、どう収まりがつくかしらんと思われたものが、大風一過、あとは無心の月が天辺に光って居るというべきであろうか。

行脚の法眼　上の所述で、禅経験と云うことから見て、無功用行の由来はどんなところに在るものかが、略わかったと考えたい。それに因んで禅者はまたその経験をどんな風に挙揚し宣布し表詮して来たかと云うことも、いくらか述べられた。禅者は、しかし、いつも雪峰や三聖の如く、また他の禅匠の如くに商量をやったと云うわけではなかった。彼等は固より日常生活の行事そのものについて禅を窮むることを忘れなかった。ここに修禅の独自性があるわけだが、彼等は実に平生吾等が抽象的で概念的にのみ取扱わんとする問題を、直ちに吾等の一挙手一投足の上に割り込ませるのである。是等の例も既に十分に挙げられたと思うが、更に一例を添えておく。

法眼文益は法眼宗の祖で、華厳の教系に関係の深い、五代頃の禅匠である。なお諸国行脚の頃、法進・紹修などの同学と南方へまわって来て、湖南の地蔵院で、雪のためにそこにしばらく憩うことになった。そこの和尚であった桂琛と云うのが問うた、

問、「上座何往。」(どこへいらっしゃる。)

答、「邐迤行脚去。」（どこまでも行脚の旅です。）
問、「行脚事作麼生。」（何のための行脚です。）
答、「不知。」（わからないのです。）
〔問う、「上座(じょうざ)、何(いず)にか往(ゆ)く。」
答う、「邐迤(りい)として行脚(あんぎゃ)し去る。」
問う、「行脚の事、作麼生(そもさん)。」
答う、「不知(ふち)。」〕

三人の行脚僧は果してわかって居て「不知」と云ったのではあるまい。人生は元来行脚なのだ、どこから出てどこへ往くかはわからぬ。が、日日行脚だけは続けて行くようである。桂琛の問では決して日常等閑の問ではなかったのである。それで雲水の僧が「わかりません」と云うのを直ちに引きとって、

「不知最親切。」（わからぬと云うに越したことはない。）〔不知、最も親切なり。〕

「不知」と云うのにも色々ある。無分別の分別もある意味の不知不会(ふちふえ)であるが、これは不可知論(アグノスチシズム)の不知と対極的に相違している。桂琛の不知は固より三人の雲水僧が云った不知ではないが、後者の字面をそのまま逆用して、「最も親切なり」と云うのは、行脚の僧達を警発せんためであった。それからその時引きつづいてであったか、あるいはその

次の日であったか、この一小集団の人々は『肇論』中に「天地与我同根云云」〔天地と我と同根云云〕とあるのについて談じ合った。そのとき、桂琛の云わく、

「山河土地与上座自己是同是別。」〔山河土地と上座の自己と是れ同なるか是れ別なるか。〕

法眼はこれに対し、

「別。」

と云った。すると桂琛は二本の指を竪てた。法眼今度は、

「同。」

と云った。桂琛は依然としてまた二本の指を竪てた、而してその場を起って出て行ってしまった。桂琛の両箇の指は何を示唆するものであったか、法眼始め他の二人も定めし十分にはその意を解し得なかったであろう。心中何となく穏かならぬものを覚えたのは自然である。

雪が霽れ止んだので、三人の行脚僧は地蔵院を辞して出かけ始めた。桂琛は彼等を送って門まで来た。而してまたお別れの問答をやった。桂琛は、「上座尋常説三界唯心、万法唯識〔上座尋常ろ三界唯心、万法唯識と説く〕のであるが、果してそうだとすれば」と云って、庭先の石を指さして、「この石はあなたの心の内に在ると云うべきか、心の外

に在ると云うべきか」と尋ねた。法眼は答えて、「心の内に在る」と云った。桂琛曰わく、

「行脚人著甚麼来由安片石在心頭。」（行脚の人、甚麼の来由を著け片石を安じて心頭に在るや。）

これは、「あなた方は、何だって重い石ころを胸の上に著けて行脚しまわるのだろうか」と云うほどの事である。法眼等はここに至って何とも返事のしようがなくなった。今まで何だか落著かぬ気分で居たものが、今度は意を決してこの地蔵院で決択をつけることにした。それで桂琛の下に止まること一月余、法眼は十分に自分の意見を吐いて是正を乞うた。桂琛はいつも「仏法はそんなものじゃない」と云って、法眼の道理を取り上げなんだ。法眼は手も足も出なくなって教誨を垂れ給えと願った。

「某甲詞窮理絶也。」（某甲し詞窮し理絶せり。）

もう何ともかとも出来なくなったと云うのである。桂琛は機熟せりと見たので、

「若論仏法一切現成。」（若し仏法を論ぜば一切現成す。）

と喝破した。この一言で法眼は大悟一番したと云うことである。「一切現成」と云うことは、ただそのままの義ではない。あるがままがそれだと云うのでない。まず詞窮まり理絶えて、進むことを得ず、退くことを得ず、生くるも不是、死するも不是のところに

到らなくてはならぬ。ここに来ないうちは、いくらの「一切現成」も何の意味をなさぬ。法眼も今までに何度も何度も「一切現成」をきいたに相違ない。しかし今まではそれは馬耳東風で何のことかわからなかった。が、ここで始めてそれを体得したのである。禅はここから生れて来るのである。無功用の行為はこの知がなくては物にならぬ。これは般若的無知の知、即非(そくひ)の論理の知である、また取捨の分別なく巧偽なき知である。この知の故に十二時を使い得るのである。僧あり、法眼に問う、

「十二時中如何(いかに)か行履(あんり)して即ち道と相応することを得ん。」

眼曰、「取捨(しゅしゃ)の心は巧偽(こうぎ)を成す。」

これは行が直ちに知と関係することを示したものである。

第三篇　禅問答

日本の曹洞禅は道元禅師を開祖として居る。それで禅師著述の『正法眼蔵（しょうぼうげんぞう）』九十五巻をその宗の金科玉条として、その研鑽に維（こ）れ日も足らずと云うのが、その宗徒である。左（さ）もあるべきことである。禅師は一方では祇管打坐（しかんたざ）とか兀兀地（ごつごつち）とか云われたが、また一方では辦道（べんどう）と云うことを頻りに云われる。坐禅辦道は『眼蔵』を通じて各処に現われて居る。辦道はまた参究とも参学とも究辦（きゅうはん）とも究徹とも云われる。一方のみを見ると、道元禅は無為無作（むいむさ）で黙照（もくしょう）禅の最も典型的なものと考えられるが、他の一方を見ると、『眼蔵』の著作だけでも大変な事業であるが、その中に究辦せられてある古則公案は云うに及ばず、著者自身の独創的見解と研究、新奇な文字と文法などを考察すると、禅師は異常な思索家――禅的思索家とでも云うべき天才であったことがわかる。鎌倉時代は実に日本思想文化の最も創造的なものを発揚させたと謂ってよいのである。

それはとに角として、禅的「参究」であるが、これは禅の本質と相容れぬものと見られぬこともない。そうすると、道元の九十五巻は何たる閑葛藤ぞやと云ってもよいのである。道元は辦道と坐禅とを並べて、前者の模範を示さんとして、『眼蔵』を著わした次第であるが、それがため彼の子孫の眼睛は、どれほどまでに瞎却せられたかは、知る人ぞ知るであろう。元来禅なるものは何と云っても「錯用心！」で、この一喝は誰でも甘受しなければならぬのである、啻に道元禅師一人のみではないのである。釈尊が、二千年の昔、尼連禅河の畔り、菩提樹下で明星を一見してから、所謂る仏仏祖祖なるもの悉く錯用心をやって居るのである。これを飽くまで承知して居て、而かも已むに已まれぬところに人間がある。それは道元もよく承知して居るのである。「山水経」に左の句がある。

「転境転心は大聖の所呵なり、説心説性は仏祖の所不肯なり、見心見性は外道の活計なり、滞言滞句は解脱の道著にあらず。」

「滞言滞句」は固より解脱の道著ではないが、見心見性は如何、説心説性は如何。従来の諸聖は何れもこれを教え、これを修し、これを証したのではないか。道元自身も「説心説性」篇、「見仏」篇、「仏性」篇、「即心是仏」篇など、数々の著作をやって居るではないか。彼自身は滞言滞句の過を犯さなかったであろうが、彼は明かに彼の読者をして滞言滞句に陥らしめたのである。九十五巻の『正法眼蔵』を罪することを最もよく知って居るものは、実に著者禅師その人なのである。

しかし彼は上記に引きつづき左の句を添えて居る。

「かくのごとくの境界を透脱せるあり、いはゆる青山常運歩なり、東山水上行なり、審細に参究すべし。」

これで見ると、「一切の錯用心！」は、青山の常に歩を運ぶところ、東山の水上に行くところを参究して究徹するときに透脱せられるものと謂わなくてはならぬ。果して然らんには、九十五巻と云う厖大なものよりも、所謂る一問一答の上で禅の話はつきるわけである。「不触事而知」（事に触れずして知る）の知は、宏智の云うところの「無偶」であり、「無取」であり、「奇」であり、而して見聞覚知の境界でなく、「尽十方世界一顆明珠」（尽十方世界一顆の明珠）なりの知であり、「水の水をみる参学あり、水の水を修証するがゆゑに、水の水を道著する参究あり」（山水経）と云うところから出てくる知であるとすれば、九十五巻はおろか、「虚空を紙として、大海を硯となし、須弥を筆となし」、百千万劫を費やして、一大著述をなしても、なお云い尽さず、書き尽されぬものがあるに極って居る。が、そうは云うものの、その云い尽くされ、書き尽くされるところからすれば、一言一句もまた剰語たるを免かれぬのである。東洋的あるいは殊に日本人的心理からすれば、揚眉瞬目、咳唾掉臂——それで何もかも片付くわけではなかろうか。先例は維摩の一黙、禅者の良久、拠座等に見られる。殊に言挙げせぬと云う吾等の祖先は実に禅の端的を看取し、道取したものである。

是故に、ここに禅問答なるものを紹介するのは最も機宜にあたることであろう。まず道元自身が引用して居る「青山常運歩」、「東山水上行」、「一顆明珠」などから始める。

「青山常運歩」は、北宋の人、芙蓉道楷（西暦一〇四三—一一一八年）の語である。嘗て徽宗から紫衣と禅師号を賜わったが、堅く辞して受けなかったので、罪せられたと云う話がある。あるときの上堂に良久して、それから曰わく、

「青山常運歩、石女夜生児。」（青山常に歩を運び、石女、夜、児を生む。）

これは、「山はいつも歩いて居る、石女は夜中に児を生んだ」と云うことである。分別意識の限界では到底わかるところの言詮ではないのである。これは既に誰でも少し禅文学を見た人には承知の事であろう。禅者はいつも吾等の行く途を逆にとらんとする。これは必然な事で、こうないと禅旨には徹せぬからである。

道楷はまたある時「道とは何か」と問われて答えた、

「無角泥牛犇夜欄。」（角のない泥牛が夜欄中にひしめき合う。）（無角の泥牛、夜欄〈深

夜のオリの中〉に犇く。」

十二月三十日、年の暮の上堂に彼は左の如く云った、

「臘月三十日已前即不問、臘月三十日事作麼生。諸仁者到這裏、仏也為你不得、法也為你不得。祖師也為你不得。天下老和尚也為你不得、山僧也為你不得、閻羅老子也為你不得、直須尽却今時去。若也尽却今時、仏也不奈他何、法也不奈他何、祖師也不奈他何、天下老和尚也不奈他何、山僧也不奈他可、閻羅老子也不奈他何。諸人且道、如何是尽却今時底道理。還会麼。明年更有新条在、悩乱春風卒未休。」

(臘月三十日已前は即ち問わず、臘月三十日の事作麼生。諸仁者這裏に到りて、仏もまた你のためにすることを得ず、法もまた你のためにすることを得ず。祖師もまた你のためにすることを得ず。天下の老和尚もまた你のためにすることを得ず、山僧もまた你のためにすることを得ず、閻羅老子もまた你のためにすることを得ず。直ちに須らく今時を尽却し去るべし。もしまた今時を尽却すれば、仏もまた他を奈何ともせず、法もまた他を奈何ともせず、祖師もまた他を奈何ともせず、天下老和尚もまた他を奈何ともせず、山僧もまた他を奈何ともせず、閻羅老子もまた他を奈何ともせず。諸人且らく道え、如何なるか是れ今時を尽却する底の道理。還って会すや。明年更に新条の在るあり、春風に悩乱せられて卒に未だ休せず。)

道楷上堂の帰趨は「今時を尽却するところ」に在るのである。此処で今時と云うは、旧年将さに去らんとして、新年未だ来らざるこの一刹那である。これは必ずしも人間のきめた暦の上での臘月三十日でなくとも、吾等の生きて行く一刻一刻が今時である。即ち生きて死し、死して生くるこの一刹那である。忽然念起の転機そのものである。この一時を参究し究徹するとき、陰窮まって一陽来復する。明年更に新条の在るありて、柳は緑、花は紅の春が来るのである。

「東山水上行」は雲門文偃（西暦九六六年寂）の答話である。雲門は雲門宗の祖で、五代の頃に化を盛んにした禅門有数の名家である。あるとき「如何なるか是れ諸仏出身の処」と問われて、彼は、

「東山水上行」（東山が水の上を行く）（東山、水上に行く）

と答えたのである。これもさきに道楷が云った「青山常運歩」の意旨に外ならぬ。「橋は流れて水は流れず」と云うこともある。吾等の分別意識はいつも山は動かぬもの、水は流れるものと見当を定めておく。つまり科学者が研究の題目を限定しておいて、その外に出ないよう、その中に這入るように、つとめると同じである。それ故、その中に在るものは、何時も始めからその中に這入るようにしてあるのであるから、動かぬものは動くことなく、動くものは動くことになって居るのである。それゆえ、動くものが動か

なくなれば、動くものの中から、外へ出してしまう。動かないものが動き出すときも、また外へ出す。そんなことに物事をきめておいて研究するのである。それが実際生活に便利でもあり、また分別識を基礎として居る科学では自らそうならざるを得ないからである。ところが、それではどうしても割り切れぬものが残るのである。即ち人間の心のおくには、それではどうしても承知出来ぬものがあるのである。単なる哲学上の問題としてでなく、吾等の生活の事実経験の上で、どうもそれだけではいけないと云う不平が出るのである。これは打消すことの出来ない事実なので、何ともしようのないことである。それで山が動き、水が流れぬと云うことにならなくてはならぬのである。わざわざ常識はずれのことを云いたいと云うわけでない。その常識なるものが始めから自分の外に何もないときめたのがいけないのである。それで自分自身も却てその根柢からひっくり返えされて、今更びっくりすると云うことになる。常識と云うは分別に外ならぬのである。禅者から見ると、山が動くと云うも、山が動かぬと云うも、どちらでもよいのである。ただし彼は動くともきめず、動かないともきめないのである。それ故、どちらを云ってもよいことになる。それじゃ無茶苦茶で、何も話にならぬと云われるにきまって居るが、禅者はそうでなくて、その話にならぬと云うところに、却て話になるものを見て居るのである。ここが肝腎なので、これを把握しなければならぬのである。これを把握させようと禅者はつとめるのである。雲門の「東山水上行」、道楷の「青山常運歩」、傅大士の「橋流水不流」〔橋は流れて水は流れず〕——何れも吾等をしてこの話の出来ぬところに却て話がらくに出来るよう回頭換面せしめんとするのである。

また道元を引用することを許されたい。彼は「山水経」で左の如く云って居る。さきにも一寸言及しておいたように、道元の文字は中々にわかりにくい。しかし彼は禅者で兼ねて哲学者であるが、その所説には思索的なものがある。それで文字の上の困難と思索の幽玄とが相重なって、読者を悩ますこと少からぬ。「山水経」に云わく、

「山の運歩は、人の運歩のごとくなるべきがゆゑに、人間の行歩におなじくみえざればとて、山の運歩をうたがふことなかれ。いま仏祖の説道、すでに運歩を指示す。これその得本なり。常運歩の示衆を究辦すべし。運歩のゆゑに常なり。青山の運歩は其疾如風よりもすみやかなれども、山中人は不覚不知なり。山中とは世界裏の華開なり。山外人は不覚不知なり。山をみる眼目あらざる人は、不覚不知、不見不聞、這箇道理なり。」

引文の意味を現代的にすると左の如くにも読まれよう。

山が歩くと云うと人間の歩くように歩くのだと考えられ、而して山が、そんな塩梅

に、左の足右の足と云って、交互に前進させ或は後退させると云う風に見て、それから結論して、山は歩かぬと云うであろう。が、そう考えて、山の歩くことについて疑を挟んではいけない。それは前記のように、既に道楷禅師が説道せられて居るように、山の歩くのが山の山たる本来の妙徳なのである。それ故、「常運歩」と云う道楷の示衆を究辦しなければならぬ。山の常住不動の姿はやがてその運歩のところにあるのである。而してその運歩の疾きことは、風の疾きが如くと云うよりも、まだ疾いのである。（それは不動の動、動の不動だからである、肯定の否定、否定の肯定だからである。）これはこの山の中に居る人によりて自覚自知せられぬ。（自らがその中に居るからである。）山の中と云うはこの世界——花開き花落つるこの世界のことである。この世界の中に居るものは、その中に居ると云う理由で山の運歩を自覚せぬが、山の外へ出て居るものもまたその外に居ると云う理由で、山の運歩を自覚せぬ。どうしても山を見ると云う眼目がなくてはならぬ。（山の中に居て山の外に出ることが出来、山の外に居て山の中を離れぬと云うことが出来ないと、山の運歩はわからぬ。内に居て外に在り、外に居て内に在ると云うところに、山を見る眼目がある。）この眼目があると、這箇の道理——即ち山の運歩と云う道理についての覚知があり見聞があるのである。

道元は更に進んで左の如く云う、

「もし山の運歩を疑著するは、自己の運歩をもいまだしらざるなり。自己の運歩なきにはあらず、自己の運歩いまだしらざるなり、あきらめざるなり。自己の運歩をしらんがごとき、まさに青山の運歩をもしるべきなり。青山すでに有情にあらず、非情にあらず。自己すでに有情にあらず、非情にあらず。いま青山の運歩を疑著せんことうべからず。いく法界を量局として、青山を照鑑すべしとしらず。青山の運歩、および自己の運歩、あきらかに検点すべきなり、退歩歩退（歩歩進退）ともに検点あるべし。未朕兆の正当時および空王那畔より、進歩退歩に、運歩しばらくもやまざること検点すべし。運歩もし休することあらば、仏祖不出現なり。運歩もし窮極あらば、仏法不到今日ならん。進歩いまだやまず、退歩いまだやまず。進歩のとき退歩に乖向せず、退歩のとき進歩を乖向せず。この功徳を山流とし流山とす。」

道元の青山運歩観は委曲をつくすと謂うべきである。その大意を解明すると次の如きものになろう。

山があるかぬと考える人は、自分の歩いて居るのを知らぬ人である。自分の歩いて居ることを知って居る人なら青山の運歩にも一隻眼あるわけだ。今青山と云うと、有情か非情かなどと考えこむ人もあらんかなれど、わしが云う青山はそんな分類法で限定すべきものでないのである。自分と云うそのものもまた有情でもなければ非情でもないのである。それ故、山が歩くと云っても、あの大地が盛り上って、雲の上まで突立って居る山々のことを云うのでないのである。法界と云っても、やはり何かの限定をもったものである、局量せられて居るものである。そんなところにあるものを目標として、青山の運歩を考えてはならぬ。青山の運歩は自己の運歩で、自己の運歩は青山の運歩であるから、自他と云うものを容れると云う限定性の世界を考えずに、世界の法界、量局のない法界を考えなくてはならぬ。そこで進歩し退歩するものは何かと仔細に点検しなくてはならぬ。未朕兆の正当与麼時、空王那畔無周辺の場処で、進歩し退歩する運歩を点検しなくてはならぬ。一刹那も休むことがないのである。もし休むことがあれば、仏祖もこの世に出るわけはない、仏法も今日に伝わるわけはない。進歩と退歩と、円環的・往還的・回互的・自己同一的に運歩するので、山が流れるのであり、流れる山があるのである。

大体こんなような思想が、「山水経」から獲られるのである。「この功徳を山流とし流山とす」と云うような言詮は、道元独自のでなくて、禅家はすべて、そんな風に云い習わして居る。が、この山と体と、流れるまたは歩くと云う用とを回互的に見て、その上に「参同契」のような思想を組み上げたのは、曹洞系の祖師達である。主語と述語とを別別のものとせず、主語と述語とを相互に回換させて、山が流れるとも云い、流れるが山だとも云う。体言と用言とが、どちらの方向からも、じかに結び付くと云うところに、禅家の物の見方があるのである。青山の運歩、東山の水上行など云う表現は何れもこれから出て来る。

しかしただ無闇に回互しておけばそこに禅があると考えたら大変である。これを語脈裏に転却せられると云う。滞言滞句の徒である。どこかそこに回頭換面の時節がなくてはならぬ。吉州青原の惟信禅師と云うは黄龍祖心の嗣で、宋代十一世紀の末頃の人であるが、その人に有名な上堂がある。

「老僧三十年前、未参禅時、見山是山、見水是水。及至後来親見知識有箇入処、見山不是山、見水不是水。而今得箇休歇処、依前見山祇是山、見水祇是水。大衆這三般見解、是同是別。云云。」

(老僧三十年前、未だ禅に参ぜざりし時、山を見れば是れ山、水を見れば是れ水。後来、親しく知識に見え、箇の入処あるに至るに及んで、山を見れば是れ山にあらず、水を見れば是れ水にあらず。而今、箇の休歇の処を得て、前に依りて、山を見れば祇これ山、水を見れば祇これ水なり。大衆、この三般の見解、是れ同か、是れ別か。云云。)

これはどんな意味かと云うと、まだ禅も何もわからなかった時節には、世間並に、山は山、水は水と見て居た。それが後来お知識の下で入処(さとり)があったが、そのときは反対に、山は山でなく、水は水でないと云うことになった。近頃、休歇の処――即ち落著くところへ落著いたこの頃は、山を見ると山、水を見ると水と云うことになった。この三様の見方は一つものか、そうでないか。さあ道ってごらんと、云うのが惟信の説法である。般若の即非的論理はここにも見られる。まず常識的に分別上の肯定がある。それが全然否定せられて、分別はその根源のところで足場を失った。が、もう一つの転機に出くわしたら否定がもとの肯定に還った。無分別の分別が得られた、即非論理の過程を往還した。一寸見ると、これは単なる認識上の一事件のように考えられるかも知れぬが、その実、その人の上からすると、生活の事実経験において、今まで看取せられなかった機微の消息に触れると云うことなのである。山を動かぬところから見ないで、その動くところに触れたと云うことは、「山の活計」が直ちに自己の活計となったと云うことである。山が自己で自己が山であると云うことは、分別の無分別でまた無分別の分別であるが、参学辨道の頂顙眼睛は、ここで一転換して、自己の日常の活計そのものの中に注がれてくる。唯々山を山と見、水を水と見ると云うような客観的認識とも云うべきところに止まらないで、参究の眼睛は、直ちに「無事是貴人」と云うところに向けられるのである。ここで法身辺とか法身向上の事とか云うことが説かれるが、それは必ずしも今日の吾等の気に掛けなくてもよい事であろう。

前記「尽十方世界是一顆明珠」（尽十方世界是れ一顆の明珠）につきての因縁を話す前に、雲門文偃につきて、この書の読者にも参考となるべき事項及び彼の上堂や問答につきて少しく記すことにする。

雲門文偃は始め志澄律師について律部の研究をやったのであるが、どうもそれでは満足出来ぬので、黄檗の弟子であった睦州の陳尊宿に参禅した。ところがこの睦州和尚と云うのは中々悪辣な手段の持主であった。雲門のやってくるのを見て便ち門を閉却した。雲門は門を叩くと、「誰だ」と云う声がした。雲門は「わたくしでござる」と云って名乗った。睦州曰う、

「作甚麼。」（何の用なのだい、一体。）（甚麼をか作す。）

「己事未明乞師指示。」（どうも自分と云うものがわかりませぬので、師の御示しを蒙りたい。）（己事未だ明らかならず、師の指示を乞う。）

こう返事する雲門のために、州は一寸門を開けて雲門を見たかと思うと、すぐさままたそれを閉めてしまった。しめ出しを喰わされては何と仕様もないので、雲門はすごすご

帰った。

が、幾日もたたぬうちに、彼はまたやって来た。どうも睦州の仕打がわからぬ。即ちこの仕打のどこに自己を明らめ得べきものがあるのかわからぬ。彼はまた睦州の門を叩いた。前と同じ取扱いを受けた。益々わからぬ。が、わからぬで通すわけにも行かぬ。何とか解決をつけなくてはならぬ。それで今度は第三度目と云うとき、彼は睦州の門をあけるのを待って、無理やりにその内へ踏み込んだ。睦州はこれを見ると、すかさず雲門を引き捕えて、「さあ道え、さあ道え」とやった。雲門はそうだしぬけにやられては何と返事のしようもない。自ら一寸まごついた。睦州はその隙に乗じて、雲門を門外へ推し出して、「このろくでなしめが」と云って、門をぴしゃりとしめた。そのとき雲門の片足はまだ門内に在ったが、戸に挟まれて、思わず「あ、いたい!」と叫んだが、その瞬時に彼は自らの心源に徹底した。その後、睦州は彼をして雪峰山の義存和尚に参禅せしめた。

雲門は雪峰荘へやってきたとき、彼は一人の雲水に出会った。門は尋ねた、

門、「上座今日上山去那。」(あなたは今日は山へ上るのだろうね。)

僧、「是。」(如何にも。)

門、「寄一則因縁、問堂頭和尚。祇是不得道是別人語。」(一つ御願いだが、あなた、

山へ上って和尚さんに会ったら、問答を仕懸けてくれまいか。しかしそれは他人の語だと云ってはいけないぞ。）

僧、「得。」（わかった。）

門、「上座到山中、見和尚上堂、衆纔集、便出、握腕立地、曰、這老漢頂上鉄枷、何不脱却。」（あなたが今日山へ上って、和尚が上堂して、大衆が集るのを見たら、和尚の前面に立ち塞がり、腕を握して、こう曰いたまえ、和尚さまの頂上の鉄枷、何としてそれをお取りになりませぬかと。）

〔門、「上座、今日、山に上り去るや。」

僧、「是。」

門、「一則の因縁を寄す、堂頭和尚に問え。祇だ是れ是れ別人の語と道うを得ざれ。」

僧、「得。」

門、「上座、山中に到り、和尚上堂し、衆纔かに集るを見ば、便ち出で、腕を握り地に立ちて、曰え、這の老漢、頂上の鉄枷、何ぞ脱却せざると。」〕

雲水の坊さんは、雪峰の前で、雲門に教えられたままを演出したところ、雪峰はこれを見るや直ちに禅牀から下りて来て、雲水の坊さんの胸倉を把えて、「さあ道え、さあ道え」と云った。坊さんは何と答えることも出来ないで居たら、雪峰は彼をつき放して、

「不是汝語。」(こりゃ御前自身のものではない。)〔是れ汝の語にあらず。〕

と詰(なじ)った。坊さんは少し抗弁した。雪峰はそんな事で承知する馬鹿和尚では固よりないのである。彼は侍者に命じて縄を持ち来らしめ、この不届者をふんじばってやろうとした。すると雲水の坊さんは白状した、

「不是某語。是荘上一浙中上座、教某甲来道。」(実は自分の言葉ではないのです。今門前の村に浙中からの坊さんが居ます。それが自分に、こんなことを道えと教えたのです。)

〔是れ某(それがし)の語にあらず。是れ荘上(しょうじょう)の一浙中(せっちゅう)の上座、某甲(それがし)に教えて来たり道(い)わしむるなり。〕

これを聞いた雪峰はさもあるべしと思い、大衆に云った、「今門前に五百人をも統率するに足るべき善知識が来て居る。早く往って彼を迎え取って来い」と。次の日になって雲門が山へ上って来て雪峰に相見すると、雪峰曰く、

「因甚麼得到与麼地。」(どうしてこの境地にまで到られたか。)

〔甚麼(なん)に因(よ)りてか与麼(よも)の地に到るを得たる。〕

雲門は、何とも云わずに、ただ頭を下げるばかりであったが、両者の契合はこれをきっかけに益〻温かくなり行き、雲門は遂に雪峰の印綬を得るに至ったのである。

雲門の「一字関（いちじかん）」と云って、彼は一語で問答の切りをつけるに妙を得ておった。それを二つ三つ紹介する前に、彼の上堂の大意を意訳して紹介する。

「今日此処へ上って御話するのであるが、それは万已むを得ないので、目の開いた人から見れば一場のお笑草と云うことになるであろう。

今諸君に向って「直下（じきげ）に無事（ぶじ）で、それでよいのだ、諸君に何の欠少（かけ）たことがあるか」と云っても、諸君とわれと共に相埋没了也（相い埋没し了（おわ）れり）と云うことになるのである。しかしただそこに留まってはならぬ、更に歩を進めて向前すべきところがあるのである。

それに只〻（ただ）言を尋ね句を逐うて、只管（ひたすら）に解会（げえ）せんことをのみ覓（もと）めても何にもならぬ。色々の難問みたいなものを設けて、その場の口滑りを教えたって、まことの道はそんなところに在るものでない。いつ休歇（きゅうけつ）の時節があろうぞ。もしこの事（禅）が言語分別の上に在るとしたらば、三乗十二分教と云って種種の経典があるではないか。それを研究したらよいのである。教外別伝など云うことを云わなくてもよいではないか。只〻学解機智と云うことなら、昔から十地の聖人がやってくれた説法は、雲の如く雨の如く、数えきれぬほども沢山ある。それらは何れも見性（けんしょう）の域に到って居ない、なお羅縠（うすぎぬ）を隔てて居ると呵責せられるのである。

何でもまだ有心の境にさまようて居ては、天地懸絶である。もしそれ得底の人であったらいくら火と道っても口を焼くことはない、朝から晩まで饒舌(しゃべ)って居ても、未だ嘗て唇歯を動かすこともない、一字を道著したこともない、また朝から晩まで著物を著て居ても一縷(いちる)の糸を身に掛けて居ない、朝お粥を食べ、昼、御飯を戴いて居ても一粒の米に触れて居ないのである。

そうは云うものの、これでもまだ門庭の説にすぎないのである。実地に恁麼地(いんもじ)を得なければならぬ。本色の禅坊さんと云うなら句裏の機を呈したと云っても、徒らに佇思(ちょし)を労したと云うことに過ぎない。またたとい一句の下で承当(じょうとう)したと云っても、そりゃ寝言にすぎないのだ。」

雲門がこう云ったら、そのとき大衆の中に一人の僧が立ち上って、「如何是一句」(如何なるか是れ一句)と尋ねた。雲門は唯〻「挙(こ)」と云った。(因(ちなみ)に、この一字を何と解すべきであろうか。「挙せよ」と云うべきか。「挙してしまった」と過去に読むべきか。それなら、それは誰がやったのか、雲門か問僧か。あるいはまた未来にかけて読むべきか。あるいはまた現在の働きであるか。漢文はこの点で茫漠として居る。ここでは読者の見解に一任しておく。)

雲門はまたある日の上堂に左の如く云った、

「今自分が諸君に一則の語を与えて、諸君をして直下に承当せしめたと云っても、それは諸君の頭上に一杓の屎を撒著（さつじゃく）したようなものである。またたとい一毫頭（ごうとう）を拈（ねん）じて尽大地（じんだいち）を一時に明らめ得たとしても、それはまた好肉を剜（えぐ）って創（きず）を作したようなものである。それはそうだが、大切なことは一たび実地に這箇（しゃこ）の田地に到り得ることである。それがないと云うなら、好加減なことを云わず、自ら退歩して各自にその脚根下に向って推尋しなくてはならぬ。一体、これはどんな事になって居るのかと（是箇甚麼道理（これこのなんのどうり））。

事実、こちらの方から、一糸毫ばかりも諸君に与えて、解会（げえ）の目標とか疑団（ぎだん）の対象とかにすべきものはないのである。諸君自身のうちに一段の事がある。それが何の障礙も拘束もなしに、大用現前（だいゆうげんぜん）なのである。自由自在にはたらいて居る。別に何等のはからいも何等の気力もつけずに、任運騰騰（にんぬんとうとう）である。但〻諸君の信根が足りないのと、業縁が深いので、何だかこれでは済まない、何か有るのだろうと云う考えを起した。這般（しゃはん）の反省が一たび頭を擡（もた）げてくると、じっとして居られないので、鉢嚢（はつのう）を担って、千郷万里の行脚に出かける。あちらで叩かれ、こちらで打たれて、到るところに苦屈を受けることになった。

しかし実際のところは、諸君自身に何等の不足もなく、それぞれに一分の道理をもって居るのであるから、独自に承当しなければならぬ。そう云うのも既に第二機に落ちて居るのだが、それも古徳の親切からである。それを忘れて、人が一言半句を垂れることがあると、それに集ってたかる。丁度青蠅が、屎上に聚るようだ。闘諍してその一部分を将ち去って、三人五人と頭をあつめてそれを商量する。誠に苦なるかなである。

古徳が学人を接得する様子を一つ二つ云うと、徳山和尚は僧の門へ這入って来るのを見ると杖を曳いて出て、それを趁いかけたのである。睦州和尚は、僧の入門するのを見ると、「現成公案、汝に三十棒を放す」と云った。（しかしいつもこんな手段でよりつくところがないと云うわけでなく、時には下の如き禅経験の直叙と云うべきのもある。これによりて学人は甚の処に力を著くべきかの方向を指示せられるのである。）

雪峰は「尽大地是汝自己。」（尽大地是れ汝の自己。）

夾山は「百草頭上薦取老僧、鬧市裏識取天子。」（百草頭上に老僧を薦取し、鬧市裏に天子を識取せよ。）

洛浦は「一塵纔起大地全収、一毛頭獅子、全身総是汝。」（一塵わずかに起れば大地全く収まり、一毛頭の獅子、全身すべて是れ汝。）

と云った。これらの葛藤相為の処につきて、反覆思量して看よ。日久しく歳深ければ、自ら箇の入路があるであろう。

とに角、猪狗を一齩みにする本色の禅者に会って、その許で修行するがよい。性命を惜しまず、泥に入り、水に入ることを辞するな。眉毛を上眨して、高く鉢嚢を挂げ、拄杖を拗折して、十年二十年、辦取徹頭せよ。云云。」

雲門はよく一字で答えたことがある。これは前にも記したように、答者の心持が果して那辺にあったか、容易に捕捉し難い場合もある。またそれがため、これを解するものの体験の深さを反映する場合もあろう。禅問答なるものは、門外の人々にとりては、何と云っても、縹緲として見難く親しみ易からざるものなのである。雲門の一字関で最も叢林の胸腹病となって居るのは、翠巌令参の示衆に対する雲門の応酬であろう。令参は雲門と同じく雪峰の弟子であったが、ある時翠巌は上堂して曰わく、

「今夏与兄弟説話、看翠巌眉毛還在麼。」(一夏中諸君のためにと云って、何かと色々饒舌ったが、どうだ、自分の眉毛はまだ在るかいな。)

〔今夏、兄弟の与に説話す、看よ翠巌の眉毛還って在りや。〕

これは法を説いてその真実性に触れないと、その罰として眉鬚堕落すると云うことがあ

るので、今翠巌も一夏中何かと説話をしたものの、元来禅なるものは、いくら口を滑らしたとて、その真実を尽くし得ない、随って何もかも嘘だと云うことになる。自然翠巌の眉毛も夏末の今日堕ちて居ることであろう、どうだなと大衆一同に問うたと云う文面である。これに対して二、三の禅者が応答して居るが、雲門は只〻、

「関」

と云った。これが問題なのである。

シナでもそうであったろうが、日本では大徳寺の大燈国師以来、禅者の間で、この関字は色々と論議せられたのである。今はそれに言及することを止める。とに角雲門は言句の上で、禅の妙所を発揚したので有名なのである。尚二、三の一字関を挙げると、

僧問、「如何是雲門剣。」
雲門曰、「掲。」(かかぐ。『五燈会元』には「祖」とある。祖の義不明。)
(僧問う、「如何なるか是れ雲門の剣。」
雲門曰く、「掲ぐ。」)

問、「如何是吹毛剣。」
答、「骼。」(ほね。「胔」、くされにくと答えたこともあると見ゆ。)

〔問う、「如何(いか)なるか是れ吹毛(すいもう)の剣。」
答う、「骼(かく)。」〕

問、「如何是正法眼。」
答、「普(ふ)。」(あまねし。)
〔問う、「如何(いか)なるか是れ正法眼(しょうほうげん)。」
答う、「普(あまね)し。」〕

問、「如何是啐啄機。」
答、「響(きょう)。」(ひびく。)
〔問う、「如何(いか)なるか是れ啐啄(そったく)の機(き)。」
答、「響(ひび)く。」〕

問、「如何是雲門一路。」
答、「親(しん)。」(したし。)
〔問う、「如何(いか)なるか是れ雲門一路。」

答う、「親し。」〕

問、「承古有言、了即業障本来空、未了応須償宿債。未審二祖是了、未了。」

〔問う、「承るに古に言有り、了ずれば即ち業障〈過去世の悪業による障り〉本来空、未了ならば応に須らく宿債〈過去世からの負債〉を償うべし。未審し二祖、是れ了なりや、未了なりや。」〕

（この問は説明を要する。「古有言」は永嘉の「証道歌」中の二句である。吾等は何れも業縁の世界に生きて居る。業縁とは歴史的現実の義である。是は借金のようなもので、吾等は生生世世、これを背負って居て、何時かは払わなければならぬ。自分がこの旧債を自覚しては居ない、しかし借金の証文は何処かにしまってある。が、天地の大道に徹了すると、どんな証文でもさっさと払って行かれる。一言の云いわけも、小言も云わぬ、水の流れるように何等の滞りもない。ところが徹不了であると、あちらに引っかかり、こちらに引っかかって、中々に埒が明かぬ。二祖の慧可は達摩の法を嗣いだ人で、古今の大徳である。それが他の嫉を受けて、官府に讒せられ、非業の死を遂げたと云うのである。禅理を明らめた名僧知識でありながら、そんな死にかたをしたと云うのは、旧債を償うものだと、真を識るものは評判した。果して然らんには、慧可は未徹未了と云うべきであろうかと云うのが問者の疑惑の存するところである。つまり善い事をして却て悪い報を受くるは、けしからぬと云うのである。善因善果、悪因悪果はどうなるのでしようかと尋ねたものと見てよい。）

雲門答、「確。」（因果歴然と云うほどのこと。）

〔雲門答う、「確たり。」〕

二祖慧可の示寂は隋の文帝の時であったが、その後二百年ほど経て、唐の皓月供奉と云うのが、南泉普願の弟子の長沙景岑に尋ねた、

「古徳云、了即業障本来空、未了応須償旧債。只如師子尊者（印度第二十六祖）・二祖大師、為什麼得償債去。」（これも雲門に物尋ねた坊さんのと同じ意味の問である。大道徹了の人は、業障も消えてなくなって、旧債など償うことはなかろうと云う心である。）

長沙、「大徳不知本来空。」（あなたには本来空の義がわからぬ。）

供奉、「如何是本来空。」

長沙、「業障是。」

供奉、「如何是業障。」

長沙、「本来空是。」

〔「古徳云う、了ずれば即ち業障本来空、未了ならば応に須らく旧債を償うべし。只だ師子尊者(印度第二十六祖)・二祖大師の如きは、什麽と為てか債を償い去るを得ん。」

長沙、「大徳、本来空を知らず。」

供奉、「如何なるか是れ本来空。」

長沙、「業障、是れなり。」

供奉、「如何なるか是れ業障。」

長沙、「本来空、是れなり。」〕

これでは話が循環論法で落著しないようであろう。が、雲門も長沙も同じ路を踏んで歩いて居るのである。因果歴然の「確」も本来空の業障も、「一性更無殊」〔一性にして更に殊り無し〕である。ここに了と未了とがある。禅の宗旨はいつもこれを狙って居るのだ。

雲門と別れる前に、もう少しく彼の面目を描出して見よう。何時頃かわからぬが、而して禅僧には限らぬが、拄杖と云うものが、坊さんの持物の一つとなった。もとは行脚用であったろうが、蚊払いの払子が和尚の威厳を副える什具となったように、拄杖がまた法式用度の一つに取り上げられた。而して禅僧はそれを説法の上において大いに目覚ましく活用したのである。

雲門ある日の上堂に、拄杖をずっと前面に拈出して、それから説教を始めた、「凡夫は実に之を有と謂い、二乗はこれを分析して無と謂い、縁覚はこれを幻と謂い、菩薩は当体即空と謂うが、衲僧家(即ち禅僧)は拄杖を見て便ち喚んで拄杖とするのである。行くときは但行くだけ、坐するときは但坐するだけだ。動著するな」。

またあるとき雲門は拄杖を拈じて面前を指して曰わく、「乾坤大地微塵の諸仏(天地に充ち満ちて居る無数の仏達)は、すべて此処に居るのである。而して彼等は今や仏法上の争に夢中になって勝負を求めつつあるのである。誰れかここへ出て彼等を諫めてくれるものがないかしらん。もし誰もないと云うなら、老僧自身が出馬して、你等諸人のために、彼等に一言を与えるであろうから、まあ待て」。こう云うと一人の僧あり出て問う、「どうぞ和尚さんの御忠告を承りたい」。「這野狐精!」(このにせ坊主め!)と、雲門は一喝した。

またある日の上堂に、雲門は拄杖を拈じて曰わく、「拄杖子が化けて龍となって乾坤を一呑みに呑んでしまった。山河大地は甚の処から出て来るか」。

また曰わく、「わしはいつも云うが、微塵の刹土にござる三世の諸仏を始め、西天の二十八祖、唐土の六祖もみな悉くこの拄杖子の頭上に在って説法して無礙の神通を示して居られる。而してその音声は尽十方のすみずみまで徹せざるところはないのである。お前達わかるか。わからぬと道うなら、無暗な大口を叩いてはいけないぞ。わかったわかったと云っても、本当のところは容易に見えぬものだぞ」と、こう云っておいて、拄杖を取り上げて、地上に画一下して曰わく、「総在這裏」(みんな此処にいる)〔総に這裏〈ここ〉に在り〕と。それから、また一画を画いて曰わく、「総従這裏出去」(みんな此処から出て行く)〔総に這裏従り出で去る〕と。

拄杖はこれくらいにして、雲門の話をするとき忘れてはならぬ一則がある。これはよく世間にも知られて居るが、その出処を明らめて居ない人もあらんかと思い、ここに記す。それは「日日是好日」と云うのであるが、「くる日もくる日も結構なことで、ありがたい」と云うのである。ある日雲門の示衆に曰わく、

「十五日已前不問汝、十五日已後道将一句来。」(十五日まえは、お前達に尋ねないが、十五日已後に何か一句を道いもち来れ。)

〔十五日已前は汝に問わず、十五日已後は一句を道い将ち来たれ。〕

このとき、集って居た大衆の中に誰も返事するものがなかったので、雲門自身に答えて、

「日日是好日」〔日日是れ好日〕

と云ったのである。

卒然とこんな自問自答見たいなものを読むと、何の事か中々にわからぬものである。禅は何か一種の囈語にも似たらんかなどと考えるものもあろう。そう云えばそうも云われようか。なぜかと云うに、禅者の方から見ると、そんなこと云う人々の方が囈語云うかの如く見えるからである。両者はどうしても相異った世界に住んで居ると考えなければならぬ。しかし御互に罵り合うことが出来るところに、何か共通のものがあるのであろう。そこでどちらが真実を語って居るかの問題になるが、それはこの「共通」と云うところがわかってこないと、論には決著を見ることが出来ないであろう。「共通」の場処とはどこか。雲門の場合では、十五日である。昔は太陰暦で月の盈虧が時を計る標準になった。此処に早く第一歩の転墜をやったわけであるが、とに角、やった。それで一箇月は三十日、半箇月は十五日である。雲門はここを狙って居る。十五日已後とか十五日已前とか云うのは、禅者から見れば、何等の波瀾葛藤ぞやである。平地上にいらざる波瀾を起したわけである。雲門は必ずしも十五日、三十日、三百六十五日、二千六百年を打消せと云うのではない。それをそのままにしておいて、人人覿面の場処で一句を道えというのである。禅者は哲学者でないので、時間がどうの、空間がどうの、有無正反の論理がどうのと、概念的弁析はやらぬ。日常実生活の上で、吾等の反省を促すのである。それ故、十五日前後の公案が提出せられる。「永遠の今」で、この当処を離れぬところに、何かの知がなくてはならぬ。無分別の分別がなくてはならぬ。それは吾等は何れも人間だからである。この種の知は人間にのみ許された特恵だからである。雲門の知は彼をして、「日日是好日」と云わしめたのである。禅はいつもこの無知の知、無分別の分別、般若の即非論理から出発して居る。雲門を見んとするときには、どうしてもこの出発点に撞著してかからねばならぬ。生死の問題もその通りである。十五日、三十日、三百六十五日と重なり重なって、六十、七十、八十年となって、而して吾等は一人一人死んで行くと云う。人間の生死には単に時間の遷移と云うことのみで解すべからざるものがあろう。が、物理的・力学的に見れば、とに角、人間も死んで行く。その生死をどうしたら避けられようかと、吾等の多くは悶える。あるいはどう生死に処すべきかと迷う。その雲門はまたここで一句を道取した、曰わく、

「還我生死来」〔我に生死を還し来たれ〕

と。これは、ある僧が「生死を如何に排遣すべきか」と問うたのに対して、雲門が手を差し延べての挨拶である。此処にも禅者の哲学者でない榜様が窺われるであろう。

雲門文偃禅師はこれくらいにして、これから玄沙宗一大師を少しく物語る。

前記「尽十方世界是一顆明珠」(尽十方世界是れ一顆の明珠)と云ったのは玄沙師備(西暦八三四―九〇八年)である。彼は雲門と同じく雪峰を師として居る。雪峰は修行中には中々綿密な行事をやった人で、いつも一本の木杓を携えて行脚したと云う。それはどこの僧堂へ行っても、典座と云って、賄方を受持ったと云う意味である。賄方は容易ならぬ役目であるが、その人の苦労は、それほどに他の認むるところとならぬものである。陰徳を積むのが雪峰の志願であった。それから彼はまた坐禅に熱心で七箇の蒲団を坐破したと云う伝説がある。この人の弟子であった玄沙も「頭陀」と字せられたほどに簡素の生活を甘んじた。「布衲芒屨」と伝記にしるしてある。食物もわずかに生命を繋ぐにすぎなかった。彼はそれで他を欺いてその帰依を受けようなど云う考は、もとより、持って居なかった。「終に敢て人を誑かさず」と云うのが彼の生活を指導した動機であった。

雪峰と玄沙とは意気投合したところがあったと見えて、その問答にも親しいところがある。あるとき玄沙は雪峰に一本の拄杖がほしいと云った。ただの拄杖でないことはわかって居る。

沙、「有拄杖乞一条。」(拄杖がありましたら一本頂きたいものです。)

峰、「我有三条汝将一条去。」(三本あるから一本持ってお出で。)

沙、「人人祇是一箇、和尚為什麽用三箇。」（人には一本しかないのですが、和尚にはどうして三本ありますか。）

峰、「三箇総用。」（三本とも皆使って居る。）

沙、「是即是、某用不如此。」（それは結構ですが、自分ならそうはしない。）

峰、「汝作麽生。」（お前ならどうする。）

沙、「是三是一。」（三は三で、一は一です。）

〔沙、「拄杖有らば一条を乞う。」

峰、「我に三条有り、汝じ一条を将ち去れ。」

沙、「人人祇是れ一箇のみなるに、和尚、什麽と為てか三箇を用う。」

峰、「三箇総じて用う。」

沙、「是は即ち是なるも、某用うること此の如くならず。」

峰、「汝じ作麽生。」

沙、「是れ三、是れ一。」〕

玄沙がある日雪峰に別れて、山を下らんとして、雪峰の前へ出て、こんなことを云った、

沙、「人人自繇自在、某甲如今下山去。」（人人に自由自在なものがあるので、これか

ら山を下ります。）

峰、「是誰与麼道。」（そんなこと誰が云ったか。）

沙、「是和尚与麼道。」（それは和尚さまのおっしゃることです。）

峰、「汝作麼生。」（お前ならどうだ。）

沙、「不自繇自在。」（自由自在ではありませぬ。）

峰、「知。」（是れも雲門の一字関で読みようは必ずしも一ではあるまい。）

〔沙、「人人、自繇自在、某甲し如今、山を下り去る。」

峰、「是れ誰か与麼に道う。」

沙、「是れ和尚、与麼に道う。」

峰、「汝じ作麼生。」

沙、「自繇自在ならず。」

峰、「知。」〕

雪峰、ある日のこと、次のようなことを云った、

峰、「此事如似一片田地相似、一任衆人耕種、無有不承此恩力者。」（云って見れば、この事は一片の田地のようなもので、人人それを耕やし種子を蒔くことによりて、収穫があがる。どんな人でもその恩力を承けないものはないのだ。）

沙、「且作麼生是一片田地。」（ちょっと、その一片の田地と申しますのは何ですか。）

峰、「看。」（見よ。）

沙、「是即是、某甲不与麼。」（それもそうですが、自分ならそうは申しませぬ。）

峰、「是汝作麼生。」（そんならお前はどうだ。）

沙、「祇是人人底。」（一人びとりの身の上の事です。）

（峰、「此の事、一片の田地の如くに似て相い似たり、衆人の耕種に一任す、此の恩力を承けざる者有ること無し。」

沙、「且らく作麼生か是れ一片の田地。」

峰、「看よ。」

沙、「是は即ち是なるも、某甲し与麼ならず。」

峰、「是れ汝じ作麼生。」

沙、「祇だ是れ人人底。」）


神楚闍黎と云うのが、ある日坊さんの死んだのがあったとき、雪峰に尋ねたことがあった。雪峰はその問と自分の答とを左の如く玄沙に話した。

峰、「神楚闍黎問我、亡僧遷化、向什麼処去。我向伊道、如氷帰水。」（人の死ぬるのは氷が水に帰るようなものだ、と云ってきかした。）

沙、「是即是、某甲不与麼道。」

峰、「汝作麼生。」

沙、「如水帰水。」（水が水に帰るようなものです。）

〔峰、「神楚闍黎、我に問う、亡僧遷化、什麼の処に向ってか去る。我れ伊に向って道えり、氷の水に帰するが如し。」

沙、「是は即ち是なるも、某甲し与麼には道わず。」

峰、「汝じ作麼生。」

沙、「水の水に帰するが如し。」〕

「如水帰水」とは玄沙得意の喩であったらしい。彼は次の如き説法をやって居る。

「丁度汝諸人は大海の中に沈んで居て、頭の上まで水の中に浸たりながら、手を上げて、どうか水一杯おくれと云うようなものだ。河のそばで水がほしいと云って居るのなら、まだわけのわからぬこともなかろうが、身は既に水の中に居るのだ。わかるか。般若の大智慧があれば、それがわかる。箇事は唯々我能く自ら知るのである。無暗に彼方へ往って尋ね、此方へ来て探がしたとて安心立命は得られるものでない。他人の言語をのみ記得したとて、それは陀羅尼を暗誦したと同じである。

世間では、昭昭霊霊たる霊台の智性が、この身のうちにあって、それが吾等の心であるとか、主人公であるとか云って居る。が、そんなものは生死の根本、妄想の縁気であって、分別知の対象に過ぎぬ。もしそれが真実底の昭昭霊霊なら、覚めて居るときも、寝て居るときも、その昭霊性にかわりのあるべき道理がなかろう。これは賊を認めて子となすものである。世間で昭昭霊霊底と考えられて居るものは、見聞覚知の境を離れて居ない。前塵がないと、それは兎角亀毛同様でしかない。こんなのは本当の主人公でない。秘密の金剛体と云うべきものがある。これは五蘊身田のうちにおしこめられて居るべきものでない。円成の金剛体で沙界に偏周せざるところなしである。如今山河大地、十方国土、色空明暗及び汝の身心——みな悉くこの汝の円成の威光を承けて現ぜずと云うことなしである。天人群生の類、所作の業次、受生の果報、有情無情——みなこの汝の威光を承けざるはないのである。それからまた諸仏の成道、成果、接物利生、尽く汝の威光を承けないものはないのである。円成秘密の金剛体は実に汝自身に外ならぬのだ。」

「金剛の体」とか、「秘密」とか云うと誤解せられるところがあるかも知れぬ。即ち長沙景岑の所謂る識神を本来身と見あやまることがある。これは大いに用心すべきところ

である。長沙の偈に曰う、

学道之人不識真、　学道の人の真を識らざるは、
只為従来認識神。　只々従来識神〈分別する心〉を認むるがためなり。
無始劫来生死本、　無始劫来生死の本、
痴人喚作本来身。　痴人喚んで本来の身となす。

長沙の真と云い、本来身と云うは、「十方世界是全身」〈十方世界是れ全身〉と云うところのもので、分別知の境界ではないのである。この点は飽くまで明了にしておかないと、毫釐千里を差うことになる。左の長沙の偈をよく心得ておかぬといけない。

百尺竿頭不動人、　百尺竿頭〈百尺の竿の先〉不動の人、
雖然得入未為真。　然かも得入すと雖も未だ真となさず。
百尺竿頭須進歩、　百尺竿頭須らく歩を進むべし、
十方世界是全身。　十方世界是れ全身。

百尺竿頭でじっとして居て動かぬ人は、まだ真を得て居ない。まだ分別の境地を出て居ない。ここから今一歩進み出なければならぬ。百尺の竿頭で一歩も進めないと云うのは、まだ分別の糸で操られて居るのだ。進み出られぬところを進み出ると、十方世界そのものがこの身である、この身の一部分でない、この身の全が直ちに尽界そのものである。

ここで始めて金剛体に対する自知がある、この自知は、金剛体が金剛体自らの上に自ら出すところのものである。即ち無知の知である、無分別の分別である。

長沙はまた「亡僧什麼処にか去る」と問われて左の偈を作った。

不識金剛体、　金剛体を識らず、
却喚作縁生。　却て喚んで縁生〈縁から生じたもの〉となす。
十方真寂滅、　十方真の寂滅、
誰在復誰行。　誰か在り、復た誰か行く。

金剛の真体を知らぬと、却ってこれを業縁・因果・生死の身となすことになるのである。真に寂滅なるものが十方世界そのものなのである。この寂滅界中には、存在も問題にならず、往来・行住・生死も問題にならぬ。「金剛常住、十方無辺」であると、長沙はまた他の処で云って居る。

ここで少しく識神や縁生の身と金剛体との関係について考えなくてはならぬであろう。金剛体などと云うと何か別にそんなものが、分別知上の対象としてあるが如くに考えられもしよう。そうなると金剛体はまた識神や縁生身の地位に下ってしまう、「十方真寂滅」でなくなる。ここをはっきり見得し会得しないと、仏仏祖祖の善巧方便は全く水泡に帰することになる。禅者はその独自の表詮法で、これを髑髏前に向って他の鑑照を認むるものと云うのである。しかし「十方真寂滅」の金剛体そのものを把握し得たと云う立場から見ると――この把握は不可得の可得であるが――それから見ると、識神も縁生身もまた、それなりに金剛体であり、寂滅真である。「我面何ぞ仏面に殊ならんや」と云い能うのである。また長沙の左の偈の如くにも云われる。

礙処非牆壁、　　礙処、牆壁にあらず、
通処勿虚空。　　通処、虚空なし。
若人如是解、　　もし人是の如く解すれば、
心色本来同。　　心色本来同じ。

これは対象世界の消息ではない。見聞覚知の世界に居る吾等は牆壁で礙えられ、虚空はすっと通って行くものと考えるが、「心色本来同」の金剛体は、そこでは見付からぬ。後者はどうしても、無分別の分別の境界でないと把握出来ぬ。それ故、この境界を通り越して来て始めて「十方世界是全身」(十方世界是れ全身)と云われるのである。

長沙のところへ官人の来客があって、色々宗旨上の話の中に、官人は自分の本命(本来の性)につきて、何か長沙の所見を質したものであろう。その時長沙は「尚書」と呼びかけた。「尚書」と云うは、お役人の尊称と見てよかろう。官人は直ちに「ハイ」と応じた。すると長沙は云った、

沙、「それはあなたの本命ではない。」

官、「今あなたに返事するものの外に、別に第二の主人公は居ないはずである。」

(「オイ」と呼ばれて、「ハイ」と応えるそのものが「自己」でなくてはならぬ。その外に第二の「自己」が居るとは考えられぬ。これは官人の意見である。普通にもそう考えて居る。)

沙、「あなたを至尊と喚ぶわけにはいかぬ。」(第一の「自己」とか、第二の「自己」とか云うのは問題でない。今一つ究徹して源底を見きわめなくてはならぬ。)

官、「それならば、自分が他に対して何も応答しないとき、そこに自分の主人公――本当の自己――なるものがあるのでなかろうか。」

沙、「問題は応答するとか応答しないとか云うところに在るのでない。そんなところに停頓して居る限り、生死の根本は除かれぬ。吾等は無始劫来それを見誤って来たのである。」

「オイ」と云って「ハイ」と応えるのも自己だが、この自己は今一次の高処から見られた自己でなくてはならぬ。応諾のところ、祇対と不祇対とのところで見られた自己である限り、それは識神である、無始劫来の生死の本である、「本来身」でない、金剛体でない、「十方世界是全身」でない。分別知の上からは同一体と見られるものでも、そのものを据える場処の違いで、全く同一体でなくなる。禅を学ばんとするものは、この点について見るところがなくてはならない。

此処まで来て始めて長沙の有名な上堂を紹介することが出来よう。上堂に曰わく、

「我若一向挙揚宗教、法堂裏須草深一丈。我事不獲已、所以向汝諸人道。」
（我もし一向に宗教を挙揚せば、法堂裏は草深きこと一丈なるべし。我、事已むを獲ず、所以に汝諸人に向って道う。）

「尽十方世界是沙門眼、尽十方世界是沙門全身、尽十方世界是自己光明。尽十方世界在自己光明裏。尽十方世界無一人不是自己。」
（尽十方世界は是れ沙門の眼、尽十方世界は是れ沙門の全身、尽十方世界は是れ自己の光明。尽十方世界は自己の光明裏に在り、尽十方世界一人として是れ自己ならずと云うことなし。）

「我常向汝諸人道、三世諸仏共尽法界衆生、是摩訶般若光、光未発時、汝等諸人向什麼処委。光未発時、尚無仏、無衆生消息、何処得山河国土来。」
（我常に汝諸人に向って道う、三世の諸仏と尽法界の衆生と共に、是れ摩訶般若の光なりと。光未だ発せざるとき、汝等諸人、什麼の処に向って委せん。光未だ発せざるとき、尚仏無し、衆生の消息なし、何の処にか山河国土を得来る。）

これは長沙景岑が満腔の「宗教」哲学を吐却したものである。これは、今から千年前に漢民族が印度伝来の大乗般若の思想を受け入れて、民族心理的に咀嚼し、反省して、遂に自家屋裏の什具となしたものを、還って自家独自の言詮方法によりて、吾等の面前に拋下したものである。空前絶後の思想と云うべきであろう。一向に、こればかりで立って居たら禅家の法堂へ近付き得るものは一人もあるまい、荒草はいやが上に繁り合うことであろう。

長沙景岑の上堂を説明するような問答二、三を下記する。

僧、「如何転得山河国土帰自己去。」（山河国土と云うような対象的なものを、どうしてみな悉く自己の上に収め尽し得られるか。）

沙、「如何転得自己成山河国土去。」（これは前問を反対の方面から見ての逆襲的質問である。）

僧、「不会。」（前問を出すくらいの僧だから長沙の逆襲を支えるだけの力は勿論ない。）

沙、「湖南城下好養民。米賤柴多足四隣。」（湖南の城下は住みよいところだ、米は安く薪は沢山で、物資到るところ豊富だ。）

（僧、「如何にか山河国土を転得して自己に帰し去らん。」

沙、「如何にか自己を転得して山河国土と成じ去らん。」

僧、「不会。」

沙、「湖南城下民を養うに好し。米賤く柴多く四隣に足る。」（山河と自己とを対峙させて、こちらがあちらへ収められ、またこちらがあちらを取込むなどと考えたら、山河も自己もわからなくなる。昼は日を見、夜は星を見るで、そのままのところに、摩訶般若の光を仰ぐのである。

僧、「如何是学人心。」（心と云うも自己と云うも本来身と云うも、みな同一体をさすのである。）

沙、「尽十方世界是你心。」（十方世界是全身である。）

僧、「恁麼則学人無著身処也。」（そうなると身の落著く場処がなくなるではありませぬか。）

沙、「是你著身処。」（それが汝の身の落著け処だ。）

僧、「如何是著身処。」（中々わからぬ。）

沙、「大海水深又深。」（海に蓋もなければ底もない。）

僧、「不会。」（長沙が老婆心を出せば出すほどわからぬ。それはやむを得ぬ。わからぬものには何と云ってもわからぬ。しかし長沙の慈悲には限りがなかった。）

沙、「魚龍出入任升沈。」(魚は大となく小となく、波のまに浮いたり沈んだりだ。)

〔僧、「如何なるか是れ学人の心。」

沙、「尽十方世界是れ你が心。」

僧、「恁麼〈かくのごとく〉ならば則ち学人に身を著く処無からん。」

沙、「是れ你が身を著く処なり。」

僧、「如何なるか是れ身を著く処。」

沙、「大海、水深く又た深し。」

僧、「不会。」

沙、「魚龍出入、升沈に任す。」〕

自己・本身・本性・自性・本来面目――こんなことの問題になるのは人間性の自然である。どう抑えようとしても不可能である。それで哲学が生れ、宗教が生れるのである。ただしこれに対する解答の方法に禅特有のものがある。この特性は実に禅をして禅たらしむるもの。禅問答のようなものは、どこの国の思想史にも(宗教史もいれて)ないところのものである。それは勿論哲学ではないが、それかと云って、禅の取扱う問答は哲学のと異なっては居ない。それなら禅は宗教かと云うと、そう云うには、禅は余りに知性的傾向を帯びて居る。禅は何れの範疇へも這入らぬが、それかと云って、何れからも排遺し出すわけにもいかぬ。上来所掲の問答や説法などを見れば、これは十分にわかるであろう。なお少しく「自己」について、禅者はどんな風に、それを取扱うかを見ることにしよう。僧、雲門に問う、

僧、「如何是学人自己。」

門、「怕我不知。」(「わからんな」とでも訳するか。)

(僧、「如何なるか是れ学人の自己。」

門、「我が知らざるを怕る。」)

このような返事では如何にも心細い限りである。学人はどこから手を著けたらよいかわからぬ。玄沙の答も雲門以上の明白性をもって居ない。

沙、「用自己作麼。」(自己なんて、そんなもの何にするのだ。)

(沙、「自己を用いて作麼ん。」)

今一つ趙州のを引用しよう。

僧、「如何是学人自己。」

州、「喫粥了也未。」(朝ご飯すんだか、どうだ。)

僧、「喫粥也。」(すみましてござる。)

州、「洗鉢去。」(そうか、そんなならお椀を洗うのだ。)

〔僧、「如何(いか)なるか是れ学人の自己。」
州、「粥(しゅく)を喫(きっ)し了(おわ)れるや也(ま)た未(いま)だしや。」
僧、「粥を喫せり。」
州、「洗鉢(せんぱつ)し去れ。」〕

趙州の答は前掲二、三のものとその趣を異にして居るかの如く見えるであろう。趙州はこの御飯を食べ、お椀を洗うものを「自己」と云うのであろうか。而して僧はそれに気がついて、悟るところがあったと云うのか。冷暖自知(れいだんじち)と云うのはここを云うのであろうか。そうだとも云えるが、また実に大いに然らざるもののあることに、注意しなければならぬ。禅者の道取せんとするところは、心理学者や哲学者の云う自覚とか自我意識とか統覚とか無意識などと同一視すべきではないのである。是等の概念は何と云っても対象性を超えては居ないのである。それ故、著衣喫飯(じゃくえきつぱん)のところ、見色聞声(けんしきもんしょう)のところ、冷暖自知のところに、「自己」があり、禅があると云っても、それはそれだけのことでなくて、著衣喫飯せぬもの、見色聞声せぬもの、冷暖自知せぬものが、大いにそこにあることを知らねばならぬ。この知は無知の知であり、無分別の分別である。見て見ず、聞いて聞かず、行じて行ぜず、説いて説かぬもの——それを不可得底(てい)と云うが——それを覷捕(しょほ)しなくてはならぬのである。この覷捕がない限り、朝から晩まで食べて居ても、寝て居ても、動いて居ても、「仏法未会在」（仏法未だ会せざる在り）である。それで禅は冷暖自知のところに在りとも云うべく、またそこにないとも云うのである。「還会麽」（還って会すや）。

大分脇途へ外れたようであるが、これで玄沙師備の「明珠」もわかって来たと信ずる。

僧、「承、和尚有言、尽十方世界是一顆明珠。学人如何得会。」（尽十方世界が一顆の明珠だと、和尚さまは仰せられたと承りますが、それはどんな風に了解すべきでしょうか。）

沙、「尽十方世界是一顆明珠、用会作麽。」（尽十方世界一顆明珠！ 会するなんていらぬ話だ。）

（僧、「承る、和尚に言有り、尽十方世界是れ一顆の明珠と。学人如何にか会するを得ん。」

沙、「尽十方世界是れ一顆の明珠、会を用いて作麽ん。」）

この問答があって、その次の日に玄沙はこの坊さんに尋ねた、

沙、「尽十方世界是一顆明珠。汝作麽生会。」

僧、「尽十方世界是一顆明珠、用会作麽。」（この坊さんは昨日聞いたところをその儘

繰り返した。）

沙、「知汝向山鬼窟裏作活計。」（果然！　お前の禅は黒闇の穴の中の生活だ。）

（沙、「尽十方世界是れ一顆の明珠。汝じ作麽生か会す。」

僧、「尽十方世界是れ一顆の明珠、会を用いて作麽ん。」

沙、「知る汝の山の鬼窟裏に向って活計を作すを。」）

同じ「会することを用いて作麽かせん」であるが、何故玄沙においては是、問僧においては非であるか。何故に一は明珠を高く懸けて、山河大地の汝の面前に展開するのを照らし出し、一はこれを鬼窟裏に蔵し去って、何等の光明を放ち得ぬのであろうか。

玄沙の「尽十方世界是一顆明珠」（尽十方世界是れ一顆の明珠）は、長沙の「尽十方世界是全身」（尽十方世界是れ全身）である、「尽十方世界是沙門眼」（尽十方世界是れ沙門の眼）である。この眼、この身、この珠は、尽十方世界の外に立って、尽十方世界を見るのでも、照らすのでも、塞いで居るのでもないのである。尽十方世界そのものが即ち一顆の明珠であり、一顆の明珠が即ち尽十方世界である。両者はあらゆる意味で自己同一性を持って居るが、さればとて両者は一つものではない。明珠は明珠、世界は世界で、両者の対峙は崩れて居ない。ただ夫れ崩れないので両者の自己同一性が看取せられるのである。「二由一有、一亦莫守」（二は一に由って有り、一をも亦た守ること莫かれ）で、一と二との間に、こんな交渉が見られるので、一顆の明珠は明珠として仕舞いこまれずに、尽十方世界にわたりて、その妙用を発揮することができるのである。

長慶慧稜（雪峰の弟子）の投機の偈に、

万象之中独露身、　　万象の中、独露身、

唯人自肯乃方親。　　唯人自ら肯うて乃ち方に親し。

と云ってあるが、独露身はその実万象の中に在るのでなく、万象――尽十方世界――が即ち独露身であるが、その中の独露身と云わぬと、「自肯」うの心持が出ない、「親」しいと云うことにならん。両者は全面的に自己同一性をもつとすると、その中に無知の知のはたらきの出ようがなくなる。独露身と万象とを対立させるように見えるのは、その実自知底の消息を漏らさんとするのである。知と云うと、自知でも他知でも、二を考える。しかし禅者の云う知は無知の知で、不二の二である、無分別のところに分別があるのである。この意を現わすには、独露身とか金剛体とか云わなければならぬのである。玄沙の明珠もこの意で会せられるべきである。ただの「用会作麼」（会を用いて作麼ん）では摩訶般若の光は永劫に照りわたらない。知と云えば認識論的に考えられよう、身と云い体と云えば存在論的に何かをそこに措定することになろう。禅者はこの過から脱かれんとして、問答商量と云う禅独有の研究方法を発展させた。これで以て哲学の云い尽せぬところを道取するのである。分別知を主とする学問からすると、禅問答ほど漠然として捕捉し難いものはあるまい。それは已むを得ぬ。禅は実に縹緲としてその捕捉し難いところを生命として居るとも云われる。而して禅者はその捕捉し難いところに向って、却て相互の間に最も鮮かな理解を交換して居るのである。それは何か。これは学禅者のみが取り上げる問題ではなくて、実に苟も思索するものの悉く考察すべき問題である。殊に禅は東洋――日本――において、今なおその生命を持続して居るのであるから、日本学者と云う人々の真摯な態度で研究すべき課題なのである。

閑話休題、「尽十方世界是一顆明珠」(尽十方世界是れ一顆の明珠)、または「尽十方世界是全身」(尽十方世界是れ全身)などと云う、是は即ち是ならんも、また明珠などと云うものがあって、それが尽十方世界に充ち盈ちて居て、それで尽十方世界是れ一顆の明珠となるのだと考える学人もあるにきまって居る。それで雪峰とその弟子鏡清との問答を紹介してこの篇を終る。

この問答は盤山宝積(馬祖の弟子)の有名な偈の後二句を主題として居る。全偈は次の如くである。

心月孤円、　心月孤にして円かなり、
光呑万象。　光、万象を呑む。

光非照境、　光、境を照らすにあらず、
境亦非存。　境また存するにあらず。
光境倶亡、　光と境と倶に亡し、
復是何物。　復た是れ何物ぞ。

光（一顆の明珠）も境（尽十方世界）も、倶に亡いとすれば、何もないことになる、分別知的に考えると。然るに盤山は「またこれ何物ぞ」と問う。果して何かあるか、ないか。ここはもはや分別知の分際でない、どうしてもそれを超えて無分別の分別界に這入らねばならぬ。雪峰と鏡清との問答はここに繋って居るのである。

師（雪峰）、「因看古人因縁、到光境倶忘（亡？）復是何物、乃問鏡清。」

〔師（雪峰）、「因に古人の因縁を看るに、「光と境と倶に忘る（亡し？）、復た是れ何物ぞ」に到りて、乃ち鏡清に問う。」〕

この前置の後、

雪峰問、「者裏著得什麼語。」（ここへどんな言葉を添うべきであろうか。）

鏡清答、「和尚放某甲過、即有道処。」（和尚さまのお見逃しを蒙りますれば、道えることもあります。）

雪峰、「放你過、作麼生道。」

鏡清、「某甲亦放和尚過。」(そうすれば自分もまた和尚さまを放過してあげます。)

〔雪峰問う、「者裏に什麽の語を著け得ん。」

鏡清答う、「和尚、某甲の過を放せば、即ち道う処有らん。」

雪峰、「你の過を放す、作麽生か道う。」

鏡清、「某甲も亦た和尚の過を放す。」〕

これは何辺の義を明らめんとするものか。光と境と倶に亡きところにおいて、何かを見付けんとして居るのか、雪峰と鏡清とは。あるいは既に何物を見付けたとして、両者はそれについて何かを語らんとして、語り得ないのか。そんなら何故にそうとは云わずに、お互に隠語めいた言葉遣いをして、様子の探り合いをするのか。あるいはそんな言葉を遣うことによりて、還って両者の何物に対する了解を確め得るのであるか、即ち分別的に云うと、何物をよりよく定義し能うと云うのか。とに角、両人はそれで満足したのである。それから彼等の以後の諸禅者もまた、彼等がついて話合って居るところのものの何であるかを会得するのである。

ここに禅問答の不可得の可得底があると云うべきである。

参考書類の二、三

本書に引用した書物だけではないが、読者の参考にもなるべしと思う禅書を二、三紹介する。大抵は漢文であり、またあるものは単行本として、入手し難きものもある。

一、道元禅師の『**正法眼蔵**』。これは漢文でないが、如何にも難解の書で、専門家といえども、容易に解しかぬるものである。『正法眼蔵註解全書』が便利である。本文だけなら岩波文庫・『道元禅師全集』・大正蔵経等にある。

一、『**少室六門**』。これは達摩撰と云うことになって居るが、そうでないものも確かにある。本書に引用した『二入四行』と『安心法門』とは彼のものと信じてよい。大正蔵経に収めらる。

一、『**少室逸書**』(全集第二巻所収)。これは本書の著者撰述であるが、敦煌出土のものを集め、それに論文二、三を附したもの。

一、『**四部録**』。一冊。禅宗初学の人のために古人が四部の書(「信心銘」・「証道歌」・「十牛図」・「坐禅儀」)を輯めたものである。「信心銘」と「証道歌」は大正蔵経に収められているし、註のついた単行本も色々出ている。

一、**『景徳伝燈録』**。宋代初期までの禅宗史である。これは禅研究に最も大事な書物の一つであるが、三十巻本で、単行本は容易に入手出来ない。大日本続蔵経や大正蔵経などに編入せられてある。

一、**『五燈会元』**。これも禅宗史である。『伝燈録』以後の分も収められてある。単行本の入手は容易であるまい。二十巻。続蔵経に収めらる。

一、**『古尊宿語録』**。禅家の語録集である。これは単行本としてあるが、入手はむつかしい。続蔵経中に収められてある。三十巻。

一、**『六祖壇経』**。第六祖慧能の言行録とも云うべきもの、流布本は夾雑物を多く含んで居る。一冊。入手可能。大正蔵経に収めらる。

一、**『神会録』**(全集第三巻所収)。中華民国で胡適氏の校訂出版したものもあり、本書の著者の手で日本で出来たのもある。原本を異にする両者を対照すると興味がある。敦煌出土本の一つ。何れも一冊本。日本版のものはあるいは入手可能かも知れず。

一、天桂著**『報恩編』**。「参同契」・「宝鏡三昧」及び「五位頌」の三篇に天桂伝尊の評釈を加えたるもの。明治時代に原漢文を和文に延書したものもあり。三冊。大正蔵経に収めらる。

一、『**曹洞二師録**』。洞山悟本と曹山本寂両師の語録である。終りに『五位顕訣』を附す。一冊。大正蔵経に収めらる。

一、『**臨済録**』。臨済義玄の語録。一冊。臨済下にて用いらる。岩波文庫本あり。

一、外に雲門文偃の語録、趙州従諗の語録、雪峰義存の語録など、学禅者の座右宝であるが、単行本としては、甚だ入手困難なり。続蔵経に収めらる。大正蔵経は『雲門録』のみを収む。

一、『**伝心法要**』。黄檗希運の語録。一冊。これは岩波文庫に収めらる。

一、『**頓悟要門論**』。大珠慧海の語録。上下各一冊。これまた岩波文庫所収。一冊。

一、『**碧巌録**』。禅問答の集成。宗門第一の書といわる。岩波文庫にて二冊。

一、『**禅門法語集**』。山田孝道・森大狂共編。日本禅僧の仮名法語を集む。元版二冊、新版三冊。有朋堂文庫にも『禅林法語集』一冊あり。永久岳水編『禅門曹洞法語全集』二冊もある。

一、『**白隠和尚全集**』。八冊。白隠は日本臨済禅の大成者。和文だけを収めしものに『白隠禅師集』(大日本文庫)あり。

一、『**盤珪禅師説法**』(大東名著選)、または『盤珪禅師語録』(岩波文庫)。盤珪は臨済宗なるも公案禅に従わず、独自の不生禅を唱えた。

解説

横田南嶺

『禅の思想』は、昭和十八年(一九四三)、鈴木大拙七十三歳の時の著述である。その五年前に『禅と日本文化』を英文で出し、本書と同じ昭和十八年には『禅思想史研究 第一』を出版している。またその翌(あく)る年には、『日本的霊性』を刊行している。禅に関しては、その思想の最も爛熟した時期であると言えよう。そんな時の著述であるので、志村武著『鈴木大拙随聞記』の終わりに興味深い問答がある。志村氏の「先生はずいぶんたくさんの本を出していますが、先生ご自身で会心の作と思われるものは、どの本でしょうか」という問いに、大拙は即座に「『禅の思想』と『浄土系思想論』だな」と答えたというのである。本書は、大拙自身が自らの禅思想を思うままに文字に著したものであるような思いがする。大拙の「自内証」とも言うべきであろうか。

本書は三篇より成る。第一篇は「禅思想」、第二篇は「禅行為」、第三篇は「禅問答」

である。「禅思想」には「無知の知――無分別の分別」、「禅行為」には「無功用の行為――無作の作」という副題が付けられている。第三篇の「禅問答」では、その無分別の分別、無作の作があますところなく発揮された問答について説かれている。本書に一貫して説かれるのは、この「無分別の分別」であり、「無功用」であり、「無作の作」に他ならない。

第一篇の「禅思想」では、六つの禅語録が取り上げられて解説が為されている。達摩(だるま)の語録として伝わるものが二つあり、『二入四行観(ににゅうしぎょうかん)』と『安心法門(あんじんほうもん)』である。それに三祖僧璨(そうさん)の『信心銘(しんじんめい)』、荷沢神会(かたくじんね)の『頓悟無生般若頌(とんごむしょうはんにゃじゅ)』、石頭希遷(せきとうきせん)の『参同契(さんどうかい)』。それと『坐禅箴(ざぜんしん)』である。『坐禅箴』は、宏智(わんし)と道元のそれぞれの『坐禅箴』を比べて論じている。

大拙は周知の通り、円覚寺で坐禅をして、臨済禅の修行をした居士である。しかしながら、ここに取り上げられたのは、達摩の著が二本、僧璨や神会、石頭に宏智、更には道元という禅僧たちの作であり、馬祖(ばそ)、臨済などは出てこない。大拙にとって禅思想の関心は、専ら「無分別の分別」を表すことにあり、そのために禅の語録を自由に用いていたと言えよう。大拙の言う禅思想の原理は、「無分別の分別」に代表されており、それはこの第一篇で紹介する全著作を貫いている。

ここではそのことを確認すべく、大拙が冒頭に紹介した達摩の二つの著作についての論述から、その詳しい内容を確認しておきたい。達摩の語録と称せられるものが二本も取り上げられているのは興味深い。先ず大拙は『二入四行観』を取り上げる。それぞれについて原文をもとに大拙が簡潔な訳文を付けている。その最後に大拙は、達摩の壁観（へきかん）について独自の見識を披瀝している。大拙は、壁観を一種の凝心状態とはせずに、「定（じょう）慧不二（えふに）の境地」を指すものととらえている。定慧不二とは、禅定という無心の状態と、そこから現れる智慧とは一如であると説くことである。それはまさに「無分別の分別」に通じる。大拙が達摩の語録にも定慧不二即ち「無分別の分別」を読みとろうとしていることが分かる。

次に取り上げる『安心法門』について大拙は、心を二種類に分けて、独自の解釈を示している。一つ目の心とは、普通に我々が考える心であり、分別し計較（けいきょう）する心である。分別は比較を生み、比較から争いが生じ、更に苦悩が起こってくる。要するに苦しみの根本である。それに対してもう一つの心は、「無心の心」である。これは、生死の境から解脱していて、涅槃であり仏であると説かれている。

禅者は、この分別計較の心を斥ける。分別の心は、苦しみを生み出すので、無分別の心に触れないと安心は得られない。大拙にとって安心とは、分別計較を超えた智慧の眼が開けたところに得られるのである。そしてその智慧の眼によって明らかになるのが、無分別の世界に他ならない。

しかし、単に無分別の心になって終わるのではない。大拙は「分別計較を排しながら、分別計較を頼りて、即ちそれを媒介として、無分別の心体を表詮し」なければならないと説く。「不立文字と云いながら、旺んに文字を立てて」説くのであるというのだ。敢えてもう一度分別を通して、無分別を示そうとするのである。その営みが禅行為であり、禅問答に他ならない。他の語録においても、この「無分別の分別」を明らかにしようとしている。

禅の修行者にとって、禅の語録は、自ら体験したことが確かであるかどうか、確認するために読むものである。それぞれの語録に、自己の体験を重ね合わせる。それ故に時には「恣意的」と批判されるような読み方も生じかねない。

大拙も、青年時代に鎌倉の円覚寺で坐禅し、体験した世界をもとにして、語録を読んでいるように察する。大拙の体験した世界とは、次のようなものであろう。釈宗演老師に参禅していた頃、いよいよ渡米する前年（明治二十九年）に、臘八摂心という一週間の坐禅行を修していて、寺の門を出た時に「樹と吾との間に何の区別もなく、樹是れ吾れ、吾れ是れ樹、本来の面目、歴然たる思ありき」（『鈴木大拙全集』第三十六巻、二二二頁）といなくなったところである。

う体験を得た。それこそ大拙の説く無分別の基盤である。樹と吾とを分別するものがなくなったところである。

今日大拙といえば、偉大なる禅学者であり、思想家として知られているが、幼少期から青年期にかけては、恵まれた環境で学んだのではなかった。まだ明治維新間もない頃で、学校制度が確立されようとしている時期ではあったが、十分に学校で学ぶことができたわけではない。同世代の者が、何不自由なく学業に励むのを見て、世はなぜ不公平なのかと思ったという。そんな現実世界の矛盾、不公平を突き破りたいという思いから禅の道に打ち込んだ。現実の世界は、分別の世界に他ならない。分別の世界では苦しみがつきまとうことを、身をもって感じていたのであろう。それが、坐禅の体験を通して「無分別」を体得したのである。

加えて大拙は、自らの体験を確かめるという意義のみならず、禅の語録に通底する思想を読み解こうとして、それらに接している。個人の体験を確かめるだけでは、同じ価値観を持ち、同様の体験をした者にしか通じない。文字には為しがたい禅体験を、思想としてとらえ、敢えて文字をもって表詮することによって、禅思想に普遍性を持たせたのである。これが大拙の偉業であると言えよう。今日の読者にとって難解な漢文の語録から、「無分別の分別」という禅思想を明らかにしたのだ。

もっとも、修行という体験を重視する禅の世界において、体験を経ずに単に思想だけを学ぶことは、「画餅、飢えを充たさず」といって忌避される傾向がある。或いは、「無分別」を自覚する体験無しに、思想だけを学ぶのでは、思想が新たな分別を生み出すという批判も聞かれる。

しかしながら、思想を学ぶことに意味がないとは思えない。本書の中では、まだ「分別」の世界の弊害をそれほど強くは論じていないが、晩年になると、『東洋的な見方』などにおいて、分別が力の観念を生み出し、征服欲を生じ、やがては「各種のインペリアリズム（侵略主義）の実現」につながるとまで言い切っている（『東洋的な見方』「東洋文化の根底にあるもの」）。

禅思想を学ぶことによって、自我を主張する生き方では苦悩がやまないことを知ることができ、力による争いを抑止することができよう。この世は「分別」の世界だけではないことを、知らせることによって、多くの人に救いと安らぎをもたらすことができるはずだ。難解な語録から「無分別の分別」という思想を論じるのは、大拙による大悲の顕現に他ならぬと思う。

その「無分別の分別」を、第二篇の「禅行為」において、大拙自らの言葉で縦横無尽に説く。分量から言えば、第一篇の方が多いが、この第二篇こそ大拙が自内証を披瀝したところであり、最も力を込めて書かれたものと察する。

章題を見ても、禅語があったり、哲学的な語もあったり、一般の文の如きがあったり、エクハルトが出て来たりとまさしく自由そのものである。自ずから説きたいものが湧いてきて、思うままに題を付けて書いたのではないかと感じられる。最初の方にある、「無功徳」「超個我」「超個の論理」「無功用的行為」などは、本書で最も論じたいところであろう。その後は、自在に論を展開させている。

大拙は、「無功用、または無用、または無功徳は禅の行為的原理である」と説く。実に禅行為の原理は、この「無功用」「無用」「無功徳」に他ならない。大拙によると、無功用的行為とは、「報を考の中に入れぬ」ことである。見返りを求めず仕事だけを考えて、それ以外のことを考えない。一つのことに打ち込むことである。「三昧」とも言い、今日の禅の修行においては「なりきる」と表現する。ただ利害得失を考えずに、今為すべきことを為すのみであれば、何の論理も思想も要らぬはずである。しかし、ここから様々な論理が展開され、思想が発展してゆく。

禅行為という宗教的行為なるものは、単に個が行じるものではない。大拙は、そこで超個を論じる。「個の行為は――それが宗教的である限り――いつも個を超えたところから出なければならぬ」と説いている。

その超個なるものは「無分別の分別」であるという。無分別なるが故に「報を求めない、また個を目的論的実体と考えない」のである。超個は、無分別であり、禅で説かれる真如であり、法身とも、法性とも呼ばれる。また神とも説かれよう。これ無くしては、どんな行為も宗教的行為たり得ない。超個―無分別、この世界に目覚めない限り、個の世界における苦悩は尽きることがないのである。

そこで超個と個の関係を理解しておかねばならない。大拙は「個は超個によって在るもので、個自体としては独立のものでない」という。しかし、決して個の世界を軽く見るのではない。なんとなれば、「超個者の意志はそのままで実現せられるものでない、必ず個者を通さなければならぬ」からである。真如といい、法身といい、この超個なるものは、直接個の世界にはたらくことはできないのだ。

超個と個の関係は、本書の最も大切なテーマである。第二篇「禅行為」では、繰り返しその問題が扱われている。その中でも「驢覰井」という章は興味深い。これも禅語である。驢馬(ろば)が井戸をのぞくようなものだという意味だ。これに対して大拙は独自の読み込みをしている。

我々は思わぬ災害に悩むものである。これは今も昔も変わりはない。その度に悲しみや憂いが生じる。この悩みに対して何とか安心を得たいと願うのが人生の常である。これが分別の世界の有り様である。そこで大拙は、我々が持つ純真な願いは決してそのままに消えるものでなく、必ずこれに応ずるものがあると説く。あたかも驢馬が井戸を見ると、それと同時に井戸が驢馬を見るが如くなのである。求むるところあれば必ず応ずるのである。南無阿弥陀仏と頼めば、その願いに応じて現れるものがあるという。故に大拙は、「禅語を単なる無意味の文字を並べたものと見てはならぬ」と説く。

分別の世界の苦悩には、必ずそれに応じて無分別の世界がある。これを禅者は、法身と言い仏心とも言うであろう。念仏者は阿弥陀仏と言う。大拙は、「無分別」と言い「超個」と呼ぶ。弥陀の本願を信じて念仏申す者と、阿弥陀仏とは実は一体であり、分別と無分別と別個のものではない。大拙は「仏魔一念」の章で、仏も魔も、同じ一念に過ぎないと説く。ただ分別にわたれば魔になり、「無分別の分別」になれば仏なのである。

無分別と言い、超個と言い、法身と説いたものを大拙は「宇宙霊」という独自の表現で説いている。この宇宙は常に移り変わり、その中で個は生死を繰り返す。その中にありながら生滅変化しないものがあると言い、それを「宇宙霊」と大拙は名付けた。浄土門で阿弥陀如来と呼ぼうが、禅門で仏心と言おうが同じことなのであるが、敢えてこれを「宇宙霊」と呼んでいる。それはまさに個別の世界を超えた超個であり、分別では推し量ることのできない無分別である。人間が生きているのは、宇宙のはたらきそのものであるから、大拙は「人間は、ある意味では、宇宙霊そのものである」とまで言う。

しかし、「宇宙霊」は、個の人を通してでないとはたらき得ない。第二篇の「「一人」」の章は特に興味深い。大拙がよく引用した問答がここに出ている。ここで超個と個の関係を明らかにして説いている。

浄土門では法身を人格化して阿弥陀如来を説くが、禅は知的であるためそこまで人格化することはしないで、「那箇(なこ)」(あれという意)とか「一人」として示している。法身の一人と現身の一人とがどのような関係であるかを、大拙は次の問答で示している。これは宇宙霊と己霊、無分別と分別、唯一と個多との関係でもある。

雲巌(うんがん)が茶を煎れていた時に、道吾(どうご)が問うた、「誰に煎れてやるつもりなのか」と。雲巌が「一人欲しいというものがあるのだよ」と答える。道吾が「自分で煎れさせたらよいではないか」と言う。雲巌は「わしがここに居るでな」と答えた。

これだけの問答だ。ここで雲巌の言う「一人欲しいというものがある」という一人は、法身であり、宇宙霊であり、無分別である。この一人は自分で茶を煎れることはできない。法身は何もはたらくことができない。宇宙霊にしても然りである。無分別は何の行為も起こしはしないのである。『臨済録』に法身は説法も聴法もできないと説かれるところである。「わしがここに居るでな」という私によって茶は煎れられる。私とは現身に他ならない。宇宙霊に対する己霊であり、無分別に対する分別である。

一人、法身が無ければ、現実も現実たり得ないが、一人、法身だけでは茶を煎れることができないのだ。また現実の我だけでは、茶を煎れる要もない。無分別は分別を通してこそはたらきとなり、宇宙霊は己霊を通してこそ現実にはたらき得るのだ。

馬祖の禅においては、「即心是仏」が強調された。この「心」とは分別知であり、己霊である。そして「仏」とは、無分別智であり、宇宙霊である。現実態のこの分別知こそが、「即」そのまま宇宙霊であり無分別の仏であると説いたのだ。そこから馬祖の禅は、この現実態のありのままでよいという傾向になって、「無事禅」と批判されるようになる。大拙は、現実態はただそのままでよいのではなく、無分別、宇宙霊の自覚が無くしては、そのままでよいとはならないと説いている。そのことは、次の章の「行脚の法眼」において明らかにされる。

法眼（ほうげん）が羅漢桂琛（らかんけいちん）に出会って開悟するのだ。法眼は問答を繰り返し、言葉を使い尽して「某甲（それが）し詞窮し理絶せり」と告白するに到る。そこで桂琛は、「若し仏法を論ぜば一切現成す」と述べた。

この現成を大拙は、「ただそのままの義ではない」と説く。詞窮し理絶して進むこともできず退くこともできぬ窮地に到らなければならないというのだ。それを経て来ない、ただの「現成」では意味を為さないのだ。法眼も、この窮地に陥る体験が無くては活きてこないのである。大拙は、かかる体験を経て初めて禅が生まれてくると説いている。分別知が窮地に追い込まれて絶してこないと、無分別智はあらわになってこないのである。

第三篇の「禅問答」ではこの分別知の否定が明確になる。禅問答とは、この分別知を否定して無分別智を自覚させることに他ならないからである。

大拙ははじめに芙蓉道楷（ふようどうかい）の「青山常運歩（せいざんじょううんぽ）」や、雲門（うんもん）の「東山水上行（とうざんすいじょうこう）」という語を取り上げている。これらはいずれも分別知で理解しようとしても歯が立たぬ代表的禅問答である。

我々は山という言葉を聞くと、その言葉によって、山という限定的なる物体を思い描く。動かざる山をはじめから措定してしまう。そのような分別知では禅問答の真意を捉えることはできない。大拙が「分別意識の限界では到底わかるところの言詮ではない」と言う通りだ。更に大拙は、分別識を基礎としている科学だけでは、どうしても人間には割り切れぬものが残るという。それは単なる哲学上の問題ではなく、日常生活の事実経験の上で、分別だけでは収まらない不平が出るというのだ。

それで山が動くということにならねばならぬという。些か理論が飛躍しすぎると感じるかもしれない。大拙も「わざわざ常識はずれのことを云いたいと云うわけでない」と言う。我々が確かだと依拠している常識は分別なのであり、それ故に常識の否定がどうしても必要となると説いているのだ。

山が歩くといって、あの土の盛り上がった山を思い浮かべるが、それがすでに常識であり分別である。すでに限定されたものになっている。この常識を否定し分別を離れて、限定を超えるところに、智慧が発動するのだ。

このことを、大拙は更に青原惟信（せいげんいしん）の言葉によって明らかにしている。惟信がまだ禅も何も分からなかった時には、ただ山は山、水は水であると見ていた。しかし修行して悟った時には、山は山でなく、水は水でないということになった。それが更に最近になって落ち着くところへ落ち着いて、山を見れば山、水を見れば水であるということになった。

これを大拙は「即非の論理」にあてはめる。まずは、山は山という常識に分別の肯定がある。それが一度全く否定されて分別は根底から覆される。そこから更にもう一つ転機に出くわして、否定がもとの肯定に還るのだ。ここではじめて「無分別の分別」が得られる。これを「即非の論理」というのだ。

はじめからあるがままでよいというのではない。一度はその常識を否定しておいて、その後に更にもう一度転機がなくてはならぬというのである。そこで「無分別の分別」、即ち般若の智慧が得られるのだ。ここは大拙の繰り返し説くところだ。

以上見てきたように、禅語録、禅行為、禅問答を通して一貫して「無分別の分別」「超個の個」が縦横無尽余すところなく説かれていて、実に妙である。

そうかといって、本書を読んでなるほど無分別とはこのようなものか、よく分かったなどと思えば既に天地懸隔(てんちけんかく)であることを知らねばなるまい。知識や解釈ではないことを知るべきであろう。

改めて本書の著述が、太平洋戦争の最中であったことを思う。大拙は、やがてこの戦争が終わった後に、我々がどのように生きるべきかを書き示そうとしたのではないかと察する。

本書に一貫して説かれていたのは、「無分別の分別」であった。分別の世界では、比較が生まれ、そこから強いものが弱いものを支配するという力の構図が生じる。実際に強いものが弱いものを征服しようとしてきたのが人間の歴史であった。その行き詰まりが戦争となり、わが国はついに焦土と化した。戦後はこの反省に基づいて、無分別の智慧を重視すべきだと説きたかったのではなかろうか。

しかしながら、戦後わが国は、焦土からの復興にあたり、経済優先の方向へと傾いた。東洋の無分別よりも西洋の思想に憧れた。大拙が西洋人に東洋の思想を知らせたいと努力して、西洋人が禅に関心を持ち、その西洋人に感化されて、ようやく我々も禅を見直そうとしたのではないか。

経済の発展もある程度の目標を果たしてからは、行き詰まりの感を否めない。平成の時代には、まだ経済成長の幻影に惑わされていたように思える。しかし、令和の時代になり、その幻影は潰えたと言える。今こそ大拙の説き示したかった東洋の思想を、「無分別の分別」を学び直す時であろう。

解　題

小川　隆

一

本書は鈴木大拙『禅の思想』を文庫化したものである。すでに横田南嶺老師の「解説」に書かれているように、『禅の思想』は、大拙が生前、自ら主著として推していた書物であった。

私がかつて、「先生はずいぶんたくさんの本を出していますが、先生ご自身で会心の作と思われるものは、どの本でしょうか」とうかがったとき、先生は即座に、「『禅の思想』と『浄土系思想論』だな」と答えた。

（志村武『鈴木大拙随聞記』日本放送出版協会、一九六七年、頁二七二）

「先生の禅についての数あるご本のなかで、ご自身ではどの本がいちばん気にいっていますか?」

大拙は即座に答えた。

「『禅の思想』を読んでくれたまえ。」

(秋月龍珉『絶対無と場所——鈴木禅学と西田哲学』青土社、一九九六年、頁三八一)

東洋思想叢書　『禅の思想』は、戦局もかなり厳しくなっていた昭和一八年(一九四三)、日本評論社の東洋思想叢書の一冊として出版された。同じ叢書には、竹内好の『魯迅』や武田泰淳『司馬遷』、目加田誠『詩経』なども入っていた。目加田は、後年、この叢書のことを振り返っていう。「この叢書は比較的若い世代の者が執筆したのだが、たとえば竹内好の『魯迅』、竹内照夫の『左伝』、武田泰淳の『史記』(ママ)など、皆それぞれその後各自の道を開く意義深いものとなった。先輩としては土岐善麿氏の『高青邱』、橋川時雄氏の『楚辞』という珍らしいものなどもあった」(『詩経』講談社学術文庫版序、一九九〇年)。

竹内自身は、自らの出征中に出版された『魯迅』について、戦後、こう回顧している。

追い立てられるような気持で、明日の生命が保しがたい環境で、これだけは書きのこしておきたいと思うことを、精いっぱいに書いた本である。遺書、というほど大げさなものではないが、それに近い気持であった。そして実際、これが完成した直後に召集令状が来たのを、天祐のように思ったことを覚えている。

（『魯迅』創元文庫版あとがき、一九五二年）

大拙は、当時、すでに七十代。召集とは無縁であったが、しかし、「明日の生命が保しがたい環境で、これだけは書きのこしておきたいと思うことを、精いっぱいに書いた」、その気持ちは、大拙にとっても、おそらく同じであったろう。この時期――第二次大戦の間――大拙は、自分の研究と思索の頂点を表現する重厚な著作を、それこそ「追い立てられるよう」に次々に書きあげていた。なかでも『禅の思想』は、漢文原典を存分に引きながら、自身の思考を、自身の用語で、たいへんな速度をもって次から次へと述べている。「大拙自身が自らの禅思想を思うままに文字に著した」「自内証」の書、そう横田「解説」が評する所以だが、この書き方は、戦争末期という時代の切迫感と決して無縁ではなかったと思われる。

二

太平洋戦争まで　これよりさき、明治四二年(一九〇九)、三九歳の年、十余年の在米生活と約一年の欧州滞在を終えて帰国した大拙は、学習院で英語教師を務めつつ、鎌倉円覚寺の釈宗演への参禅をつづけていた。この時期、大拙は、大正三年(一九一四)の『禅学の大要』(翌年、増補改訂して『禅の第一義』)を皮切りに、「禅」を標題に掲げた邦文の著作を世に問うようになる。だが、今日見ても啓発される点が少なくないとはいえ、後年の著作に比べれば、大拙の本領がなお充分に発揮されているとは言い難い。

大拙ならではの活躍が全面的に展開されるのは、大正八年(一九一九)の宗演の遷化を機に、同一〇年(一九二一)、京都の大谷大学に転出してからのことである。五一歳のこの年から戦後に再び渡米する八〇歳頃までの約三十年間が、大拙の研究と著述の最も旺盛な時期となる。特に昭和の初めから開戦までの間の活躍は、研究と海外発信の双方にわたってめざましい。外に向かっては、大谷大着任の同年、ビアトリス夫人とともにThe Eastern Buddhist Societyを設立して英文仏教雑誌*The Eastern Buddhist*を創刊。次いで、*Essays in Zen Buddhism*三巻(昭和二年・一九二七、五七歳―昭和九年・一九三四、六四歳)や、西洋向けの禅入門書三部作、*An Introduction to Zen Buddhism*(昭和九年/邦訳『禅学入門』『禅学への道』『禅仏教入門』)、*The Training of the Zen Buddhist Monk*(昭和九年/邦訳『禅堂生活』)、*Manual of Zen Buddhism*(昭和一〇年・一九三五)をたてつづけに出版する。

それらと同じ頃、昭和九年の五月から六月には、中国仏教の視察にも赴き、各地の寺院・仏跡の訪問のほか、上海で魯迅と内山完造、浙江の雪竇寺で太虚、北京では胡適・銭稲孫・湯用彤らに会っている。その時の見聞はすぐにまとめられ、早くも同年一一月に『支那仏教印象記』として刊行される。

次いで昭和一一年(一九三六、六六歳)、外務省の要請を受けてイギリスとアメリカで禅と日本文化に関する講義・講演を行い、のちにその内容をまとめて *Zen Buddhism and Its Influence on Japanese Culture*(昭和一三年・一九三八/邦訳『禅と日本文化』)を公刊した。今日なお世界でひろく読まれている大拙の「Zen」に関する英文著書の多くは、おおむね、みなこの時期に書かれたものにほかならない(ただし、最後のものについては、今日海外で普及しているのは戦後の大幅な増補改訂版、*Zen and Japanese Culture*(一九五九年)のほうであり、これにには未だ邦訳が無い)。

敦煌文献　だが、大拙の眼は、決して外にばかり向いていたのではない。英文で書いた『楞伽経』の研究に対する、大谷大学からの博士学位授与（これも昭和九年）。胡適との交流に刺激された、新出の敦煌文献の探索とそれを駆使した最初期の禅宗の研究。そして、大谷大学の同僚たちとの交流によって深められた浄土信仰に対する新たな探究と、同大の教え子たちに導かれた盤珪や妙好人の再発見……。この時期の研究の多方面の展開は、まさに瞠目に値する。大拙自身に問えば、おそらく、多くの分野を研究したのではなく、多くの材料を用いてただ一つの問題を掘り下げていったのだと言うだろう。しかし、それにしても、この時期の仕事量と研究対象の広がりには圧倒されずにいられない。

それら多方面の仕事のうち、『禅の思想』と直接関わるのは、敦煌文献の研究である。胡適に刺激されて敦煌文献に着目した大拙は、金九経の仲介によって胡適から提供された資料を使い、昭和六年（一九三一、六一歳）、自ら敦煌文献を用いた最初の論文「「楞伽師資記」とその内容概観」を発表する。次いでその翌年には積翠軒・石井光雄が自身の所蔵する写本を影印して私家版で出した『燉煌出土神会録』の解説を書き、さらに昭和九年には公田連太郎とともにそれを校訂した『燉煌出土荷沢神会禅師語録』を作成、敦煌本（スタイン本）および興聖寺本の各『六祖壇経』校訂本と併せて公刊する。そしてその同じ年には、右にふれた中国仏教視察の際に北京の北平図書館（今の中国国家図書館）で中国にのこされた敦煌写本を調査して、『二入四行論』『絶観論』など未知の文献や既知の文献の異本を多数発見した。それらの文献は、翌昭和一〇年（一九三五、六五歳）、さっそく影印して『燉煌出土少室逸書』にまとめられ、その次の年にはその校訂と解説に論文「達摩の禅法と思想及其他」を加えた『校刊少室逸書及解説』を出版（「少室」は達摩がいたとされる嵩山少林寺のこと）。さらにその翌年には、右に述べた英米への講演旅行の機会を利用して大英博物館でスタイン本の調査をし、『無心論』など多数の文献を撮影して持ち帰った。

敦煌本禅籍に対する大拙の探索・校訂・研究の仕事は他にも数多く、とてもここには挙げきれない。そこに一貫しているのは、資料公開の精神と、文献研究を常に独自の禅思想の探究に結びつけてゆく姿勢である。大拙は新資料を発見・入手すると必ず先に影印して公開し、その後で自ら校訂本を作成し、それに基づく論文を発表する。大拙は後年、胡適が未発表の敦煌写本の写しを「如何にも快く」提供してくれた時の感激を次のように回顧しているが、これは同時に、自身の信条を投影した一段とも言えるだろう。

　始め自分は、胡氏がこちらの希望をそのやうに容易にきき入れてくれるとは考へなんだ。何故かと云ふと、一般に学者なるものは、頗るけちな考への持主であつて、自分が稀覯な材料でも持つて居ると、兎角、それを他に見せたがらぬものである。学者も他の人間のやうに、真理を愛すると標榜しながら、自己の名誉などを、最初に考へて居るものなのである。それで自分は、胡氏もこの人間的短所を持つて居やしないかと、潜かに大いに危ぶんだのだ。無理もないことだと信ずるが、それが如何にも見事に裏切られたので、海を隔ててまだ相見ぬ人に対して、尋常ならぬ尊敬を覚えた。（「胡適先生」昭和二三年・一九四八／『鈴木大拙全集』第三三巻、頁二二九）

大拙自身もまた、新資料は決して秘蔵することなく、先に影印で公開し、その上で自分の研究を発表するという順序を崩さなかった。そして、その文献研究の成果は、間をおかず思想史研究にむすびつけられていった。本書『禅の思想』もその一つで、第一篇「禅思想」が達摩の書とされる『二入四行論』と『安心法門』から始まっているのは先の北京での調査の成果『少室逸書』をふまえたものである。本文中にもこう見える。「『安心法門』につきての史的研究は、拙著『少室逸書』（全集第二巻所収『禅思想史研究第二』を見よ）の中で、かつて発表した故、今は略するが」云々（本書頁四六）。また『頓悟無生般若頌』の箇所の次の注記は、ロンドンでの収穫が本書でも活用されていることを示している。

「顕宗記」は『景徳伝燈録』に収められてあるが、それは敦煌出土のものと多少出入がある。敦煌本の後半は胡適校刊の『神会和尚遺集』にある。前半は本書の著者が先年ロンドンの大英博物館の東洋学研究室で写して来たものである。それと胡適本とを併せると、現時の流布本に相当したものが出来上る。敦煌本は「頓悟無生般若頌」と題してある。恐らくはこれが原の名であったものであろう。……それで敦煌本の「頓悟無生般若頌」をここに掲げる。……

（本書頁八九）

以上、ここでは『禅の思想』との関係でもっぱら敦煌文献のことを取り上げたが、こうした新資料の探索とそれに基づく独自の思索の努力は、この時期、盤珪や妙好人についても同じように精力的につづけられていた。この時期の多方面の探究の様相は、『無心といふこと』（昭和一四年、一九三九）にごく素朴な形でうかがうことができる。そこではまだ雑然と並べられている、浄土・敦煌文献（『無心論』と『絶観論』）・盤珪についての探究は、太平洋戦争の期間に、次々と重厚な専著に結実してゆくことになる（『無心といふこと』でも、『無心論』の底本に、大正蔵でなく、特に大英博物館蔵の「原写本」「S五六一九号」を用いた旨の注記が附されている。全集第七巻、頁一六六）。

三

太平洋戦争の時代　昭和一六年（一九四一）、日本はついに太平洋戦争に突入する。冒頭に述べたように、本書『禅の思想』が書かれたのはまさにこの時期のことであった。

大戦の時代が、大拙にとっても、苦難の時代であったことは言うまでもない。個人的にも、昭和一四年（一九三九）にビアトリス夫人、一五年（一九四〇）に愛弟子横川顕正、さらに二〇年（一九四五）の敗戦直前には生涯の心友西田幾多郎を失い、深い悲痛と孤独に打ちひしがれた。また戦争末期には、西田や小泉信三、長谷川如是閑らとともに、終戦をめざす海軍内部の秘密会議に加わっていたともいう（古田紹欽『大拙の思想に見る択一と複合』松ヶ岡文庫、一九九九年、頁三六）。

だが、この時代にも、大拙の学問的・思想的な歩みが止まることはなかった。英文による海外への発信や海外での文献探索の道を断たれた大拙は、国内で盤珪・抜隊・月庵ら日本の禅者の語録、『六祖壇経』（大乗寺本）・『碧巌録』（一夜本）などの中国禅籍の古写本、そして妙好人関係の資料などを、種々発掘しては校訂を発表し、その一方で、大戦前に進めていた多方面の研究と思索の成果を次々と邦文の大著にまとめていった。今、開戦前のものも一部含めつつ、単刊の著作の主要なものだけを年代順に挙げてみると次のようになる。

昭和一五年(一九四〇、七〇歳)『盤珪の不生禅』
昭和一七年(一九四二、七二歳)『浄土系思想論』
昭和一八年(一九四三、七三歳)『宗教経験の事実』(妙好人、讃岐の庄松の研究)
『禅思想史研究第一』(盤珪を中心に道元・白隠を併せ論ず)
『禅の思想』(本書)
昭和一九年(一九四四、七四歳)『日本的霊性』(『金剛経の禅』を含む)

戦争のため、刊行は戦後になったが、『禅思想史研究第二』や『臨済の基本思想』も、実際にはこの時期にまとめられたものであった。敦煌文献を駆使して達摩から六祖慧能までの最初期の禅を論じた前者については、その「後序」に「此一巻は昭和十八年頃から同十九年にかけて出来上つたものである」とあり、また、臨済の「人」の思想を縦横に論じた後者については、昭和二〇年三月頃のいくつかの手紙のなかで、この本を書き上げたが出版できずにいると書かれている(昭和二〇年三月七日坂本弘宛、三月二一日西谷啓治宛)。右に挙げた数点は一連の思考を述べており、おそらく大拙にとっては、実質上、これら全体で一つの書物であった。本書『禅の思想』は、そうした一連の作品群の一つであり、そのなかでも大拙が自ら会心の作と認めた一書なのであった。

大拙の「禅思想」　この時期、大拙は七十代。結果的にはこの後さらに四半世紀を生きることになるのだが、しかし、そのことを本人が予知していたとは思われない。この頃、大拙は、おそらく自身の年齢からいっても、戦争という時代からいっても、生あるうちにこれだけはという切迫した気持ちで、自身の研究と思索の集大成を急いでいたように思われる。そこに一貫する主題を一言でいえば、「公案(こうあん)」以前の「そのまま」の世界の探究と、それをふまえた現代の「禅思想」の確立であった。『禅思想史研究第一』の冒頭に収められた「日本禅における三つの思想類型」を、大拙は次のように結んでいる。

〝盤珪禅〟の意味を今少しより深く知らんとするには、一方において〝公案禅と公案禅以前〟とを詮索し、他の一方において〝黙照(もくしょう)禅と証悟(しょうご)〟とはどんな関係に在るかを詮索するのが捷径だと信ずる。実際を云ふと、是等は何れも相互に密接な聯絡があつて、その一つがよく呑み込めると他も自らわかつて来て、而して茲に〝禅なるものの全貌〟が描き出されると、自分は思ふ。

（全集第一巻、頁八三／〝〟は引用者。引用にあたって振り仮名を追加）

大拙は禅を、「公案禅以前」対「公案禅」というタテ軸の対比と、「黙照禅」対「証悟」（公案禅・看話禅）というヨコ軸の対比によって考えていた。そして双方の対立を盤珪によって止揚し包摂することで「禅なるものの全貌」、すなわち現代に活きる「禅思想」を大成しようとしていた。妙好人も、大拙にとっては、盤珪と同じく公案以前の「そのまま」の世界を体現するものにほかならなかった。たとえば、妙好人浅原才市について、大拙はいう、「彼は信心決定の三昧境を味わうにあまりに忙しかったのである。彼は「今」に生きていた、これが盤珪の「不生」である」（『日本的霊性』第四篇「二　浅原才市　9　味――体験――今」、岩波文庫、一九七二年、頁二四〇）。

「即　非」　しかし、盤珪や妙好人を通じて大拙が描き出そうとした「そのまま」は、ただの現状肯定（〇度）ではない。それは空観による徹底的な絶対否定（一八〇度）を経たうえでもどってきた「般若即非」の「そのまま」（三六〇度）であった。「即非」とは『金剛経』の「仏説般若波羅密、即非般若波羅密、是名般若波羅密」などの文句から抽出された「AはAだと云ふのは、AはAでない、故に、AはAである」という論理のことである。大拙は『金剛経の禅』（当初は『日本的霊性』の第五篇）でこの句を掲げつつ、「これは肯定が否定で、否定が肯定だと云ふことである。……かういふやうな按配で、総ての観念が、まづ否定せられて、それからまた肯定に還るのである」と説く（全集第五巻、頁三八二）。「還る」という言い方に〇度→一八〇度→三六〇度という円環のイメージがうかがわれる。これはインドの経典でなく、宋代禅に由来する考えであり、現に大拙はこれを説明する際、しばしば北宋の禅僧青原惟信のことばを引く。その原文と詳しい訳解は本書『禅の思想』第三篇「禅問答」に見え（頁二六二。そこにも「即非論理の過程を往還した」と見える）、横田「解説」でもすでにそこが取り上げられている。ここでは本文に対する注脚となるよう、同じ趣旨を平明に説いた晩年の随筆でその要旨を看ておく。

> ある禅坊さんは次のようにもいっている。「まだ禅にはいらない前は、山は山、水は水であった。少し禅をやるようになったら、山は山でなくなり、水は水でなくなった。ところが、修行もすんだということになったら、山はまた山、水はまた水になった。」山が山でない、水が水でない時節を、一遍、通らなくてはならぬ。そうでないと、本当の山が見られぬ、水は見られぬ。『般若経』には「AはAでない、それ故に、AはAだ」というようなことが説かれている。これはアリストテレス的論理のわなにかからぬ考え方だ。ところが、物の真相にはいるには、この「矛盾」道を経過しなくてはならぬ。言葉の上で片づけないで、「体得」しなくてはならぬ、

「知見」しなくてはならぬ。
(『現代世界と禅の精神』昭和三六年・一九六一／上田閑照編『新編 東洋的な見方』岩波文庫、一九九七年、頁一二六)

大拙は同じことを「無分別の分別」とも呼び、また西田の語を借りて「絶対矛盾の自己同一」とも言い換える。大拙の浄土観も、この考えに基づきつつ、「浄土と穢土とは相互矛盾で、それが即ち自己同一の存在である」と看るものであり(『浄土系思想論』岩波文庫、二〇一六年、頁五八)、妙好人はそのような境地をごく自然に巧まず体現した人たちなのであった。いわく、「彼が「なむあみだぶつ」の自覚は才市と仏との矛盾の自己同一の自覚であるから、無分別の分別、分別の無分別である」(『日本的霊性』第四篇「二浅原才市 10 仏凡一如観——「愚痴」論」岩波文庫、頁二四二)。

「超個と個」そして「人」 だが、色→空→色というだけなら、「色即是空、空即是色」とか「真空妙有」といった言い方で古くから仏教で説かれてきたことであろう。それが、なぜ、ことさら「即非」という特異な名で呼ばれることになったのか？ それは大拙がこれを、存在や認識の論理でなく、新たな行為の論理として説こうとしたためにほかならない。一切を空無と徹見することであらゆる既成の分節体系がひとまず白紙に還される。そして、そのまっさらな無限定の眼によってあらためて現実世界の諸事象が一つ一つ如実かつ鮮明に見て取られ、そこから最も自由で最も適切な行為――「妙用」――が自ずからにはたらき出てくる、それが「即非」の論理の眼目であった。そのことを大拙は「大用現前、軌則を存せず」という中国の禅語や「生きながら死人となりてなり果てて心のままにするわざぞよき」という至道無難禅師の和歌を使ってくりかえし説き、戦後にはそれを「真空妙用」とも呼んだ(たとえば、「現代世界と禅の精神」頁一一九)。本書『禅の思想』が「禅思想はやがて禅行為であり、禅行為はやがて禅思想である」(頁二〇)と説き、第一篇「禅思想」につづけて第二篇「禅行為」を配しているのも、そうした考えに基づくものにほかならない。そして、「即非」の論理を行為する――「真空」をふまえることで「妙用」を発揮する――その主体として大拙が描き出そうとしたのが「人」であった。たとえば『金剛経の禅』で大拙は、経中の有名な句「応無所住而生其心」を用いて次のように説く。

　この人は、行為の主体である、霊性的直覚の主人公である。ここから「而も其心を生ずる」のである。絶対無の場処といふ方に気をとられないで、はたらきの出る機を見得したいのである。そこに人があるのである。……「応無所住而生其心」と云ふやうに、「無所住」は絶対無であり、「而生其心」といふのが行為の主体で、即ち人で、それがそこから飛び出して来るのである。（全集第五巻、頁四〇二）

「応無所住」を「体」、「而生其心」を「用」に当てるこの説は、『金剛経』自体にではなく、かつて大拙が胡適と競いあいながら探索・校訂・研究に尽力した、敦煌文献中の荷沢神会の説に由来する。

ここに説かれたのと同じ「体」と「用」の関係を、中国の禅籍を次々と引きつつ詳論したのが『禅の思想』第二篇「禅行為」にほかならない。そこで大拙は、「体」と「用」を、「超個」と「個」、「法身」と「現身」、「宇宙霊」と「己霊」、「無分別」と「分別」、「唯一」と「個多」など、実にさまざまな語に言い換えながら、多くの挙例とともにその相即のさまを説いてゆく。そのなかでこの問題に最も懇切な説明を加えているのが、「超個」（体）を「一人」、「個」（用）を「某甲」と呼ぶ、唐の雲巌と道吾の「幸有某甲在」の問答をめぐる一段である（本書頁二三九）。これもすでに横田「解説」で取り上げられているので、詳細はそちらを見ていただくこととし、ここでは参考として、大拙が別の問答を挙げて同趣旨を説いた箇所を引いてみる。『禅思想史研究第二』第五篇「六祖壇経、慧能及慧能禅につきて」のなかの一節である（括弧内に訓点つきの漢文で挿入されている原文は、書き下し文にあらためて引く。傍点は大拙。出典はおそらく『景徳伝燈録』巻六・百丈懐海章)。

雲巌曇晟(うんがんどんじょう)(西暦七八二—八四一)尚若かりしころ百丈(ひゃくじょう)の下で修行して居たが、老和尚の日日作務(さむ)にいそしまれるのを見て尋ねた。

巌、「老師は毎日せつせと何かにつけ御忙はしい生活を送つてゐられますが、それは一体誰のためなのでせうか。」(「毎日、区区(くく)たるは、阿誰(たれ)の為にかす。」)

丈、「それは一人のこれを要求するものがあるからである。」(「一人(いちにん)の要する有り。」)

巌、「そんなら何故その人をして自分で働かさせないのですか。」(「甚麼(なに)に因(よ)りてか伊(かれ)をして自ら作(な)さしめざる。」)

丈、「その人には道具立がないのだ。」(「他(かれ)、家活(かかつ)無し。」)

(家活とは家財道具の義である、それで活計のたてられる道具類を云ふのである。一人には働きを現実にする媒介物がない。百丈とか雲巌とか云ふ個を通さないと具現の機会がない。)

百丈の謂ふところの一人なるものは、彼が嘗て上堂して、

「一人有り、長に飯を喫せざるに饑えたりと道わず。一人有り、終日飯を喫して飽くと道わず。」（有一人長不喫飯不道饑。有一人終日喫飯不道飽。）と云つたところの一人である。彼は食べても食べたと云はず、食べなくても食べないと云はないところの一人であるが、それなら彼は絶対超越者であるかと云ふに、さうでない、吾等と全然没交渉の一人ではないのである。……吾等はかの一人者の家活である、家活の故に普請しなくてはならぬのである。

（全集第二巻、頁三五七／引用にあたって振り仮名を追加）

ここにいう「一人」―「家活」は、件の「一人」―「某甲」と同義である。同じ趣旨は『臨済の基本思想』でも、道吾の二つの問答を例に引きつつ説かれている（全集第三巻、頁四五五―四五七）。全一にして無限定なる本来性（「超個」「一人」）は、それ自体では如何なる現実の作用もなしえない。それは人格・肉体を具えた現実態の個々の個体（「個」「某甲」「家活」）を通してのみ働きうる。逆に個々の個体は無限定で普遍的な本来性をふまえて行為することで、自ずからに「妙用」を発揮することになるのである（なぜ、そうなるかは、謎である。大拙自身、「これはわからぬ、不識と云うより外ない」「個と云うものの性格が元来そういうことに出来て居るのである」と言っている。本書頁一五七）。

唐の馬祖系の禅が本来性（仏性、法身）の自己と活き身の現実態の自己（五蘊身）とを無媒介に等置するのに対し、石頭系の禅はその両者を、二にして一、一にして二、という玄妙な不即不離の関係として捉えようとした。『臨済の基本思想』に「石頭・薬山・道吾・雲巌・洞山などいふ所謂る青原下に属する人々には、割合に人思想に到るべきものを取り扱つた禅者が多いやうである」と言っているのは、そのことを指している（全集第三巻、頁四五九）。大拙はこの系統のかかる特徴を捉えたが、しかし、それを歴史的・法系別に整理するのでなく、自らの「即非」の論理と連続させて「即非」の行為者を描くことに転用し、その行為者を「人」と呼んだのであった。『臨済の基本思想』で大拙は、臨済のいう「無位の真人」「無依の道人」について次のように書いている。

> 臨済の「自省」は、自が自を省するので、しかもその自は始めから分れてゐないところのものなのである、霊性的自覚である。それ故に、全体作用が可能になる。臨済の言葉で云ふと、霊性は人である（「人」をすべて「にん」と発音す）。「一無位の真人」である。また「無依の道人」である。『臨済録』は、この人によりて説かれ、この人のはたらきを記録したものである。この人がわかると、この書を貫通してゐるものが攫まれる。彼はこの人を「自省」したのである。……この人は超個者であ

つて兼ねて個一者である。換言すると、臨済は臨済であつて、また臨済ならぬものである。般若は般若でないから般若である。人は即非の論理を生きてゐるものである。臨済はこれに撞著した。

（全集第三巻、頁三五〇／傍点は原文）

「人」とは「超個者であつて兼ねて個一者」たるものであり、「即非の論理を生きてゐるもの」と大拙はいう。「臨済は臨済であつて、また臨済ならぬものである」という、一見呪文のような右の一句も、「臨済（人）は臨済（「個一者」＝「某甲」「家活」）であつて、また臨済ならぬもの（「超個者」＝「一人」）である」と言っているのにほかならない。

この論理は、大拙の浄土思想にも貫かれている。『日本的霊性』第二篇「二　霊性　2　超個己性の人」は、浄土と禅の違いを強調しつつも、次のように説いている。ここでいう「個己」が「個一者」（「某甲」「家活」）の同義語であることは言うまでもない。

超個の人は、既に超個であるから個己の世界にはいない。それゆえ、人と言ってもそれは個己の上に動く人ではない。さればと言って万象を撥（はら）って、そこに残る人でもない。こんな人はまだ個己の人である。超個の人は、個己と縁のない人だということではない。人は大いに個己と縁がある、実に離れられない縁がある。彼は個己を離れて存在し得ないと言ってよい。それかと言って、個己が彼だとは言われぬ。超個の人は、そんな不思議と言えば不思議な一物である、「一無位の真人(いちむいのしんにん)」である、「万象之中独露身(ばんしょうのなかどくろしん)」である。この人が感ずる物のあわれが日本的霊性の律動である。

この超個の人が本当の個己である。『歎異鈔』にある「弥陀の五劫思惟の願をよくよく案ずれば、ひとえに親鸞一人(いちにん)がためなりけり」と言う、この親鸞一人である。……真宗の信者はこの一人に徹底することによりて、日本的霊性の動きを体認するのである。

……禅者には、浄土往生の念仏はわかっても、真宗のわれ一人(いちにん)のための本願はわからぬ。しかし方向の異なるところにあまり囚えられないで、日本的霊性は超個の人でまた個己であるというところに自覚がありさえすれば、それで事足るということがわかればよいのである。

超個の人(これを「超個己」と言っておく)が個己の一人一人であり、この一人一人が超個の人にほかならぬという自覚は、日本的霊性でのみ経験せられたのである。

（岩波文庫、頁八六）

これを「日本的霊性」と名づけ、日本特有のものと論じたことが、半世紀後、日本のナショナリズムを強化しようとした排外的所論という、アメリカの研究者たちからの批判を招くことになる。しかし、『日本的霊性』をすなおに読んで、そんな勇ましい民族主義的高揚を感ずることができるだろうか？　私がこの書物の底流として感ずるものは、それとは正反対の、深い焦燥と沈痛な悲哀の情緒である。個人の主観に過ぎないと言われればそれまでだが、私にはこの書物が、日本人の「遺書」として書かれたもののように思われてならない。

「分別の思想を働かす原理」　だが、そのことは置いて、以上の論点を組み合わせると、初期禅における神会の体用論（「応無所住」と「而生其心」）、唐代の石頭系の禅における本来性の自己と現実態の自己の探究（「一人」と「某甲」）、そして宋代禅の円環の論理（「山是山、水是水」→「山不是山、水不是水」→「依前山是山、水是水」）、それらを歴史上の時代差や法系上の分岐などを捨象して一つに統合しながら大拙が考えていたのが、次のような体用関係だったことが解る。

《体》「一人」—「超個」「法身」「宇宙霊」「無分別」「唯一」—「応無所住」—「真空」
《用》「某甲」—「個」「現身」「己霊」「分別」「個多」———「而生其心」—「妙用」

だが、大拙は過去の禅思想史を整理するための枠組みとして、これを考えたのではなかった。これによって大拙が目ざそうとしたものは何だったか？ それをうかがわせる一段が、『禅の思想』第二篇「禅行為」の書き出しに見える（本書頁一五一—一五三）。長いので引用を控え、今、仮りに一段落ごとに番号を附して、「禅窮極の経験事実は……」を〔1〕、「それは何故かと問うに……」を〔2〕、「禅は無分別の分別を宗となすと云うのは……」を〔3〕、「但ゝ禅は一、一の個化した事象につきて……」を〔4〕とすると、各段の趣旨は次のように要約することができる。

〔1〕「禅」は単に「無知の知、無分別の分別」にとどまるものではない。
〔2〕したがって、「禅」を修める者には「知識・思想・反省」が必要である。
〔3〕「禅」の「無分別の分別」は現代の実社会に対して有効である。
〔4〕「無分別の分別」は現代社会の運営に必要な諸「分別」をよく機能させる「原理」だからである。

このままでは甚だ理路をたどり難いが、これを次のように並べ替えてみたらどうであろうか?

〔1〕「禅」は単に「無知の知、無分別の分別」にとどまるものではない。
〔3〕「禅」の「無分別の分別」は現代の実社会に対して有効である。
〔4〕「無分別の分別」は現代社会の運営に必要な諸「分別」をよく機能させる「原理」だからである。
〔2〕したがって、「禅」を修める者には「知識・思想・反省」が必要である。

大拙が考えていた「禅行為」は、もはや唐代の禅僧たちが考えていたような、茶をいれるとか、寺内で作務に励むとかいった、個人の日常生活の次元にとどまるものではなかった。それは〔3〕において「天下国家を料理するところは云うに及ばず」「政治の上にも、社会生活の上にも、民族相互の交渉にもまた禅あり」と言われているように(頁一五二)、激動する二〇世紀の近代国家と国際社会を念頭に置いたものだったのである。それをふまえて、〔4〕は言う。

但〻禅は一、一の個化した事象につきて、一定の理論・思想・指導方針を持って居ると云うのではない。一定の所与の事件を処理するに当りては、当局の人各〻その分別智によりて意見を異にすることはあり得る。禅の寄与するところは、是等分別の思想を働かす原理だけなのである。この原理を無功用または無功徳と云うのである。知の上で云うときは、無知の知または無分別の分別であるが、行の上では無功徳の功徳、無用の用である。（頁一五二）

禅はもろもろの具体的・現実的な問題を処理するものではなく、それらを処理する「理論・思想・指導方針」などの「分別の思想を働かす原理」なのだと大拙はいう。先に整理した大拙の「体」「用」論の枠組みは、禅を「体」とし、近代文明を「用」とする、いわば「禅体西用」論とでも言うべき考えの基礎になるものだったのである。

《体》　禅　　　　「無分別の分別」　　「原理」

《用》　近代文明　「分別」　　　　　　「知識・思想・反省」

これは西洋近代を摂取しながら、西洋の「受売(うけうり)」の「他人本位」でなく、如何にして「自己本位」に立つかという(夏目漱石「私の個人主義」)、明治の知識人たちの一貫した課題に禅の立場から応えようとしたものであった。それゆえ大拙は、英文の著作では西洋文明の限界を鋭く批判しつつ、一方、邦文の著述においては、最初期から一貫して——そして、戦時中においてもなお——西洋近代の知性を学ぶことの必要性・重要性をくりかえし説いてやまなかったのであった。

「個と超個との矛盾」　だが、右のように説きながら、その数ページ後には、いささか唐突な感じで、次のような悲痛な語調の一段が現れる。

> 個と超個とは矛盾するように出来て居る。この矛盾は脱却せられぬもの、解消せられぬものである。矛盾を矛盾としてそのままに受け入れることが脱却であり、解消である。般若の論理はそれを即非(そくひ)と云う。
>
> 即非の論理即ち無分別の分別は、それ故に、行為の上ではいつも悲劇とならざるを得ぬ。それが喜劇となるのは、行為を離れて、純粋に知的立場を取り得るときである。一般に人間の実際生活は悲喜両劇の交錯である。ここにもまた人間の自由性が認められる。

国のために死んだと云う、人のために身を殺したと云う。超個者自身の側からすれば――そんなことが云われるなら――それは問題にならぬことである。それから個者の心に動いて居る超個的意志からも、それは当然の事件で、何も彼是(かれこれ)云うべきでない。当事者は固よりの事、その集団所属の他の人々から見ても、身を殺して仁を成すは、固よりしかあるべき事で、何もそれがために悲しむ要は少しもないのである。しかし人間はこんな実例を見ると、手を叩いて喜ぶことをせぬ、頭を垂れて泣く。何のために泣くのか。人間仲間には悲壮と云う言葉がある。論理的矛盾は行為的には悲壮である、または義烈である。こんな言葉の聞かれる限り、人間は個であり、自由であり、創造的である。

封建時代には義理と人情と云った。人情は個所属であり、義理は超個者である。今日ではまた別の言葉を使うであろう。言葉は時代で違うが、行為的矛盾即ち悲劇は永遠に相続する。人間は泣くために生れたと云ってよい。またこれを人間の業とも云う。　（頁一五六）

ここでの「超個」と「個」は、さきほどまで見ていたものとは、にわかに意味が変わっている。時局に関わる表現は慎重に避けられ、故意に曖昧な口ぶりがとられているが、ここにおいて、「超個」は全体主義・軍国主義の、「個」は個人の生命や尊厳の隠喩にほかならない。ここで語られているのは、もはや「即非」を生きる自在な「人」の話ではなく、「超個」による「個」の圧殺という「今日」の「悲劇」と、「人間は泣くために生れた」という悲嘆なのである。「般若即非」も「無分別の分別」も、ここでは「矛盾を矛盾としてそのままに受け入れる」という悲痛な諦念の別名となっている。戦争という非情で理不尽な現実の下、禅と近代社会の「体」「用」関係は、大拙が信じたようには自ずと相即しなかったのであった。

「無分別の分別」は、無根底の空無に立脚するがゆえに、如何なる「分別の思想」をも有効に「働かす原理」となり得るはずであった。しかし、空無を「体」とするゆえに、それはまた現実の是非善悪に対する検証の仕組みをもたず、如何なる「分別」に対してもそれをそのまま「働かす原理」となってしまう危うさと表裏一体であった。だが、それは、おそらく、大拙自身にとって、思想自身の欠落ではなかったであろう。『禅の思想』では前面に出されていないが、大拙は最初期から晩年まで「大悲」と「衆生無辺誓願度（しゅじょうむへんせいがんど）」の心をくりかえし説いてやまなかった。しかも、それは個々人の心中のことでなく、宇宙大の事実として説かれていた。宇宙は「大悲」の心でできており、「衆生無辺誓願度」の祈りの心で動いている、そんな素朴だが強固な確信、いや確信というよりも大拙自身の理屈ヌキの実感として、それは終生語られつづけた。『金剛経の禅』の結びの「7 四弘誓願」の一段で——ということは、昭和一九年（一九四四）の刊行当初には『日本的霊性』一書の結びでもあった一段で——大拙はこう述べている。

ここで一言しておきたいことは、禅者は往往に大慈大悲といふ心持を忘れることがある。何か云ふと彼等は「四弘誓願」を誦する。が、それが実践には余り気にかけてゐないところがある。

衆生無辺誓願度。　煩悩無尽誓願断。
法門無量誓願学。　仏道無上誓願成。

これは誠に結構な文句である。かうなくてはならぬのである。が、現実では知的方面が余りに強調せられて、悲的方面が頗る閑却せられる。「一無位の真人」、或は「天上天下唯我独尊」は、一面は大智で一面は大悲である。吾等は、文字の上から、分別上から、悲と智を分けてみるが、人そのものは、全体が悲であり智である。人の上では智が悲で、悲が智である。人の一挙一動は悉く悲智でなくてはな

らぬ。……　（全集第五巻、頁四五三）

「衆生無辺誓願度」は、分別の上で、他人の苦しみ、自分の苦しみと云ふやうにわけて感ずるのでなくして、存在一般の苦しみ、世界苦或は宇宙苦といふやうなものに対しての大悲の動きである。宇宙苦を見るのは大智であるが、それからの離脱は大悲の能動で可能になる。……大悲が先で大智は後であると云つてもよい。併しこれは話の順序を云ふので、事実経験の上では、悲即智、智即悲で、同時同処に動くのである。それ故、大智が在るところに大悲があり、大悲の在る処に大智がまた在るわけである。……　（同、頁四五五）

「超個」と「個」の体用関係は、大拙にとってはとりもなおさず「大悲」と「大智」の体用関係でもあり、それを統一して行為する「人」は「一挙一動は悉く悲智でなくてはならぬ」ものであった。「即非」も、「無分別の分別」も、「超個と個」も、そして「人」も、大拙にとっては、すべて「大悲」の宇宙の中でのことだったのである。現実には戦争という過酷な現実の前に「個と超個との矛盾」への諦念と「人間は泣くために生れた」という悲嘆を漏らさざるを得ないこととなった大拙であったが、しかし彼はおそらく、それを自身の思想の欠損でなく、もともと宇宙に満ち満ちているはずの「大悲」を人類が見失っているためだと痛感したように思われる。大拙がこの後、昭和四一年(一九六六)に世を去るまで——すなわち七十代半ばから九十代半ばまでの二十年間——老軀に鞭打ちながら世界に向かって「大悲」を説きつづけることを自らの使命としたのは、そのためだったに違いない。昭和三三年(一九五八)、八八歳の年、大拙はブリュッセル国際博覧会でLove and Powerという講演を行い、そこで次のように述べている。

生命を創造するのは愛である。愛なくしては、生命はおのれを保持することができない。今日の憎悪と恐怖の、汚れた、息のつまるような雰囲気は、慈しみと四海同胞の精神の欠如によってもたらされたものと、自分は確信する。この息苦しさは、人間社会というものが複雑遠大この上ない相互依存の網の目である、という事実の無自覚から起きていることは、言をまたない。

(「愛と力」、工藤澄子訳『禅』ちくま文庫、一九八七年、頁一九六)

西洋向けに「愛」と呼び変えられてはいるが、これは「大悲」の訳名にほかなるまい。

二〇二〇年、長引くコロナ禍の自粛生活のなか、私は、本書の解説者、横田南嶺老師から教えられ、久々にこの一文を読みかえした。その頃、テレビの画面では、過酷な治療現場の状況や、仕事や収入を失った人々の困窮の姿、そして、市民の抗議活動を政府が暴力で弾圧する外国の映像が、日々くりかえし流されていた。右の文章は、若い頃に何の感慨もなく読み過ごし、わずかも記憶に残っていなかった一段だったが、今、この時期にここを読みかえし、私はあらためて、大拙の書物は死後半世紀以上を経た今もなお、「存在一般の苦しみ、世界苦或は宇宙苦」と共振しつつ、常に「今日」の「悲劇」に向かって「大悲」の心を説き続けているのだという思いを深くせずにはいられなかった。

四

本書『禅の思想』岩波文庫版は、もと大拙生誕一五〇年の記念の一つとして二〇二〇年下半期に刊行される予定であった。ところがコロナ禍のため、社会全体で多くの業務が混乱と停滞に陥り、結果、本文庫版の刊行も翌年にずれこむこととなった。世界的な未曽有の災禍によるこの度の刊行遅延は、戦中に書きあげられた『禅思想史研究第二』や『臨済の基本思想』が戦後数年を待ってようやく刊行された時代のことを我々に想起させた。大拙の書物が二一世紀となった今もなお「世界苦」「宇宙苦」と離れては存在しえぬことを実感させたこの度の遅延は、不幸な巡りあわせとはいえ、却って現代における大拙の書物の存在理由を我々の心に深く刻む結果となったように思われる。

『禅の思想』は昭和一八年(一九四三)に初版が出、戦後の昭和二三年(一九四八)に清水書店から再版された。のちに春秋社の『鈴木大拙選集』や岩波書店の『鈴木大拙全集』に収録されたのは、この再版本である。初版では第二篇を除いて、漢文にはおおむね訓読が附されていなかった。第一篇「二入四行観」の冒頭で、大拙はこうことわっている。「下記の邦文は原漢文の大意を訳出しまたは説述したるものである。……邦文だけを読んで原文の意は十分に酌みとれるわけだが、なおその正確さをたしかめんと欲せられる読者は、原漢文を参考せられんことを望む」(本書頁二一)。大拙にとって、すべては本文に尽くされており、漢文は参考資料に過ぎなかったのである。現に初版の第一篇は、昔の冠注本のような体裁で、紙面の上部五分の一ほどの幅に帯状に漢文が載せられ、その下五分の四ほどの幅に大拙の文章が組まれている。漢文をまったく見ずに、大拙の文章だけで読み進めて行ける形式である。ただし、全体がそうなっていたわけではなく、第二篇では訓点を加えた漢文の下に意訳、第三篇では訓点無しの漢文の下に意訳、という体裁にだいたいなっている(そうでないところもある)。そこで戦後の再版の際には、伊豆山格堂〔善太郎〕氏により漢字の振り仮名と漢文の訓点が全体にわたって丹念に施された。旧制の中学・高校――「漢文」はそこでは「英語」「数学」「国語」と並ぶ独立の主要科目であった――で教育を受けた世代の人々が主な読者だった当時、漢文の部分を自分で読みたいというのは読者の自然な欲求だったのだろう。しかし、訓点をたよりに目線を上下させながら漢文を読み解いてゆく作業は、今日では、おそらく多くの読者にとって、理解を助けるよりは、むしろ通読を阻む過重な負担となるであろう。そこで、長く読まれた再版本の体裁がすでに春秋社選集本や岩波書店全集本に保存されている状況に鑑み、今回の岩波文庫本ではもっぱら読みやすさを考慮して、振り仮名を多数追加するとともに、漢文に対し新たに訓読を添えることとした。漢文については文中の訓点を削除し、訓読文を附記する形に統一した。底本〔再版本に基づく岩波書店の『鈴木大拙全集』〕にある訓読文はそのまま残す一方で、今回の作業で新たに加えた訓読文は〔　〕内に小字で附記して区別している。訓読の作成に当たっては、今日の禅籍研究の知見に拠って原文を新たに解読するということは控え、前後の行文と底本の訓点に基づきつつ、あたうかぎり大拙自身の理解に従って訓読するという方針を貫いた。訓読文中の難解な語については〈　〉内に簡単な語釈を挿入した。この語釈も大拙の理解に基づくよう努めている。そのため禅宗の伝統的理解とも、また唐宋代の口語史研究の成果を踏まえた今日の禅籍研究の知見とも異なった、独特な訓読・語釈となった。これはあくまでも、大拙の意に沿って本文を読み進めていただく便宜に徹した、一種の補注と割り切って参照していただきたい。

今回の文庫版作成にあたっては、以上のような訓読と語注の作業を柳幹康(花園大学国際禅学研究所)が行い、あわせて本書の内容についての解説を円覚寺の横田南嶺老師に請うた。それと別に小川が本書の時代背景に関する解題を作成したが、その過程で、横田老師から種々の指教と啓発を、また柳から多くの助力を恵まれた。巻末の索引は柳が項目を選び、編集部が作成した。網羅的なものではなく、本書の論旨をあとから振りかえる際の手がかりとするための、ごく便宜的なものである。企画から刊行までの編集実務一切は、索引も含め、岩波文庫編集部の鈴木康之が担当した。多難な状況下であったので、鈴木には、通常よりかなり多くの負担を強いることとなった。また特殊な漢字・漢文を大量に含むため、校閲・印刷・制作等を担当いただいたみなさまにも、ひとかたならぬご苦労をおかけした。関係各位に、心よりお詫びとお礼を申し上げたい。

二〇二〇年一〇月

本解題の「禅思想」に関する記述は、先行の拙著数点に基づいている。いくらか新しい論点と引用を加えた代りに、以前に提示した多くの論旨と資料、および先行研究に関する注記を割愛せざるを得なかった。ついては本稿とあわせて次の数点を参照していただければ幸いである。『神会――敦煌文献と初期の禅宗史』(臨川書店・唐代の禅僧2、二〇〇七年)、『臨済録――禅の語録のことばと思想』エピローグ(岩波書店・書物誕生、二〇〇八年)、『語録の思想史――中国禅の研究』第三章(岩波書店、二〇一一年)、『禅思想史講義』第四講(春秋社、二〇一五年)、『中国禅宗史――「禅の語録」導読』第五章(ちくま学芸文庫、二〇二〇年)。

また、大拙は「禅は元来、経験――即ち人間の平常生活そのもの――を離れぬ処に在るので」云々、と説いている(本書頁二〇)。禅の思想と不可分の禅僧の「平常生活」の具体的様相については、大拙の『禅堂生活』(岩波文庫、二〇一六年)が古今の事例を挙げながら活き活きと描き出している。本書とともに読まれれば相互に理解を深め得るものと信ずる。

索　引

本文中の主な人名，書名，事項から選んだ．配列は，
現代仮名遣いによる五十音順とした．

あ　行

か　行

さ　行

た　行

な　行

は　行

ま　行

や　行

ら・わ　行

禅の思想

2021年3月12日　第1刷発行
2024年4月15日　第4刷発行

著　者　鈴木大拙

発行者　坂本政謙

発行所　株式会社　岩波書店
〒101-8002　東京都千代田区一ツ橋2-5-5
案内 03-5210-4000　営業部 03-5210-4111
文庫編集部 03-5210-4051
https://www.iwanami.co.jp/

印刷 製本・法令印刷　カバー・精興社

ISBN 978-4-00-333237-5　　Printed in Japan

読書子に寄す

――岩波文庫発刊に際して――

岩波茂雄

真理は万人によって求められることを自ら欲し、芸術は万人によって愛されることを自ら望む。かつては民を愚昧ならしめるために学芸が最も狭き堂宇に閉鎖されたことがあった。今や知識と美とを特権階級の独占より奪い返すことはつねに進取的なる民衆の切実なる要求である。岩波文庫はこの要求に応じそれに励まされて生まれた。それは生命ある不朽の書を少数者の書斎と研究室とより解放して街頭にくまなく立たしめ民衆に伍せしめるであろう。近時大量生産予約出版の流行を見る。その広告宣伝の狂態はしばらくおくも、後代にのこすと誇称する全集がその編集に万全の用意をなしたるか。千古の典籍の翻訳企図に敬虔の態度を欠かざりしか。さらに分売を許さず読者を繫縛して数十冊を強うるがごとき、はたしてその揚言する学芸解放のゆえんなりや。吾人は天下の名士の声に和してこれを推挙するに躊躇するものである。このときにあたって、岩波書店は自己の責務のいよいよ重大なるを思い、従来の方針の徹底を期するため、すでに十数年以前より志して来た計画を慎重審議この際断然実行することにした。吾人は範をかのレクラム文庫にとり、古今東西にわたって文芸・哲学・社会科学・自然科学等種類のいかんを問わず、いやしくも万人の必読すべき真に古典的価値ある書をきわめて簡易なる形式において逐次刊行し、あらゆる人間に須要なる生活向上の資料、生活批判の原理を提供せんと欲する。この文庫は予約出版の方法を排したるがゆえに、読者は自己の欲する時に自己の欲する書物を各個に自由に選択することができる。携帯に便にして価格の低きを最主とするがゆえに、外観を顧みざるも内容に至っては厳選最も力を尽くし、従来の岩波出版物の特色をますます発揮せしめようとする。この計画たるや世間の一時の投機的なるものと異なり、永遠の事業として吾人は微力を傾倒し、あらゆる犠牲を忍んで今後永久に継続発展せしめ、もって文庫の使命を遺憾なく果たさしめることを期する。芸術を愛し知識を求むる士の自ら進んでこの挙に参加し、希望と忠言とを寄せられることは吾人の熱望するところである。その性質上経済的には最も困難多きこの事業にあえて当たらんとする吾人の志を諒として、その達成のため世の読書子とのうるわしき共同を期待する。

昭和二年七月